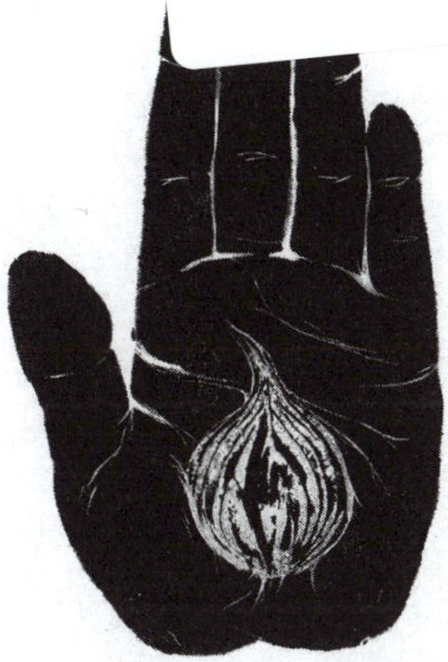

ОКСАНА МОРОЗ

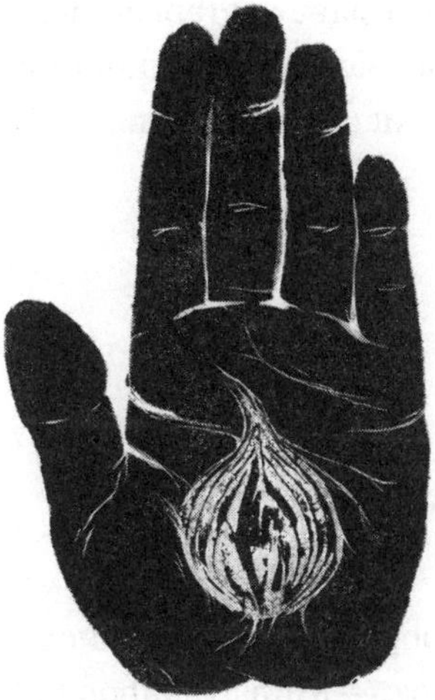

НАЦІЯ ОВОЧІВ?

ЯК ІНФОРМАЦІЯ ЗМІНЮЄ МИСЛЕННЯ І ПОВЕДІНКУ УКРАЇНЦІВ

Yakaboo publishing

Київ · 2021

УДК 316.658.4(0.062)
М80

Мороз Оксана

М80 Нація овочів? Як інформація змінює мислення і поведінку українців / Оксана Мороз. — Київ : Yakaboo Publishing, 2021. — 288 с. : іл.

ISBN 978-617-7544-63-9.

Ця книжка простою мовою і з наочними кейсами показує, як інформаційне поле трансформує нас, змінює наші думки, поведінку і життя. На конкретному прикладі України показано, як за 20 років було зруйновано інформаційний імунітет нації. Як більшість українців перетворилася на слухняних овочів.

У книжці вперше описано закриту індустрію створення інформаційних вірусів і дано прості інструменти боротьби з її продуктами. Ви зрозумієте, що можна і не можна робити в інформаційному просторі, щоб не нашкодити собі і соціуму.

Книжку написав практик для простих людей. Для фахівців ця книжка — запрошення до дискусії про створення й удосконалення правил інформаційної гігієни та впровадження їх у життя кожного.

УДК 316.658.4(0.062)

ISBN 978-617-7544-63-9

ВЕЛИКЕ ЛЮДСЬКЕ ДЯКУЮ!

Вікторії Демченко — людині, у розмовах з якою народилася ідея книжки. Її підтримка стала безцінною на всьому шляху реалізації задуму в те, що ви зараз тримаєте в руках. А ще Вікторія стала для мене важливим джерелом інформації про психологію людей.

Ксені Поповій, яка не лише створила візуальний образ книжки, а й стала її першим критиком. Це були безцінні години дискусій, у яких народжувалася істина.

Перш ніж цей текст потрапив до видавництва, його допомогли відшліфувати майстри слова і сенсу Євген Шишацький і Віктор Кіщак. Про таку критику і коректуру можна було тільки мріяти!

Світлана Чеботарьова дала цінні консультації щодо нюансів фізичного здоров'я і допомогла розібратися в хитросплетіннях доказової медицини.

Дякую Анастасії Бродніковій і Сергію Морозу, які підтримали, повірили і не дали зупинитися в хвилини, коли було особливо важко. Це безцінно!

Ця книжка не з'явилася б, якби мої батьки не навчили мене аналізувати, думати і вибудовувати причинно-наслідкові зв'язки.

PS: Окрема подяка кондитерській Honey. Коли мене настигав ступор, який не могли зрушити жодні зусилля волі й погрози дедлайнами, завжди допомагала атмосфера улюбленого місця і чашка капуорендж. Це моя чарівна таблетка;)

ЗМІСТ

МОЯ ІСТОРІЯ

Цей розділ дався мені найважче. Спочатку він був глянцевим і загальним, згодом — мотивуючим, потім — філософським. Та завжди з особистого він містив тільки висновки, зроблені за роки компромісів із совістю. Я обрала комфортний для себе формат: суть він передавав, при цьому за кадром залишалися всі переживання, які до цієї суті мене й спонукали.

Книжка була готова. Її читали off the record, і в усіх виникало те саме запитання: а насправді, чому ти пішла від вірусмейкерів? Ті, хто знав мене, запитували радше з цікавості, відкидаючи озвучену причину *втомилася*. Незнайомці ж не вірили, що можна взяти і піти зі сфери, яка, згідно з усіма міфологемами, кишить таємницями і грошима.

Останньою краплею стала суботня розмова з Оксаною Форостиною. Ми тоді вели переговори про видання книжки в Yakaboo Publishing, і вона сказала своє вагоме: на початку має бути ваша справжня історія — тоді люди повірять.

Тож я видалила конформістський текст і написала свою реальну історію. Вона така, як є, — зі слабкостями, кострубатостями, помилками, надіями й компромісами. Підсумком її стала ця книжка.

Мені 37 років. Майже 20 з них я працювала на вірусмейкерів. Їхнім завданням було змінити думку і поведінку людей у потрібному їм руслі. Моїм — допомогти їм у цьому.

Мені пощастило попрацювати в різних сегментах індустрії і на різних позиціях. Десь я була найманим менеджером, десь інструментом, десь консультантом.

Двадцять років тому нічого не провіщало цієї історії. Я була типовою студенткою-зубрилкою. За спиною — перемоги на республіканських олімпіадах і заліковка лише з п'ятірками. На нашому курсі ніхто не міг таким похвалитися, і, здавалося, мій шлях визначений — аспірантура, кандидатська, викладання. Та я опиралася цьому. Я виросла в родині вчителів і дуже добре знала, що таке бути бюджетником в Україні.

Тільки тиск батьків зупинив мене від початку трудового шляху вже на першому курсі — жити на 5 грн у тиждень було дуже складно.

Мій шлях у вірусмейкерство (тоді я зовсім не розуміла, що це він) почався влітку 2001 року в львівському рекламному агентстві. Воно володіло кількома класифайдами і заробляло від продажу реклами в них. Я була звичайним рекламним агентом, якого годують ноги: переконала фірму розмістити рекламу — отримала свій відсоток. Збоку все виглядало «чинно і благородно», та насправді ми продавали повітря. Декларований наклад був тільки друкованими літерами, як і ефективність реклами. Зрозуміла я це швидко, але повертатися до 5 грн на тиждень дуже не хотілося. Через кілька місяців я стала керівником відділу і добре вивчила базовий щабель вірусмейкерства — як працює газетна рекламна індустрія.

За кілька років я детально опанувала всі тонкощі «продажу повітря».

За кілька років я детально опанувала всі тонкощі «продажу повітря». Побивши кілька рекордів агентства з продажів, вирішила, що «виросла» з цих коротких штанців. Мене вабила «сторона рекламодавця» з її примарними легкими грошима.

На той момент мій актив поповнився не тільки досвідом роботи, а й новою перемогою — вже на студентській республіці з економіки. Недовго думаючи, вирішила, що оптимальним застосуванням моїх здобутків у рекламі й економічному виші буде саме банківський маркетинг. У нашому ж класифайді побачила потрібне оголошення з вакансією, відкритою в одному зі львівських банків.

На тій співбесіді я отримала важливий урок: те, чому нас учать в університеті, — дуже далеке від реалій бізнесу, а то й суперечить йому. Уже не пам'ятаю всіх деталей тієї моєї ганьби, але один момент пам'ятатиму завжди. Заступник Голови Правління, крутячи в руках мою заліковку, запитав: «Який бізнес краще кредитувати банку?». Звісно, я відповіла — аграрний. Цю відповідь нам втовкмачували всі роки навчання. Пам'ятаю, як змінилося його обличчя, і він сказав: «Дитино, якщо ти ще раз комусь таке скажеш, то тебе не те що в банк працювати не візьмуть, а й на поріг не пустять». Лише те, що всі інші кандидати не змогли сказати й цього, врятувало мене від «прольоту», і я потрапила до світу фінансів.

Це були надзвичайно цікаві роки. На моїх очах формувався роздрібний банківський бізнес. Банки виходили в люди. Та як працювати з цими людьми, особливо ніхто не знав. Ні як запаковувати продукти, ні як розраховувати ризики й організовувати внутрішні процеси. Саме в ці роки було закладено міну вповільненої дії — вона вибухнула 2008 року.

Моя звичка всюди сунути свого носа допомогла мені попрацювати на всіх основних напрямках — від вивчення клієнтів до розробки продуктів і їх продажів. Зазвичай моїми основними сферами були маркетинг і комунікації. А переїхавши до Києва, я й зовсім опинилася в епіцентрі банківських ребрендингів і підготовки банків до продажу.

За ці роки, набивши вдосталь ґуль, я освоїла професію *білого вірусмейкера* — як сформувати у людини потребу, якої у неї нема, і продати їй те, про що вона і не замислювалася. На той час я, як і всі, хто мене оточував, щиро вірили, що ми несемо в наші пострадянські реалії західні стандарти банкінгу. І зовсім не замислювалися, що, привчаючи людей до простих процедур і красивих офісів, ми не даємо їм найголовнішого — реальної фінансової грамотності. Власне, її і в нас самих не було. Проте ми тоді не думали про наслідки — ні для банку, ні для його клієнтів. Здавалося, що ринок буде таким завжди і зростатиме надалі.

Я освоїла професію *білого вірусмейкера* — як сформувати у людини потребу, якої у неї нема, і продати їй те, про що вона і не замислювалася.

Озираючись назад, я назвала би цей період уроками, як з лайна зробити кулю. Осінь 2008 року була не просто холодним душем. Вона розділила моє життя на «До» і «Після». Саме тоді я й зрозуміла, що працюю на вірусмейкерів.

Озираючись назад, я назвала би цей період — уроками, як з лайна зробити кулю.

Завжди пам'ятатиму той момент прозріння. Була п'ятниця, близько 19-ї. Я раніше виїхала з офісу — роботи особливо не було, усі переважно панікували чи мусолили риторичне питання — «що далі?». Доїхала до Шулявки, і тут пролунав дзвінок особисто від Голови Правління. Він попросив негайно повернутися і приєднатися до наради «з порятунку банку». Потрібно було терміново залучити великі суми на депозити, щоб прорватися через кризу неплатежів. Навіть ледачий знав про масштаб наших проблем, проте на ринку вже ходили чутки про нового власника. Моє завдання полягало в тому, щоб до 9-ї ранку розробити концепцію рекламної кампанії і презентувати її потенційному власнику. Зазвичай така робота потребувала три місяці — дослідження, брейншторми, креативи, продакшн і інші радощі мирного життя. Тоді на все про все була ніч.

Уперше дізналася про реалії індустрії вірусмейкерів — реальні цілі, реальні інструменти, реальну ціну «людини».

Ту презентацію пам'ятатиму завжди. Уперше опинилася за столом з сильними цього світу. Уперше брала участь у розмові, де не матюками говорила тільки я. Уперше дізналася про реалії індустрії вірусмейкерів — реальні цілі, реальні інструменти, реальну ціну «людини». За наступну добу ми зняли ролики, змонтували їх, передали касети на канали, і в недільний прайм вони були в ефірі — збір грошей розпочався, але банк усе одно скотився в затяжну кризу.

Тепер, через 12 років, я розумію, що це, напевне, не рекорд індустрії, тут все робиться блискавично, але той шалений драйв мене в неї й затягнув. Далі було багато того, що професійна спільнота називає красивими словами «антикризові комунікації». Мені знову пощастило бути на вістрі основних процесів — від реструктуризації боргів і виплат до переговорів з бабусями-вкладницями на мітингах. Це була школа прикладного вірусмейкерства — ці три роки виснажили мене морально і фізично, але дали той базис, на якому я побудувала свій бізнес з досягнення потрібних замовникам цілей.

Індустрія заманювала грошима, можливостями, таємницями. А ярмо на шиї у формі кредитів на квартиру і машину не залишало шансів відмовитися від таких перспектив.

Пішовши з банку напередодні його останньої кризи, я створила своє перше агентство і почала застосовувати отримані навички на всю фінансову систему. Я мала унікальний досвід, а система — складні проблеми. Скоро ми почали працювати на ринку нерухомості — там ситуація дуже нагадувала початок банківського буму. Також потрібно було робити з лайна кулю.

Це був безцінний досвід роботи з власниками великого бізнесу. Формувалася 3D-картинка їхніх реальних мотивів, завдань, інструментів і те, що в результаті вірусної трансформації бачить кінцева цільова аудиторія.

Наступним щаблем стала політика й олігархат. У березні 2014 року клієнтський ринок «вимер». І коли мене запросили попрацювати в штабі кандидата в президенти, я з легкістю і цікавістю погодилася. Тоді я думала, що йду в політику на кілька місяців, залишилася на роки.

Спочатку штабні завдання зводилися до простих і зрозумілих — з нуля збудувати онлайн-блок, сформувати команду, налагодити аналітику, комунікації тощо. Тобто зробити виворотку всього того, що я багато років робила в бізнесі. Тільки терміни на це відводили шокуючі — добу-дві. Тоді політика здавалася мені вищою лігою і складності лише розпалювали цікавість. Ми працювали в режимі 20/7, а на початку реально думали, що рятуємо Україну. Утім за два тижні рожеві окуляри розбилися і холодний душ популізму розставив усе на свої місця. Я спробувала гримнути дверима і піти, потім ще раз і ще. Щоразу хтось знаходив потрібні слова й аргументи, я залишалася і обростала новим шаром цинізму.

Вибори тоді ми програли, але нові знання, знайомства і те, що платоспроможні клієнти в ті часи були лише в політиці, підштовхнули до створення нового агентства. Ми спеціалізувалися на вирішенні складних комунікаційних завдань для політиків, олігархів та інших можновладців, які із затятою стабільністю вляпувалися в репутаційні кризи або носилися з ідеями їх створення.

Ми спеціалізувалися на вирішенні складних комунікаційних завдань для політиків, олігархів та інших можновладців, які із затятою стабільністю вляпувалися в репутаційні кризи або носилися з ідеями їх створення.

Це були роки автоматизації індустрії, і ми перебували на її вістрі. Ми створювали нові рішення, які давали змогу дедалі ефективніше управляти інформаційним полем. Це був період дуже різних кейсів:

- одні змінювали ринки, лобіювали закони, допомагали проштовхувати реформи;

- інші формували порядок денний, утримували в ньому потрібну тему / особистість / тон дискусії, блокуючи водночас усі спроби опонентів цьому завадити;
- багато хто захищав репутацію, виводив з криз і формував «подушку безпеки» на майбутнє;
- хтось запускав ролики з переглядами понад 50 мільйонів і ще багато чого. Ми часто сміялися, намагаючись продовжити цей список для публічної площини, — «є що згадати, нічого дітям розповісти».

Дуже великий акцент робили на аналізі інформаційного поля. Усе крутилося навколо «аналізуй, розділяй і володій». Власне, саме тоді я замислилася над питанням, яке, фактично, і вивело мене з індустрії. Чому з кожним роком змінювати думку людей стає дедалі простіше, а самі маніпуляції стають дедалі недолугіші? Цифрова ера, глибина наукових знань з психології та роботи мозку — це очевидні відповіді. Та чи лише в них справа?

Відповідь я шукала в нетрях щоденного інформаційного поля: соціальні мережі, ЗМІ, ТБ та інші канали комунікації. За день я переглядала сотні інформаційних повідомлень, аналізувала їх поширення, вивчала залежності й результати. На різних етапах мені допомагали загальнодоступні або спеціально розроблені програми для аналізу й моделювання інформаційного поля. Це давало змогу проводити експерименти і тестувати гіпотези. Намацуючи їх, я шукала підтвердження в існуючих дослідженнях і теоретичних знаннях із психології, медицини, соціології. Вивчала дослідження з поведінки індивідів, груп, роботи мозку і багато інших.

Що більше я вивчала інформаційне поле і кейси його зміни на великих даних, то більше переконувалася, що основною загрозою для себе є самі ж люди.

Що більше я вивчала інформаційне поле і кейси його зміни на великих даних, то більше переконувалася, що основною загрозою для себе є самі ж люди. А точніше їх нерозуміння, що можна, а чого не можна робити з інформацією в нових цифрових реаліях.

Я багато років прожила у двох реальностях.

Перша давала змогу сплачувати рахунки, але тримала в нелюдській напрузі. Ти завжди на зв'язку, завжди в курсі всього, завжди готова створити і запустити з нуля проект за години — в умовах повної невизначеності повсякчас нових даних. Тут рік за три.

Друга добивала морально. Що більше я аналізувала і простежувала причинно-наслідкові зв'язки, то більше жахалася темпам, з якими ми котимося в орвелівську реальність — стрімко і без гальм.

Цей конфлікт шалено вимотував і не міг тривати вічно. Я рятувалася сеансами психоаналізу і шукала вдалий момент, щоб піти.

Точкою неповернення для мене стали результати парламентських виборів–2019. До того моменту я думала, що мене неможливо вже чимось здивувати. Проте це був шок, хоч і прогнозований. Вони стали ілюстрацією багаторічної накопичувальної «роботи з електоратом» за всіма фронтами. На тлі цих результатів блюзнірськи звучали коментарі тих, хто програв. Засовуючи голову в пісок, вони знімали з себе всю відповідальність. Ці результати показали силу комунікацій, владу і міру відповідальності «комунікаторів» перед людьми, країною, собою. Усе це вбивчо ілюструвала карта «Результати парламентських виборів–2019».

Парламентські вибори 2019 стали ілюстрацією багаторічної накопичувальної «роботи з електоратом» за всіма фронтами.

Тоді я й зрозуміла, що не можу більше бути причетною до всього цього. У жодному разі не можу. Я вирішила йти, але куди — не розуміла взагалі. Тоді я знала, що на той бік сили я не повернуся. Далі були найнеймовірніші варіанти — від роботи офіціанткою на далекому індонезійському острові до перекваліфікації в програмісти.

Увесь серпень я їздила по Європі й Україні. Думала над сакраментальним питанням «що далі?» і за дивним збігом читала антиутопії. Я так і не збагнула, як вони опинилися в моєму смартфоні й валізі. Тут я схильна вірити в долю, бо саме перечитуючи Гакслі, Орвелла, Ренд, Бредбері, Замятіна і Бойє — я перечитувала книгу свого життєвого досвіду. Для тих, хто працював в індустрії вірусмейкерства, це не художні книги. Підручники, візії, практикуми — будь-що, тільки не вигадка.

Саме вони і стали тим цементом, який з'єднав мої багаторічні дослідження в зрозумілу систему. Далі справа була за малим — зрозуміти, як це все втілити в життя. Книжка — перше, що спало на думку. Утім де я, а де письменництво. Повіривши в випадок один раз, я знову вирішила покластися на нього й поїхала на 10 днів у Карпати. Поїхала з конкретним запитом: якщо за цей час я напишу книжку, значить, це те, що потрібно.

Як ви вже зрозуміли, я її написала. Та я чудово розуміла, що книжка — це тільки резюме всього, до чого я прийшла за роки практики й аналізу. Сама собою вона не вирішує проблеми, з якою зіткнулося суспільство. Я прокручувала в голові варіанти освітніх проектів, і всі були не такі, і все було не таке.

З цими думками я в вересні прийшла на TED. Він завжди створює особливе для мене середовище, заглибившись у нього, я завжди поверталася з новими ідеями і натхненням. Цей не став винятком.

Ідея прийшла до мене на виступі еко-активістки Тетяни Євлоєвої. Вона говорила про екологію, кліматичні зміни і на своєму прикладі показувала, як можна досягати неймовірних для мене результатів по Zero Waste.

Я слухала її, і в мене проводилася чітка паралель з інформацією, вірусами, імунітетом:

— тут також на карту поставлені життя людей усієї планети;
— тут також від безвідповідальності й невігластва одного страждають ті, хто «суперправильний і захищений»;
— тут також багато залежить від свідомої позиції кожного та не потребує від людини надмірних зусиль;
— тут також потрібне розумне регулювання, координація, порядок денний тощо.

Про інформаційний імунітет нині говорять так само, як десятиліття тому про клімат, — епізодично, хайпово, без системних рішень.

Про інформаційний імунітет нині говорять так само, як десятиліття тому про клімат, — епізодично, хайпово, без системних рішень. А то і не говорять зовсім. Утім без інформаційного імунітету ми станемо овочами і нам просто пофігу буде на всі глобальні виклики — від клімату до ожиріння.

Так і народилася концепція комплексного проекту з реставрації інформаційного імунітету в Україні. Це формування нового інформаційного ринку, у якому є правила, що працюють на боці людини, а не тільки грошей, корпорацій, політиків.

З'явилася мета створити «розмітку доріг», «систему дорожніх знаків», «правила дорожнього руху» тощо. Тобто необхідну інфраструктуру правил, законів, освітніх програм, контролю — усього необхідного чи хоча б достатнього для нормального функціонування інформаційного імунітету.

Божевілля, скажете ви. Так, зараз це звучить саме так, але в моєму житті було стільки божевільних проектів, які на старті здавалися неможливими від слова зовсім, що я перестала боятися. Очі бояться, руки роблять.

А що ж книжка? Це перший крок до досягнення цієї глобальної мети. У ній я виклала комплексну картину того, що відбувається, й запропонувала, як можна змінити ситуацію. У ній я виклала свою теорію. Як і будь-яка теорія, вона потребує дискусії і підтвердження науковими методами. Це мій суб'єктивний погляд, що спирається на практичний досвід, спостереження і численні матеріали з проблематики.

Звісно, можна було витратити ще десяток років на обговорення моєї теорії в наукових колах. Проте у нас немає цього часу. Ми опинилися на межі червоної лінії. За нею людина перетворюється на керованого овоча, з яким кожен робить те, що йому вигідно. І основний інструмент — це інформація.

Цією книжкою я хочу підняти дискусію про інформаційний імунітет і правила інформаційної гігієни. Дискусію, завдяки якій кожен зможе отримати зрозумілі інструменти для щоденної безпеки в інформаційному просторі в реаліях цифрової ери. Дискусію, у якій професіонали зможуть запропонувати свої варіанти і напрацювати ефективну модель захисту соціуму від інформаційних вірусів.

Цією книжкою я хочу підняти дискусію про інформаційний імунітет і правила інформаційної гігієни.

Ця книжка — посібник від маніпулятора-практика про те, як протистояти зараженню інформаційними вірусами в цифрову епоху.

Ці віруси інфікують нас щодня. Вони — провідники для тисяч шкідливих тверджень. Вони вбивають свідомість і перетворюють своїх жертв на слухняне стадо. Вони полюють не тільки на нас, а й на наступні покоління. Однак від цих вірусів і дотепер немає щеплень і протоколів лікування.

У наш порядок денний вміло впровадили сотні дуже важливих проблем — від глобального потепління до підвищення тарифів. І вони дійсно важливі. Утім є одне невелике *АЛЕ* — що залишається за кадром? Чого важливого немає в нашому порядку денному?

У книжці я вперше описала закриту індустрію створення інформаційних вірусів з комплексним аналізом її впливу як загалом на націю, так і на окрему людину. І все це в історичній ретроспективі — від розпаду СРСР до наших днів.

Я пояснюю, як українців перетворюють з *Нації розумних* з хорошим інформаційним імунітетом на *Націю овочів*, яка з легкістю втягується в популізм і маніпуляції. На живих прикладах і реальних кейсах показую, як інформаційні віруси інфікують кожного і цілять не тільки в нас, а й в наступні покоління.

У книжці я пропоную просту збірку правил інформаційної гігієни. Правила прості й доступні для кожного. Вони, як мінімум, ускладнять процес інфікування інформаційними вірусами і пригальмують процес деградації людей до рівня овочів. Як максимум, ми почнемо поступовий перехід до людей-розумних.

ЧАСТИНА 1

КЕПСЬКІ НОВИНИ

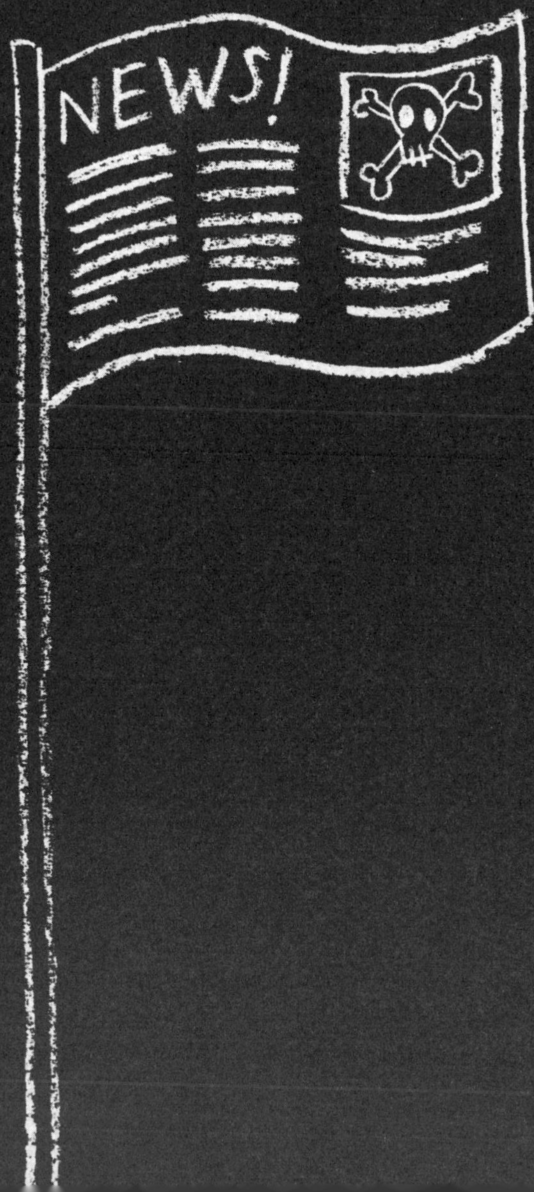

1.1. ЧОМУ ЛЮДИ СТАЮТЬ ОВОЧАМИ

Уявіть типовий перший осінній холодний день. Саме з нього починається традиційна лотерея застуд. Одні її підхоплять застуду, інші ні, хтось швидко перехворіє, а дехто зробить щеплення. І таких варіантів безліч, попри існування стандартних протоколів лікування. Любить наш народ забивати на здоров'я і вдаватися до самолікування.

Чи підхопить людина застуду і як швидко вона одужуватиме, залежить від трьох груп чинників:

1. *Вроджений і набутий у процесі життя імунітет.* Тобто все те, що людині передали в спадок батьки, і те, що вона сама зробила для зміцнення (або знищення) свого здоров'я.
2. *Соціальний імунітет.* Наше оточення є носієм колективного захисту від вірусів. Він і визначає: миттєво чи повільно пошириться вірус. Це сукупний імунітет оточення людини і правила життя соціуму: міра турботи про здоров'я, рівень медицини, спосіб життя, культура профілактики тощо.
3. *Випадок.* Людина постояла на протязі, змокла під дощем, прогулялася без шарфа на сильному вітрі. Зазвичай ситуація настає раптово і ніхто до неї не готовий, та це не означає, що точно захворієш. Якщо імунітет є і він сильний, то і за температури –10 °C, промокнувши до нитки, будеш здоровий.

РЕМАРКА

Типові патерни поведінки українця, коли «відчуваєш, що підхопив вірус»:

— я не хворий, робити нічого не буду, все і так мине;

— у мене повно роботи, я не можу хворіти — переходжу, не вперше;

— ось дотягну до вихідних і тоді за день підлікуюсь;
— заскочу в аптеку, куплю ліки — і все буде ОК;
— поп'ю чайку і з'їм лимон / імбир — усе мине;
— маю страховку, йду до лікаря і на лікарняний;
— у мене щеплення — я не захворію.

Задля справедливості варто зауважити, що тотальне самолікування зумовлене не тільки ігноруванням свого здоров'я. Причини криються багато в чому: у якості медицини, доступності інформації в інтернеті про сотні варіантів лікування, браку обмежень на продаж ліків і культури лікування, а також у недовірі до лікарів. Не в останню чергу це пов'язано з економічною ситуацією: більшість дійсно не може собі дозволити хворіти і втрачати гроші. Тут треба подякувати неофіційному працевлаштуванню і буму підприємництва.

Вірус застуди дуже схожий на вірус інформаційний, який так само найліпше поширюється в громадських місцях і за великих скупчень людей.

Ні, не подумайте — це книга не про «осінню застуду». Просто вірус застуди дуже схожий на вірус інформаційний, який так само найліпше поширюється в громадських місцях і за великих скупчень людей. Проте, на відміну від свого медичного аналога, інформаційний вірус може вражати й на великій відстані.

Інформаційні віруси часто маскуються під корисну інформацію і апелюють до базових людських потреб: безпека, їжа, захист сім'ї.

Інформаційний вірус — це інформаційна атака, спрямована на модифікацію думок людини і її поведінки, що завдає їй шкоди. Інформаційний вірус ворожий до суспільства загалом і людини зокрема.

Є рідкісні віруси, які фокусуються на конкретній людині чи групі людей. А є масові: їхнє завдання — вразити максимальну кількість людей і спонукати їх поширювати заразу далі.

Інформаційні віруси складно розпізнати. Дуже часто вони маскуються під корисну інформацію і апелюють до базових людських потреб: безпека, їжа, захист сім'ї. Це збільшує зону їх ураження. До того ж інформаційні віруси постійно мутують, обростають новими штамами, що ускладнює спроби їх лікування і профілактики. Дуже часто спалахують тематичні епідемії — зазвичай вони короткострокові, проте завдають руйнівної шкоди.

Як і звичайні, інформаційні віруси можуть мати різні наслідки. Одні просто сіють сумніви, інші присвоюють штампи, треті дезінформують, четверті дають помилкову надію. Інакше кажучи, вони занурюють людину в потрібну Замовнику віртуальну реальність. Після чого з жертвами можна робити що завгодно — їхня опірність мінімальна. Важливий нюанс: наслідки інформаційних вірусів довгострокові, а нашарування вірусів знищує інформаційний імунітет. Це оголює людину перед усіма інформаційними атаками.

Канали доставки постійно модифікуються, а частота виникнення нових вірусів зростає. У цифрову еру запустити інформаційний вірус може кожен, а для запуску вірусу, що здатен стати епідемією, часто вистачає символічного бюджету в 1 000 доларів США.

Опірність до інформаційних вірусів, так само як і до звичайних вірусів, залежить від подібних груп чинників.

1. **Вроджений імунітет**. Це правила поведінки в інформаційному полі, яким нас навчили батьки та їхнє виховання — те, що сформувало засади нашого сприйняття світу і моделі поведінки в ньому. Саме від цього залежить, чи навчиться людина запобігати інформаційним вірусам і ефективно з ними боротися.
   Наприклад, людина, яка виросла в повноцінній сім'ї, в атмосфері любові та якій прищепили культуру інформаційної гігієни, сформували широкий світогляд і критичне мислення, матиме стійкий імунітет. І навпаки, людина, яка з дитинства звикла до скандалів, була змушена з перших свідомих років боротися за виживання, погано вчилася, буде піддатливішою до різноманітних інформаційних атак.

2. **Соціальний імунітет.** Це правила життя в суспільстві, які сприяють або перешкоджають поширенню інформаційних вірусів. Це чинники, які визначають побут і правила життя в суспільстві. Вони мають прямий вплив на психологічне та фізичне здоров'я конкретної людини. Наприклад, соціум з високим рівнем освіти і/або високим рівнем життя, і/або

Високу опірність до інформаційних вірусів має соціум з високим рівнем освіти і/або високим рівнем життя, і/або високим індексом щастя населення.

високим індексом щастя населення мінімально схильний до інформаційних вірусів. Важливо відзначити, що тут ключову роль відіграє наявність правил профілактики інформаційних вірусів і боротьби з ними. Тобто та сама інформаційна гігієна.

3. **Випадок.** Це ситуація, у якій людину інфікують вірусом. Зазвичай для кожного створюють кілька таких ситуацій, максимально наближених до його звичного способу життя. Наприклад, якщо людина «живе в Facebook», саме в ньому її і будуть інфікувати правильно змодельованою інформацією. Нині стало модним називати це маніпуляцією.

Вроджений і соціальний імунітет формують наш **інформаційний імунітет.** Він особливо важливий у період турбулентності, змін, нестабільності. Саме в такий період ми й живемо нині.

РЕМАРКА

Маніпуляція — це не завжди зараження інформаційним вірусом. Маніпуляцію ми щогодини використовуємо в своєму повсякденному житті, домагаючись потрібних нам результатів від дітей, рідних, друзів. Її вплив на об'єкт маніпуляції позитивний або нейтральний. Те саме і для суспільства загалом. Часто маніпуляція — це спосіб досягнення потрібного для людини результату в стисліші терміни, безболісніше й ефективніше.
Утім, якщо маніпуляція спрямована на отримання вигоди попри шкоду для об'єкта, для його оточення чи загалом суспільства, — це вірус. Інформаційним він стає тоді, коли виходить в інформаційний простір і в ньому живе.

Якщо маніпуляція спрямована на отримання вигоди попри шкоду для об'єкта, для його оточення чи загалом суспільства, — це вірус.

РЕМАРКА

Інформаційне поле / простір — це сукупність «об'єктивної» інформації, яку ми споживаємо впродовж дня.

- До інформаційного поля НЕ НАЛЕЖАТЬ рекламні повідомлення / рекламні матеріали, оскільки для аудиторії їх вже позначено як суб'єктивну інформацію, зокрема вони містять маркування «реклама» / «промо матеріал». Однак якщо такі матеріали подано в завуальованій формі, без чіткого позначення «реклама / промо», то вони також стають частиною інформаційного поля.

- До інформаційного поля НАЛЕЖИТЬ вся «об'єктивна» інформація, що не містить маркування, яке свідчить про наявність в інформації замовника.

Інакше кажучи, інформаційне поле — це вся інформація, на якій немає маркування «реклама», а також повідомлення, спровоковані рекламою, зокрема відгуки про неї, про продукти, бренд тощо.
Основні складові інформаційного поля — це різноманітні матеріали ЗМІ, соціальних мереж, сайтів та ін. Під інформаційними матеріалами маються на увазі всі формати: текстові, графічні, фото, відео.
Звісно, за мірою впливу на думку і спонукання людини до дії інформаційне поле вкрай неоднорідне. Та якщо джерело інформації має аудиторію, що налічує понад одну людину, воно є частиною інформаційного поля.

З погляду медицини епідемія захворювання, спричинена якимось вірусом, може лютувати на певній території. І саме подолання цього вірусу є вирішальним для виживання її населення.

У випадку ж з інформаційними вірусами ситуація набагато складніша:

— одночасно функціонує безліч осередків різноманітних вірусів;
— поріг входу/запуску вірусу дуже низький — де-факто запустити його може кожен;
— безліч вірусів функціонують водночас і впливають на одну людину — це спричинює їх мутацію і породжує нові штами (як приклад, згадайте ті самі новини, які три різні канали комунікації трактують по-своєму);
— динаміка виникнення і поширення вірусів дуже висока.

Саме це і дає всі підстави говорити про першу інформаційну пандемію в історії людства. Пандемію, яку всі вважають за ліпше не помічати, не морочитися з розробкою ліків і пожинати її плоди. Це унікальний випадок з гігантським радіусом ураження і наслідками. Адже знищується не одне покоління, а й всі наступні.

Нині є всі підстави говорити про першу інформаційну пандемію в історії людства.

Людству вигідно боротися з медичними вірусами. Якщо людина хворіє, то вона не працює, не формує додану вартість — тож усі втрачають гроші й вигоди (крім фармацевтів, звісно).

Зовсім інша ситуація з інформаційними вірусами. Вони перетворюють людину на овоч, яким усі можуть запросто управляти. Наприклад, людина-овоч багато працюватиме за мізерні гроші і не висловлюватиме жодного невдоволення; вона голосуватиме як скажуть — адже власної думки не має, а отже, хоч в якій дупі вона житиме — буде покірна, смиренна й усім задоволена.

Інформаційні віруси перетворюють людину на овоч, яким усі можуть запросто управляти.

Отож боротися з інформаційними вірусами нікому не вигідно. Ба більше, їх вигідно поширювати. Саме це багато хто успішно й робить. Що більша концентрація і динаміка появи вірусів в інформаційному полі, то більше змінюється сама людина. Нижче коротко опишу три основні типи людини цифрової ери.

Тип # 1: «Людина-розумна». Вона думає, аналізує, формує своє ставлення до інформації та самостійно вирішує, що з нею робити далі. Вона має хороший вроджений і соціальний імунітет. Це дає їй надійний захист від інформаційних вірусів. Звісно, вона може періодично потрапляти під їхній вплив, але мінімальні заходи — навіть самолікування — дають відмінні результати.

ПРИКЛАД

Покажіть Людині-розумній передвиборчі обіцянки кандидата в Президенти про зниження цін на газ — і вона просто сміятиметься з цього і точно за нього не проголосує. Тимчасом як її реакція на «псевдозвільнення Богдана» спочатку повністю відповідатиме очікуванням Замовника — людина в це повірить. Проте, дізнавшись правду, зробить висновки і ще прискіпливіше аналізуватиме і фільтруватиме інформацію і загалом, і про конкретний об'єкт зокрема.

(За матеріалами TheБабель)

Джерело TheБабель

Тип # 2: «Людина-борець». Від Людини-розумної вона відрізняється переважно тим, що її загальний інформаційний імунітет суттєво підірваний. Причиною цьому могли бути токсичний соціум, поганий (відсутній) спадковий імунітет або поєднання цих чинників. Отож Людина-борець сегментує й аналізує інформацію, але не завжди може зрозуміти, що стала жертвою зараження, а отже, не може ефективно опиратися інфікуванню.

Люди-борці не мають також надійної інформаційної гігієни. Зазвичай вони не розуміють, що можна, а чого не можна говорити/робити, аби не завдати шкоди собі й навколишнім в інформаційному полі. Утім вони розуміють необхідність таких правил і намагаються їх створити. Проте досвіду і кваліфікації їм не вистачає. А отже, їх самолікування зумовлює новий руйнівний етап дії вірусу.

ПРИКЛАД

У наведеному вище випадку з Богданом Людина-борець не побачить нічого страшного. Вона сприйме це як непорозуміння і не відкоригує свої фільтри сприйняття інформації. А втім, її імунітет ще здатний упоруватися з виразнішими вірусами, як-от припинення війни за кілька годин чи підвищення зарплати вчителям до 4000 доларів США в місяць.

Тип # 3: «Людина-овоч». Вона втратила свій інформаційний імунітет. Вона абсолютно не захищена від вірусів, і саме віруси формують її реальність і визначають її дії. Людина-овоч дотримується того, що вважає правдою, однак цю правду їй призначають.

Людина-овоч дотримується того, що вважає правдою, однак цю правду їй призначають.

І все було би доволі стерпно, якби правду призначав хтось один, який до того ж ще й мав би в голові плюс-мінус загальну картинку того, що відбувається, й управляв нею. Жили б ми тоді в доброму-рідному тоталітарному суспільстві й боролися з ним перевіреними дідівськими методами. Утім усе набагато складніше. Голів у гідри багато. І ці голови між собою конкурують, а отже, множать хаос у всьому.

Як результат, похмурий і липкий світ вірусів швидко проковтує недосвідчену й одурманену складнощами побуту людину.

Проковтнута людина потрапляє в приємний, теплий, барвистий, зрежисований світ, у якому:

— повно її однодумців;
— людина людині брат, а не хейтер;
— заохочуються тілесні слабкості;
— усе солодко, смачно, приємно;
— усе так просто і зрозуміло.

Звісно, жити ліпше проковтнута людина не стала, але тут набагато спокійніше і стабільніше, ніж у світі реальному з його інформаційним шумом і хаосом. Щоправда, за цей «комфорт» доводиться платити дуже дорогу ціну. Спершу відбирають рештки критичного мислення, заполоняють свідомість, а потім привласнюють і все матеріальне — поточне й прийдешнє.

Є й окремий **четвертий тип.** Він нечисленний, але ключовий в інформаційному полі. Це — **вірусмейкери**. Вони є замовниками або безпосередніми творцями інформаційних вірусів. Саме для задоволення їхніх потреб і цілей віруси створюють і поширюють. Розуміння їхньої мотивації і інструментів — одна з основних засад для вироблення ефективних правил інформаційної гігієни і профілактики.

Вірусмейкери — замовники або безпосередні творці інформаційних вірусів.

РЕМАРКА

Варто нагадати загальновідому істину. Нині у світі не вирують епідемії чорної віспи, дифтерії, чуми, гепатиту А, кору, коклюшу, правця, краснухи лише тому, що створено систему профілактики — вакцинацію. Тільки завдяки набутому імунітету людство змогло подолати ці та багато інших хвороб. Інакше страшне видовище, яке жахає нас хіба що з полотен великих художників чи зі сторінок романів, розгорталося б у нас за вікнами.

Це яскравий приклад важливості саме профілактики. Це і є фінансово найвигідніший шлях. Зберегти максимальну якість будь-чого можна лише запобіжними засобами. Красу тіла — не набираючи зайвої маси, адже після схуднення залишаться розтяжки. Максимальний рівень здоров'я — запобігаючи хворобам, адже коли утворилася бляшка в судинах, на жаль, вона вже нікуди не дінеться.

Усе, що відбулося, неминуче залишає слід і забирає частку від якості життя / здоров'я та ін. Екстраполювати цей приклад можна на всі сфери й аспекти нашого життя.

Залежно від того, якого типу / комбінації типів у суспільстві більше, формуються три типи націй. Для зручності буду називати їх націями розумних людей, борців і овочів.

Нація розумних людей

Зазвичай це старі і сформовані соціуми. Десятиліттями вони живуть у стабільних умовах. У них є точки опори, які виручають у період турбулентності. Хай що відбулося зовні, сформовані всередині соціуму правила поведінки дають змогу швидко реанімувати і/або вилікувати окрему людину чи людей.

У наші дні типовим **прикладом** такої нації можна назвати Швейцарію:

- століття стабільного розвитку;
- нейтралітет на міжнародній арені;
- високий і стабільний економічний рівень життя людей;
- сформовані правила життя і діючі інститути щодо їхнього контролю й регулювання;
- високі стандарти освіти і її рівень;
- висока концентрація інтелектуалів і вчених з усього світу — відповідно, це частина культури країни;
- сфери впливу давно закріплені й немає запиту на їх суттєвий перерозподіл, а отже, мінімальний запит на маніпуляцію і недобросовісну конкуренцію;
- діє плюралізм думок і свобода слова.

Для Нації розумних характерно: хай що відбулося зовні, сформовані всередині соціуму правила поведінки дають змогу швидко реанімувати і/або вилікувати окрему людину чи людей.

Усе це сформувало високий інформаційний імунітет і мінімізувало виникнення інформаційних вірусів.

Інфікування, звісно, тут теж є. Утім його можна порівняти з застудою — з нею може впоратися сам інформаційний імунітет. У такому суспільстві теж є Люди-овочі, але суспільні правила (соціальний імунітет) обмежують поширення ними вірусів. А загальні умови, рівень життя й існуючі інститути запобігають поширенню зарази.

Окрема людина і загалом соціум Нації розумних мають сильний інформаційний імунітет. Водночас кількість вірусів й інтенсивність їх появи незначні. Більшість вірусів нейтралізуються імунітетом. Решта не завдають значної шкоди.

Якщо людина прочитає маніпулятивну новину, то саморегуляція соціуму дасть їй альтернативні думки, а концентрація в оточенні Людей-розумних і/або Людей-борців допоможе «задавити масою своєї думки» (тут овочі в меншості) і включить правильний конформістський сценарій: «більшість не вірить цій інформації — і ти не віритимеш».

Нація борців

Це може бути як старий, так і новий соціум. Утім обидва в стадії трансформації — з руйнівними процесами для соціального імунітету. Значна частина суспільства протистоїть змінам, але вони незворотні. Влада намагається впоратися, хоче подобатися всім, вдається до популізму. Економіка переживає не найкращі часи. У всіх сферах множиться хаос.

Показовий приклад — Велика Британія. Brexit став точкою неповернення, яка штовхає стару стабільну демократію до прірви

Нації овочів. Динаміка цього падіння призвела до того, що за десятиліття соціум вже перетнув межу Нації борців:

— нестабільність і трансформація в усьому;
— втрата авторитету і впливу на світовій арені;
— слабо працюють інститути, девальвація їхньої ролі в контролі за виконанням правил;
— нові правила тільки починають формуватися — де-факто всі живуть за тими, які вважають більш релевантними собі, а не суспільству;
— ослаблені точки опори для конкретного члена соціуму, який опинився в складній ситуації;
— повсюдний популізм;
— відсутність освіти, знань про те, як жити в нових реаліях;
— розшарування суспільства;
— збільшення питомої маси іммігрантів усіх ґатунків, які трансформують і так нестабільний соціум;
— невпевненість у завтрашньому дні.

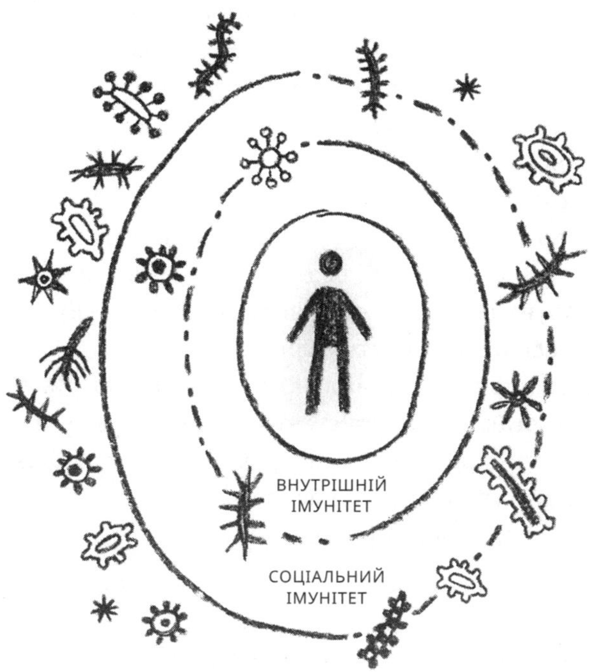

Окрема людина і загалом соціум Нації борців мають проблеми з імунітетом: частина суспільства більше з вродженим, а решта — з соціальним. Утім токсичність є в обох складових інформаційного імунітету. Кількість та інтенсивність вірусів — високі. Імунітет може нейтралізувати лише частину з них. Решта досягають своєї мети і продовжують руйнувати імунітет.

Прикладів Націй борців нині дуже багато. Характерною рисою нашого часу стало те, що багато старих і стабільних демократій рухаються до цього типу.

Що стосується інфікування, зміна епох знищує вроджений імунітет, а тектонічні процеси в соціумі знищують соціальний. Більшість інформаційних атак не просто досягають своєї мети, але і мутують — носій вірусу повторно заражає людей і множить хаос. Це б'є по базових потребах піраміди Маслоу — люди бояться за свою безпеку, роботу, фінанси, майбутнє дітей.

Постійна боротьба за сфери впливу робить інтенсивність інформаційних атак дуже високою. Інститути не працюють, точок опори немає, як і правил життя в цифровому суспільстві.

Будь-яка маніпулятивна інформація знаходить серйозний відгук у соціумі, обростає чутками і домислами і починає жити своїм життям. Спростувати її дуже складно.

Нація овочів

Де-факто такі соціуми живуть в умовах узурпації влади. Люди в них такі керовані і безвольні, що цим успішно користується жменька людей, яка замість них думає і яка призначає себе «самодержцями». Саме вона визначає суть і правила соціуму, у якому все, що робиться, робиться на її благо — збагачення, прославляння тощо.

Соціум нації овочів живе в умовах узурпації влади. Залежно від «позиціонування» правлячого клану все це може набувати різних форм — від демократії до тоталітаризму. Однак незмінно одне: на думку людей ніхто не зважає.

Залежно від «позиціонування» правлячого клану все це може набувати різних форм — від демократії до тоталітаризму. Однак незмінно одне: на думку людей ніхто не зважає. Від того самого «позиціонування» залежить вибір способу — буде це *Світ бажань* Гакслі чи *Світ терору* Орвелла.

У цьому соціумі трапляються поодинокі Люди-борці, які марно намагаються протистояти системі. Проте без зовнішньої допомоги, сильного лідера і продуманої переможної стратегії вони приречені на провал і репресії.

Типовий приклад — сучасна Росія:

— значне розшарування суспільства — невеликій кількості людей доступні блага цивілізації;
— щороку багаті багатіють, бідні біднішають;

— немає інститутів і правил, які нормують суспільне життя для загального блага;
— де-факто у людини немає прав і потрібного рівня знань, щоб самостійно зорієнтуватися в існуючій дійсності;
— держава монополізувала канали інформації і саму інформацію, воно і є правда, істина в останній інстанції;
— держава постійно впроваджує новації з управління інформаційним полем, автоматизуючи вплив на людей;
— в інформаційному полі зміщені всі акценти — з людини і її благополуччя в бік величі нації і її лідерства у світі, і не важливо, якою ціною це лідерство досягається;
— плюралізму немає, будь-яка опозиційність дискредитується і переслідується;
— глава країни — цар, самодержець;
— правлячі клани постійно воюють за наближеність і вплив на царя, посилюючи безлад і розшарування суспільства.

Власне, все життя соціуму — це великі й малі інформаційні бульбашки. Це добре продуманий і сформований віртуальний

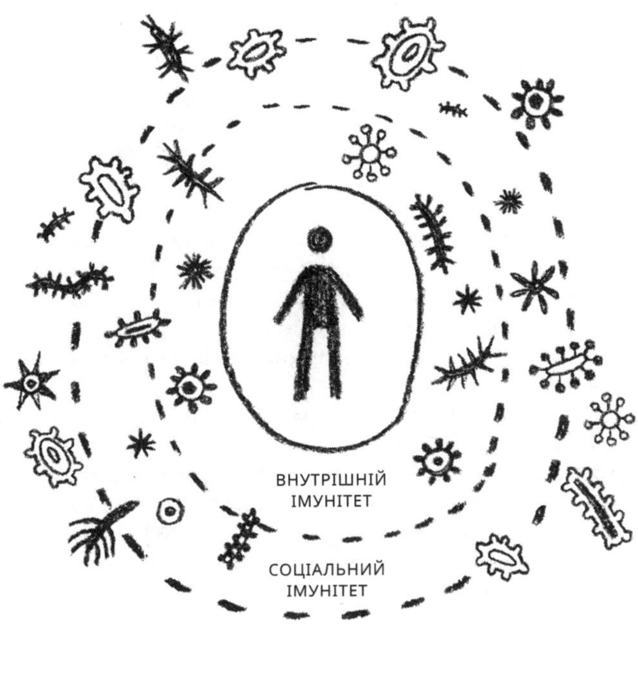

Окрема людина і загалом соціум Нації овочів імунітету фактично не мають, причому це стосується обох складових. Кількість та інтенсивність вірусів — дуже високі. Імунітет може нейтралізувати лише незначну їх частину. Решта вірусів досягають своєї мети, ускладнюючи ситуацію.

світ зі своїми правилами і канонами. Це світ, у якому людина 24/7 піддається інфікуванню інформаційними вірусами. Спеціальні органи стежать за тим, щоб дозування не зменшувалося й не приводило до збою у системі. Та сама інформація подається в потрібному руслі, але різними каналами і в різних формах. Так досягається потрібна частота і тон. У людини немає шансів ухилитися від інфекції.

Загальна світова тенденція сумна — світ наполегливо рухається від Націй розумних у бік Націй овочів.

Звісно, у сучасному світі безліч націй перебуває в перехідних типах. Проте загальна світова тенденція сумна — світ наполегливо рухається від Націй розумних у бік Націй овочів. У багатьох частинах світу ця динаміка так лякає, що цілком ймовірно, коли людство відчує на собі всі жахи глобального потепління, йому вже буде абсолютно байдуже — Люди-овочі не зрозуміють різниці.

РЕМАРКА

Уже багато років ми живемо в гібридному продукті, сформованому на перетині постулатів *Світу бажань* (за Гакслі) і *Світу терору* (за Орвеллом). Формування нового світу відбулося болісно, проте непомітно. А динаміка реалізації найжахливіших прогнозів тільки наростає.

Ми стрімко мчимо до реалізації прогнозів — перетворення людини на несвідому істоту. Зрозуміла, передбачувана, покірна істота, яка виконує свою функцію — і все. Людина-овоч. Їй буде абсолютно байдуже, чи розтануть арктичні льодовики, чи вода в крані питна, чи замінять людей роботи і чи полетів хтось на Марс. Вона буде існувати, а не жити. Тобто виконувати необхідні дії і не звертати уваги на все інше.

Звучить фантастично?

У мене для вас погані новини. Велика частина нашого суспільства вже стала овочами, хоч як прикро це звучить. Хай навіть жменька критично мислячих людей, які залишилися, розірвуть на собі сто сорочок, доводячи зворотне. А інструментом перетворення Людини-розумної на Людину-овоч стали інформаційні віруси.

Утім чомусь, обговорюючи майбутнє на серйозних конференціях, у світських бесідах або на презентаціях розумних книжок, ми вважаємо за ліпше про це мовчати. Тільки останніми роками модним стало говорити про фейки, ботів і демонстративно з ними боротися. При цьому замовчувати — навмисне чи ні — те, що це лише мала складова інформаційної пандемії, яка вирує в світі. Віруси ж як робили свою чорну справу, так і роблять.

1.2. ЧЕРВОНА ЛІНІЯ, НА ЯКІЙ МИ СТОЇМО

Червона лінія — це той момент часу, у який питома маса критично мислячих людей і їхній вплив на інформаційне поле (а отже, і на собі подібних) стає мізерно малою. А маси стають так сильно дезорієнтовані, перевантажені, налякані, що не можуть ніяк зрозуміти, що відбувається.

Це своєрідна стіна, яка відокремлює *Світ Людей* і *Світ Овочів*. Кожен, хто опинився за нею, вже не належить собі. Він стає керованим і покірним, іде витоптаною стежкою, промаркований як «Людина-овоч».

За короткий період незалежності ми недовго були Нацією розумних і вільних людей, потім стали Нацією борців. Тепер з великим прискоренням ми рухаємося до статусу Нації людей-овочів. Така реальність, хоч як страшно і неприємно це звучить.

На шляху України до червоної лінії можна виділити шість етапів:

1) 1991–1992 рр. — це рік щастя від незалежності. Народ здобув те, про що мріяв століттями. У цей рік тільки почалися страшні трансформаційні процеси, і ми ще не встигли від-

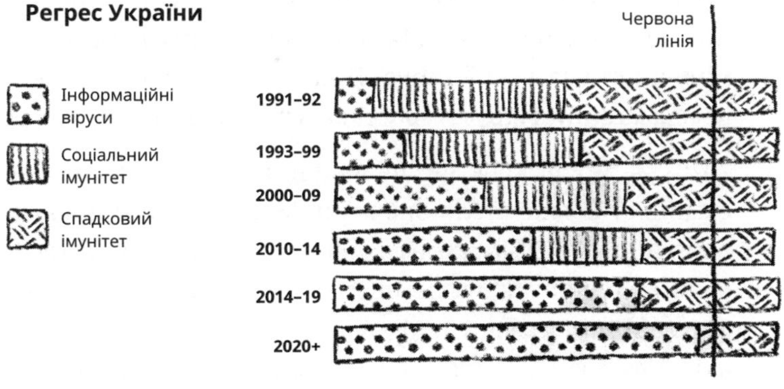

чути їх на своїй шкурі. Свобода слова і плюралізм прорвалися назовні. Радість від перемоги затьмарила невизначеність завтрашнього дня. До того ж ще повноцінно діяв набутий десятиліттями тоталітарного ладу інформаційний імунітет. Це був найвільніший і найщасливіший рік.

2) 1993–1999 рр. — роки злиднів, нестабільності, руйнування всіх процесів та інститутів. Роки процвітання криміналу. Період небувалої інформаційної свободи та інформаційного шуму. Роки вседозволеності. Роки, що заклали міну вповільненої дії в інформаційний імунітет кожного. Тут аналогова ера почала трансформуватися в цифрову.

3) 2000–2009 рр. — роки економічних американських гірок. У них були і злидні, і процвітання, і жахлива за своїми наслідками економічна криза. Роки другої революції і зміни владних еліт. Роки перших професійних маніпуляцій і сформованого класу вірусмейкерів.

4) 2010–2014 рр. — початок цифрової ери з усіма її руйнівними наслідками для інформаційного імунітету і безмежними можливостями для вірусмейкерів. Це переломний момент, у який регрес до Нації овочів став очевидним.

5) 2015–2019 рр. — ми наблизилися до червоної лінії. Попри активні бойові дії гібридної війни в порядку денному, як і раніше, немає питання про системне вирішення проблеми інформаційних вірусів. Триває переважно популістська дискусія в площині боротьби з фейками і ботами. Ніяких реальних дій ніхто не робить. Інформаційний імунітет — наймінімальніший за всю історію. При цьому інтенсивність і сила інформаційних вірусів зростають у геометричній прогресії.

6) 2020+ — ми за крок від червоної лінії. Переважна частина суспільства вже стала овочами. Маємо останній шанс, щоб вжити заходів і зупинити процес перетворення на Націю овочів. Перший крок до цього — впровадження правил інформаційної гігієни, які відновлять вроджений імунітет, а на його базі почнеться відродження соціального імунітету.

Зараз до червоної лінії нам залишилося зовсім мало. Нас до неї тягне магнітом, адже там не потрібно чинити опір і думати. Там все буде барвисто, просто і зрозуміло.

Ми живемо в період змін. З нашим щастям вони стосуються більшості сфер життя — і нашого, і суспільства, у якому ми живемо. Утім найбільший трансформаційний вплив на життя людини має саме зміна аналогової ери на цифрову.

Корінь проблеми в тому, що ця зміна спричинює тектонічні зрушення у всьому. Першою вже доконаною зміною стали інформаційні віруси. Вірусмейкери відвоювали інформаційне поле і безроздільно панують на ньому. Доступність цифрової ери мультиплікувала кількість вірусів і їхні можливості. Це й запустило критичні процеси, які стрімко перетворюють Людину-розумну, здатну думати, на Людину-овоча — безхребетну і поневолену.

Цей процес є ефективним і працює приголомшливими темпами. Утім він має дві прогалини, зачепившись за які можна відбудувати оборону, виграти час і спробувати перевернути ситуацію на свою користь.

Правила інформаційної гігієни + освіченість та поінформованість = шанс на ефективну протидію вірусам.

Коли виникало щось нове, спочатку завжди не було правил, але вони з'являлися з часом. Питання в ціні, яку людство платило за їх створення.

Коли виникало щось нове, спочатку завжди не було правил, але вони з'являлися з часом. Питання в ціні, яку людство платило за їх створення.

Коли з'явилися перші автомобілі, не було правил дорожнього руху та дорожніх знаків. Невелика кількість людей на дорогах могла забезпечити безпеку собі та іншим і без правил. Та згодом кількість аварій і складності пересування сформували розмітку, систему дорожніх знаків, правила руху.

Коли в 1990-ті з'явилися перші закордонні продукти харчування в красивих упаковках, їх розкуповували не дивлячись. Тільки з часом ми стали скрупульозно вивчати термін придатності, склад, калорійність тощо. На своїх ґулях ми навчилися, що красива упаковка — це не завжди якісний і здоровий продукт, а здебільшого навпаки.

Коли з'явилися перші літаки, не було й дещиці теперішніх правил безпеки авіаперевезень. Проте кров'ю тисяч жертв катастроф і терактів були написані правила авіабезпеки, якими ми керуємося нині і на борту літака, і в аеропорту.

В СРСР правила інформаційної безпеки обійшлися найдорожчою в історії людства ціною — мільйонами жертв репресій. Правила чітко регламентували, що можна, а чого не можна говорити і робити, аби залишитися живим і вільним, мати шанс на майбутнє.

Ці правила створювалися десятиліттями, їхнім підґрунтям був страх за найдорожче — за життя. Здавалося, ми отримали вічне щеплення від базових вірусів. Як виявилося, ні.

В аналогову епоху правила інформаційної безпеки були актуальні десятиліттями. Світ був на порядок повільніший, каналів донесення інформації було дуже мало. Динаміка зміни інформаційного поля була незначною. Почасти з цих причин найзахищенішими ми були в 1990-ті, а втім, саме в ці роки були закладені всі основні передумови до стрімкої втрати імунітету перед новими викликами. Навіть більше, ми зробили все для того, щоб прискорити цей процес і зробити його більш руйнівним.

Ми всі — українці. Ми пройшли шлях побудови і руйнування свого інформаційного імунітету.

Ми всі — українці. Ми пройшли шлях побудови і руйнування свого інформаційного імунітету. Звісно, у кожного з нас були різні вхідні дані. Хтось зміг більше чинити опір вірусам і зберігати імунітет. Хтось — менше, і він звалився в прірву овощизму.

Та 2014 року нас розкололи в буквальному сенсі. Не буду зараз про причини. Поговорімо про наслідки. З погляду вірусмейкерства, Україна і ОРДЛО (окуповані райони Донецької та Луганської областей) виявилися під різною інтенсивністю впливу вірусів і з різним поживним середовищем для остаточного і безповоротного руйнування імунітету:

— Україна — середня інтенсивність і втрата частини території, заморожений конфлікт, понад 10 000 загиблих.
— ОРДЛО — висока інтенсивність і війна.

Як результат, за один і той самий період Україна просто вибрала нового президента і слуг народу. А те, що коїться в голові у мешканців окупованих районів Донецької та Луганської областей, добре ілюструють результати дослідження громадської думки, здійсненого компанією «Нью імідж маркетинг груп» на замовлення Українського інституту майбутнього і «Дзеркала тижня. Україна» з 7 по 31 жовтня 2019 року.

Більшість мешканців ОРДЛО — 64,3% — бачать ці території в складі Росії. Тільки 5,1% опитаних по той бік лінії розмежування хочуть «бути частиною України по-старому». Ще 13,4% бачать зараз підконтрольні «ЛНР/ДНР» території «частиною України, але з особливим статусом».

Разом — 18,5%, тобто менше ніж одна п'ята частина мешканців ОРДЛО бачить майбутнє своєї малої батьківщини в Україні. До незалежності прагнуть теж не так багато респондентів — 16,2%.

До Президента України Володимира Зеленського 78,9% мешканців ОРДЛО ставляться погано або дуже погано.

Відзначено, що в період, який Зеленський присвятив анонсуванню саміту в нормандському форматі та ідеям мирного врегулювання конфлікту на сході країни, ставлення «сильно поліпшилося — він робить більше, ніж обіцяв» висловили 2,7% мешканців ОРДЛО. Думку «трохи поліпшилося» висловили 7,9% респондентів, «не змінилося» — 44,8%, «погіршилося — його дії викликають побоювання» — 22,9%, «значно погіршилося — він розчарував» — 20,5%. Водночас, спостерігаючи за діями Зеленського останні місяці, 11% респондентів відчули оптимізм, а 43% — песимізм.

Петра Порошенка — п'ятого Президента України — на окупованих територіях ненавидять: 97% ставляться до нього «погано» і «дуже погано» (18 і 78,6% відповідно). «Дуже хорошої думки» про Петра Олексійовича — 0,7% опитаних; «радше хорошої» — 1,4%.

РЕМАРКА

Для написання вищевикладених коротких результатів дослідження використано матеріали nv.ua і самого дослідження.

Усе це я кажу до того, що тумблер інтенсивності вірусмейкери вміють перемикати. Так само як і розгортати і вести гібридну війну. У нашу цифрову добу це робиться дуже швидко.

Увесь текст дослідження і методологія дослідження містяться тут:

Аналіз спірних моментів за фактом проведення дослідження міститься тут:

Чи зможемо ми цьому протистояти? Це питання до нас самих. Так, можна сподіватися на те, що пронесе, а можна діяти.

Де-факто ми опинилися тепер в 1920–1940-х роках — так само руйнівних, і люди в них так само беззахисні. Однак тоді руйнування відчувалися швидко, бо були буквальні, очевидні (руїна, голод, репресії, терор). А нині вони працюють на психологічному рівні: одурманюють, отупляють, перетворюють на овочі.

Це непомітні процеси, проте значно руйнівніші, адже стосуються кожного. Навіть якщо ви вистоїте перед нищівним впливом вірусмейкерів, вам доведеться жити в суспільстві людей, які їм усіляко піддалися. Це співвідносно з впливом кліматичних змін.

Утім повернімося назад і проаналізуймо, чому це стало можливим.

ЧАСТИНА 2

ЯК В УКРАЇНІ ЗРУЙНУВАЛИ ІНФОРМАЦІЙНИЙ ІМУНІТЕТ

2.1. НАЙЩАСЛИВІШИЙ РІК — 1991–1992

Це, мабуть, був найщасливіший рік України. Наївно щасливий. СРСР розпався, а така бажана незалежність стала реальністю. Здавалося, що попереду тільки краще.

Як мінімум, інформаційне поле повністю виправдало ці очікування. Настав період «вседозволеності і всевідкритості». Доклавши певних зусиль і витративши час, можна було знайти/отримати будь-яку інформацію. Заборони скасовано. Фактично, звісно, ще працювали старі грифи «секретно», тож публічною ставала тільки частина інформації. Та і це вже було дуже багато.

Першою на народ посипалася *«псєвдозапрєщьонка»*: паранормальні явища, конспірологічні теорії, порнографія, псевдонаукові факти тощо. Стали публікуватися заборонені раніше книжки.

Плюралізм став реальним плюралізмом — усі говорили і робили все, проте ще озираючись і побоюючись. Утім, як і раніше, це радше плодило хаос і генерувало інформаційний шум, ніж приносило реальні зміни.

Інформаційні звички ще не змінилися. Протягом десятиліть ТБ супроводжувало людину більшу частину життя і формувало її графік. Новинні блоки, фільми, улюблені програми були одним з ключових чинників планування дня, так само як години роботи дитячого садка й магазинів. Стаціонарна радіоточка працювала на кухнях майже цілодобово. Газети частково розширювали інформаційне поле, а журнали значно збагачували світогляд.

При цьому кількість джерел інформації, які споживала одна людина протягом дня, дуже рідко перевищувала 10 і в середньому коливалася на рівні три–п'ять.

У ті роки істотний вплив на інформаційне поле мало особисте спілкування. Люди приділяли йому багато часу й ваги, зокрема обговоренню і тлумаченню інформаційних подій дня, пошуку зерна правди. Від цього інформація забарвлювалася в нові тони, але істотно не змінювалася — задані вектори зберігалися, стаючи живими і природнішими.

Ком'юніті за інтересами формувалися, але були дуже малі і зазвичай не мали свого входу в загальне інформаційне поле. А отже, варилися у власному соку й не дуже впливали на загальний порядок денний.

РЕМАРКА

Одна з особливостей радянського побуту — хронічна нестача житлової площі. Саме це стало однією з основних причин тісних зв'язків між людьми.

Звичайною була ситуація, коли три покоління родини жили у двокімнатній квартирі. Крім тісноти спілкування, це сприяло ще й передачі досвіду між поколіннями, зокрема правил інформаційної безпеки, створених на мільйонах життів у період репресій і таборів.

Дев'яності не вирішили житлову проблему, а де-не-де її навіть погіршили.

Якби в ті часи хтось сказав, що інформація стане новою валютою, усі довго сміялися б. Інформацію використовували як інструмент отримання і накопичення знань. Саме знання й були валютою, яку середньостатистична людина могла накопичувати.

Для простих людей, які жили від зарплати до зарплати в умовах тотального дефіциту, знання були зрозумілим інструментом для публічної диференціації. Саме вони були предметом гордості, за їх розмахом і глибиною люди ділилися на групи. Тоді нові книжки, передплата наукових журналів, регулярний перегляд передачі «Що? Де? Коли?» були тим, чим нині стали iPhone і серіали Netflix.

У цей щасливий рік інтелектуали та інтелігенція отримали небачений обсяг нової інформації. Разом з незалежністю це стало мрією, що збулася і окриляла. Проте вже зовсім скоро безробіття і безгрошів'я ці крила обламає.

РЕМАРКА

Найпоширенішим в СРСР патерном життєвого шляху був self made. Людина розуміла, що їй потрібно здобувати освіту і вкалувати, тоді вона матиме все необхідне для життя. Що ліпше людина вчилася і що старанніше працювала, то більше шансів у неї було вибитися в «вищу касту».
Цей патерн усіляко підтримували на державному рівні. Розвивали і стимулювали культуру читання складних книжок, поезії, інтелектуальних ігор. Заохочували участь у змаганнях з орієнтування на місцевості, випускали якісну науково-популярну періодику, знімали фільми. Створювали всі умови для того, щоб людина могла тренувати пам'ять і інтелектуально розвиватися. Водночас виховували повагу до винахідників, вчених і інших людей розумової праці.
Внесок усього цього в інформаційний імунітет складно переоцінити.

Рік 1991–1992 став поворотною точкою в зміні основної функції інформації. Раніше вона лежала в площині накопичення знань, інформування про те, що відбувається. З появою псевдонаук, паранормальних явищ, початком ери дешевого кіно- і телепродукту інформація стала дедалі більше виконувати функцію «віддушини».

Рік 1991–1992 став поворотною точкою в зміні основної функції інформації.

Це період хоч і занепаду, але на дуже високій ноті розуміння й орієнтації в інформаційному просторі. Люди звикли, що їм доступна лише частина інформації, тож думали, формували цілісну картину і намагалися приймати всі ключові рішення з огляду на неї. Тобто аналізували наслідки і вивчали історію.

На цьому етапі ще не було активного занурення у світовий досвід. Хоча доступ до нього вже не обмежували, та інформації було вкрай мало. Загальне незнання англійської тільки ускладнювало ситуацію.

Така монополізація разом з одноманітною інформаційною повісткою і мізерністю меседжів зумовлювали те, що всі жили в зрозумілому та стабільному інформаційному середовищі. Ставлення до нього було вироблено роками:

— політики і чиновники брешуть;

— є кілька журналістів, політиків-лібералів, які брешуть менше, — до них варто дослухатися;
— інформацію потрібно споживати по максимуму і самим робити висновки.

Ці правила сформовані роками радянського ладу. Вони ж були основою інформаційного поля початку 1990-х.

Рік 1991–1992 був порівняно непоганим періодом в економічному сенсі. Хоча труднощі вже з'явилися, та це були перші труднощі. Ніхто ще не розумів глибини проблем, які доведеться пережити в горезвісні «лихі дев'яності».

Як і раніше, функціонували базові для інформаційного імунітету системи — медицина й освіта. Перша вже відчувала збої з ліками, але звиклі до тотального дефіциту люди ставилися до цього нормально.

РЕМАРКА

Чималий внесок в інформаційний імунітет радянської людини зробила система освіти. Йдеться не про її ідеологічний аспект, а про тренування пам'яті, вибудовування причинно-наслідкових зв'язків, розширення світогляду, вироблення звички читати книжки.

У школі формували надійний базис знань, на який нашаровувалися спеціалізовані професійні знання. Він давав людині дуже важливі навички — продумувати дії наперед, моделювати і прораховувати все в голові, вибудовувати логіку, орієнтуватися в просторі. Базові предмети на зразок математики були потрібні не для оцінки в табелі, а допомагали в побуті протягом усього життя.

Точним наукам відводили особливе місце, що давало змогу забезпечити високий рівень перелічених вище навичок навіть у нетямущих і ледарів. Це супроводжувалося простою і інтуїтивно зрозумілою подачею інформації з інших предметів, а також продуманими й апробованими програмами навчання на всіх етапах — від початкової школи до вищої. Висока кваліфікація вчителів, повага до їхньої праці лише посилювали цей ефект.

Звісно, усе це придумували і впроваджували не задля формування інформаційного імунітету, однак, за дивною іронією, це сприяло його розвитку.

Хоч як парадоксально, проте навички критичного мислення людей в останні роки СРСР були незрівнянно вищі, ніж тепер.

Це були останні роки Нації розумних. Нації з міцним імунітетом і мінімальною кількістю інформаційних вірусів — їх просто не було кому продукувати. Старій ідеології і машині з виробництва таких вірусів настав кінець. Нову ще й не починали будувати — це був період руйнування старого. Звісно, без дезінформації і маніпуляції не обходилося, та це були епізодичні інтервенції. З огляду на міцний інформаційний імунітет, вони не завдавали значної шкоди.

Усе погане ще попереду, а на той час усі піддалися ейфорії. Мабуть, єдина складова живильного середовища для інформаційних вірусів, яка родом з тих років (хоча насправді вона формувалася десятиліттями), — це травма поколінь.

Так уже склалося, що ми — діти і внуки покалічених поколінь. Якщо зовсім спростити, то наша психіка є продуктом не так нашого життя і дій, як життя наших предків. Найбільший відбиток на неї накладають найближчі два покоління — тато, мама, бабусі й дідусі. Ланцюжок простий: їх калічить життя, вони в процесі виховання калічать нас.

Так уже склалося, що ми — діти і внуки покалічених поколінь.

Ми несемо на собі тягар Голодомору, розкуркулення, червоного терору, тоталітарного побуту, аварії на ЧАЕС — і це лише найкричущіші приклади. А додайте до цього особисті трагедії, яких на просторах країни були мільйони…

РЕМАРКА

Механізм передачі травми від покоління до покоління влучно описав у вірші* відомий психолог Дмитро Шноль.

*Переклад з російської Євгена Плясецького. — *Прим. випуск. ред.*

Те, що ми недомололи,
Вже залишимо синам:
Несвідомі наші ролі,
Клапті страху по кутках.

Нам полишив вік гуртовий
Сіль сирітства на губі,
Запах ясельний — перловий,
Окрик нянечки в дворі.

В час замовчувань дорослих
Грудка в горлі враз зроста,

Джерело: Живий Журнал Людмили Петрановської

А для кого всі ті сльози —
Жоден з нас про те не знав.

І шкода було, насправді, —
В шостий рік свого життя, —
Маму, Сашу, тьотю Надю,
Виховательок з садка.

І казенна смерть ходила
За прилавками крамниць,
Невидимкою бродила
Між чужих і рідних лиць.

Це повітря ми всотали
З сурогатом молока,
По півдня в футбол ганяли,
Щоб ніхто не запитав,

Не допитувавсь про дике,
Про гірке і про щемне,
І повсюдно тут розлите,
І невидиме таке.

І від спадщини такої
Вже нікуди не втекти,
І щоденно серце коле
Від роботи й марноти.

Та, можливо, наші внуки
Пересилять ту печаль,
Що тремтить у кожнім звуку
І щоночі підступа.

Детальніше про те, як працює травма поколінь, можна довідатися з матеріалів Людмили Петрановської.

Чи пропрацьовані ці катастрофи? Ні. А як вони могли бути пропрацьовані? Не до них було, хоч би з голоду не вмерти. Звісно, були винятки. Деякі сім'ї жили в порівняному або великому достатку, але їх було вкрай мало й вони не мали істотного впливу на ситуацію в країні загалом.

Ми — покоління, на яке нашарувалися проблеми минулого, що істотно впливає і на наше сьогодення. Ці травми модифікували наші гени, наше виховання, сприйняття світу й інформації. Найпростішою ілюстрацією існування травми поколінь є те, що ми:

Ми — покоління, на яке нашарувалися проблеми минулого, що істотно впливає і на наше сьогодення.

Джерело: Живий Журнал Людмили Петрановської

— доїдаємо все до останньої крихти;
— не можемо і години просидіти без діла;
— хочемо, щоб у нас було тільки найкраще, і досягаємо цього за будь-яку ціну;
— відчуваємо провину перед батьками, що не приділяємо їм достатньо часу.

Усе це також наклало важливий відбиток на нашу психіку і сформувало призму, крізь яку ми сприймаємо інформацію. Розірвати зачароване коло можна, тільки змінюючи себе — психоаналізом або іншими дієвими психологічними практиками. Тим, що перетрусить нашу проблематику й очистить від неї нас самих, а отже, і наші наступні покоління. Звісно, нашим батькам, як і їхнім батькам, було не до цього. Ось і передавалася «травма» від покоління до покоління, накопичуючись.

РЕМАРКА

Тривалий час визнавати, а тим паче говорити про психологічні проблеми було непристойно — на людині одразу ставили тавро «псих». А найліпшою терапією вважали кухонні посиденьки.

З погіршенням ситуації в хід пішов алкоголь, наркотики й інша важка артилерія. Розцвіла індустрія ворожок, бабок, екстрасенсів. Люди не могли зрозуміти суть своїх проблем і шукали пояснення або в забутті, або в такому ж паранормальному.

Тільки в останнє десятиліття у нас почала формуватися культура психологічного здоров'я. Звісно, у ній ще дуже багато прогалин і пройдисвітів. Утім факт регулярних візитів до психоаналітика вже не є табу і навіть став модним у містах-мільйонниках. Опрацювання травми поколінь почалося.

2.2. НАЙГІРШІ 1993–1999 РОКИ

У цей період розвалювалося все — від політичної системи й економіки до людських доль і романтичних мрій. Ці роки стали щедрим живильним середовищем для інформаційних вірусів, у ньому ми живемо й дотепер. Наслідки зробленого й незробленого в ці роки ще довго даватимуться взнаки і нам, і наступним поколінням.

Саме в 1993–1999 роки країна поділилася на Захід і Схід, на прибічників великої імперії і гордих свободолюбців. Саме тоді сформувався патерн їхньої комунікації, який діє і донині.

Борці за незалежність не особливо обтяжували себе поясненнями важливості національної ідентичності в побудові країни (звичайно, особливе місце посідала мова). У їхньому розумінні всі мусили хотіти цього апріорі. І байдуже, що це суперечило усталеним звичкам і канонам більшості населення.

Зародився конфлікт, підґрунтям якого були непроговореність, недопояснення, недомотивованість національного питання.

Саме з цього зародився конфлікт, підґрунтям якого були непроговореність, недопояснення, недомотивованість національного питання. Конфлікт, який згодом використовуватимуть як основу для розпалювання багатьох малих і великих «воєн». Саме він стане причиною для реальної війни.

Конфлікт став зручною канвою для інкубації безлічі інформаційних вірусів, які швидко поширювались і охоплювали великий радіус ураження:

- «донецькі — люди без історичної пам’яті»;
- «бандерівці у Львові б’ють російськомовних»;
- поділ Західної і Східної України на два сорти людей;
- обмеження то російської, то української мови як улюблений інструмент маніпуляції тощо.

Уявіть, що тоді, 20 років тому, серед прозахідно орієнтованого населення знайшовся би хороший професіональний піарник. Він навчив би любити наше, українське, пишатися нашим минулим і досягненнями сьогодення, зробив би це модним культом. Якою була би наша країна сьогодні?

Проте талановиті піарники були на іншому боці сили. Вони вміло розпалювали ситуацію, нацьковували людей одне на одного, а під кінець 1990-х іще й позбулися лідера націоналістичного руху В'ячеслава Чорновола. Було це вбивство чи нещасний випадок — думки розійшлися. Та прихильники Чорновола однозначно трактували це як акт агресії і спробу їх заткнути. Заткнути не вдалося. А ось обезголовити — так.

РЕМАРКА

Одним із прикладів символу Незалежності, що міг покласти початок формуванню гордості за Україну, була перемога Оксани Баюл на Зимовій олімпіаді 1994 року.

У цій історії прекрасно все. Українську Попелюшку, яка залишилася без батьків, виховував тренер. У 16 років вона стала чемпіонкою світу і, попри все, виборола золоту медаль Олімпіади з фігурного катання. Тоді в Ліллегаммері навіть не було гімну України, щоб увімкнути його під час нагородження. Його довго шукали, та все ж він пролунав. Тоді плакала і раділа вся країна. Усі любили маленьку тендітну дівчину, яка змогла зробити неймовірне.

Продовження цієї історії — знакове. Оксана виїхала до США, довго боролася з алкоголізмом, міняла чоловіків і релігії. Вона була не готова до несподіваної слави і грошей.

Україна не зробила з неї Символу, Героя. Оксану давно забули в її країні, яку вона колись прославила. І це тільки один із багатьох прикладів, яким не судилося стати рушієм у популяризації національної ідеї.

На цьому ж конфлікті був запущений один з найефективніших і довгограючих вірусів — розкол Православної церкви на Київський і Московський патріархати. З розвалом СРСР і подальшим хаосом через пригніченість і життя впроголодь українці масово стали звертатися до релігії. На тлі зруйнованих політичних і громадських інститутів це була чи не єдина точка опори в ті дні.

На цьому ж конфлікті був запущений один з найефективніших і довгограючих вірусів — розкол Православної церкви на Київський і Московський патріархати.

Саме в цю точку опори і вдарили. Слідом за незалежністю країни люди хотіли свою незалежну церкву. Вони не хотіли ходити на службу до священиків, які служили в КДБ, не хотіли платити гроші в казну Росії, не хотіли слухати службу незрозумілою старослов'янською. Проте Росія прагла зберегти владу над паствою і грошовим потоком.

Цей інформаційний вірус був таким ефективним, що навіть у дуже націоналістичних західноукраїнських селах сім'ї розколювалися на два ворожі табори. Одні відвідували Московську канонічну церкву, інші — Київську, піддану анафемі. Роками вони сварилися, не розмовляли, проклинали один одного. Вірус перевиконав своє завдання, сіючи ворожнечу і розбрат у самому серці націоналістичних настроїв — у Західній Україні.

Парафіяни Московського патріархату в ці роки, мабуть, були найбільше піддані атакам інформаційних вірусів. Їх продукувала сама Церква через своїх священнослужителів:

— рекомендації, за кого голосувати;
— як ставитися до тієї чи іншої події в країні;
— чому ненавидіти прихожан Київського патріархату або іншої церкви/віри.

Де-факто це була міні-версія сьогоднішньої російської пропаганди.

РЕМАРКА

Народилася я в Нововолинську, за 5 км від польського кордону. Моїми найліпшими друзями в 1990-ті були двоюрідні брати, мої однолітки. Разом ми виховувалися, вчилися, вкалували на двох гектарах городів, бешкетували, стояли на гречці в кутку. Разом ми няньчили і виховували молодших — брата і сестру. Націоналізм і однозначне бажання незалежності України були у нас в крові. Як і нелюбов до всього імперського. Так нас виховували. Таких само думок ми притримувалися і самостійно, вивчаючи історію.

Я дуже чітко пам'ятаю дві наші розмови тих років.

У грудні 1993 року нам було по 10–12 років, і ми жваво обговорювали, чи потрібно Україні відмовлятися від ядерної зброї. Тоді всі дуже хотіли стати частиною західного світу, а він вимагав саме відмови. Водночас ми втрачали суб'єктність. У запалі аргументів хтось із нас сказав: «А що буде, якщо на нас нападе Росія? Вона ж може напасти?». Пам'ятаю, що повисла пауза і була відповідь: «Тоді нас має захистити Захід — він же нас знезброює».

Першого вересня 1996 року ми повернулися зі шкільних лінійок і робили звичну в той час справу — перебирали картоплю. Робота була монотонна, і ми паралельно встигали базікати і слухати радіо. І ось диктор сказав: «Сьогодні в Україні з'явилася своя валюта — гривня». Пам'ятаю, як настала повна тиша. Усі переглянулись, а покійний дід сказав: «Так у нас скоро і своя Церква буде». Хто ж тоді знав, що на це піде понад 20 років, та й то таке стане можливим багато в чому завдяки війні.

Розкол патріархатів сприяв, зокрема, процвітанню в 1990-ті всіляких сект. У них, як і в традиційних релігіях, люди знаходили забуття і бачили порятунок.

У 1993–1999 роки загалом «в ефірі» було багато всього магічного і паранормального: НЛО, екстрасенси, ворожки, теорії змови — нові і з часів всюдисущого КДБ. Ними цікавилися, ними пояснювали складні для розуміння процеси та явища. З їхньою допомогою лікувалися, забувалися — утікали від страшної реальності.

У 1993–1999 роки загалом «в ефірі» було багато всього магічного і паранормального.

Безперечно, саме вони зміцнили засади магічного мислення, які нині так ефективно підживлюють середовище інформаційних вірусів. На базі цього виросла ціла індустрія творців чарівних таблеток. Будь-хто за символічну плату міг отримати сакральне знання або й реальні таблетки, які за лічені дні і без додаткових зусиль мали вилікувати будь-яку духовну чи фізичну хворобу і вирішити проблему будь-якої складності.

РЕМАРКА

Радянський інженер-кібернетик Юрій Кривоногов, поєднавши різні релігійні течії, у кінці 1980-х створив нову віру. Він був фахівцем з психологічного впливу на масову свідомість людей.

Почавши з кібернетики, він поступово переключився на вивчення штучного інтелекту і занурився з головою в тонкощі людської психології. Він також був консультантом КДБ — у нетрях секретної організації велася робота зі створення ефективних методів маніпуляції масовою свідомістю. Потім Кривоногов ненадовго приєднався до кришнаїтів, але покинув їх і спробував пропагувати своє трактування світла істини.

Як богиню він представив свою дружину Марину, журналістку з Донецька. За месіями тоді пішли тисячі фанатиків. Богинею Марією Деві Христос вона стала після операції — це був її сьомий аборт, під час якого вона пережила клінічну смерть.

Ідеологи «Білого братства» призначили дату кінця світу — 11 листопада 1993 року. Цього дня в центрі Києва зібралося кілька сотень представників секти. Зачинившись у Софійському соборі, вони були готові спалити себе заживо для того, щоб на небо піднеслася їх кумир Марія Деві Христос. Сама вона приносити себе в жертву не збиралася і хотіла покинути храм через чорний хід. Божевілля зупинили омонівці. Арешти сектантів тоді переросли в масове побоїще.

Послідовниками секти були в основному 20-річні юнаки і дівчата. Рядовим членам забороняли спілкуватися з рідними. Вони жили по 20–30 осіб у найманих квартирах, спали по чотири години на добу. Люди, буквально доведені до божевілля, були готові повірити навіть у близький кінець світу. Багато людей несли гроші, продавали житло, машини, дачі й віддавали все на користь «релігійної» громади «білих братів».

«Біле братство» було організацією вкрай небезпечною для психічного здоров'я своїх послідовників. Ті, хто покидали її, змушені були витратити близько двох років, щоб позбутися психологічного впливу.

Це тільки один із прикладів сект, що процвітали в 1990-ті. Секти нікуди не поділися і в наші дні.

Потужною міною уповільненої дії, закладеною під інформаційний імунітет, було руйнування медицини. На тлі загальної депресії і реального знищення системи охорони здоров'я люди почали масово хворіти.

СНІД, рак, туберкульоз і безліч інших захворювань — це реалії 1990-х.

СНІД, рак, туберкульоз і безліч інших захворювань — це реалії 1990-х. Способів і можливостей їх лікувати було вкрай мало. Смертність була величезна. Депресія, спричинена нею, — ще більша. Це підірвало здоров'я нації — психічне і фізичне. А зруйнована в ті часи медицина не може відродитися й донині. Поки що вона продовжує обростати корупцією і вбиває будь-які реформаторські спроби.

РЕМАРКА

Це були роки процвітання конспірологічних теорій. Будь-яка катастрофа, раптова смерть відомої людини, дивне явище — усе одразу обростало чутками і трактувалося в руслі змов.

В офіційні версії не вірив ніхто. Кожен мав своє пояснення, у якому обов'язково вживав слова: КДБ, всесвітня змова, вбили, навмисно зробили для... і т.д.
Люди звикли не вірити офіційним особам, а маса нової інформації, яка звалилася на всіх, і стара звичка все аналізувати призвели до тиражування унікальних трактувань. Згодом вони стали одним з важливих складових інформаційного шуму.

Кожен рік цього складного періоду погіршував і без того критичну ситуацію. Передусім бракувало грошей. Їх не виплачували по 6–12 місяців. Цей період розвинув у людей небачену кмітливість і спритність. Особливо добре це ілюструє зміна української кухні. Господині навчилися готувати страви з неймовірних продуктів. Багато з них годували не тільки свою сім'ю, а й інтелігентів-сусідів, які були не аж такі винахідливі. У ті часи котлетами називали пляцки з картоплі без грама м'яса. Хліб багато хто пік вдома з борошна, яке отримували замість зарплати.

Було й хороше. Ці роки сформували кістяк старої української підприємницької школи. Учорашня інтелігенція засовувала свою інтелігентність і гордість подалі і йшла торгувати на базар. Це завдавало колосальної шкоди психіці. Адже за радянських часів цих людей поважали за знання, а торгівлю, тим паче на базарі, вважали справою ганебною і неприйнятною для високоосвіченої людини.

РЕМАРКА

Якщо зовсім спростити, в 1990-ті було чотири базові сценарії виживання:

1) город/дача — без них бюджетники і пенсіонери просто померли б у ті страшні часи браку живих грошей;
2) базар — купи дешевше і продай дорожче — це була найпростіша і швидка модель підприємництва. Її освоїли всі, хто не мав городів і кому совісно було йти в бандити або чиновники;
3) бандити — заробляли на торгашах, контрабанді, розвалених торговельних зв'язках СРСР і ще сотнями різних способів; багато з них потім перейменуються і будуть називатися гордим словом «бізнесмени»;

4) чиновницький портфель — корупцію ніхто і не намагався викорінити, а в період хаосу і плутанини це була найприбутковіша справа (власне, різниця між чиновниками і бандитами була тільки в їхній зовнішності).

Дев'яності вбили науку. Проте не змогли вбити систему освіти. Навпаки, це були, мабуть, найяскравіші її роки за всю незалежність. Річ у тім, що саме завдяки навчанню в престижному ВНЗ з'являвся шанс вибитися на інший рівень життя. А щоб вступити до ВНЗ, були потрібні або гроші для хабара, або перемоги на олімпіадах і конкурсах наукових робіт. Для батьків, які ледве заробляли на їжу і не завжди на одяг, це був шанс дати краще майбутнє дітям. Ось вони і лізли зі шкури, змушуючи дітей вчитися.

Альтруїзм вихованих радянською системою вчителів — тих, хто ще не виїхали на заробітки, — тільки сприяв вихованню нового інтелектуального покоління. Це були останні роки ефективної системи освіти.

Важлива роль у руйнації інформаційного імунітету відведена «заробітчанам».

Важлива роль у руйнації інформаційного імунітету відведена «заробітчанам». Батьки змушені були шукати грошей в інших країнах. Їдучи, вони вивозили із собою інтелектуальний потенціал країни і калічили психіку мільйонів дітей, які росли без батьків, з почуттям всеохопної батьківської провини. Так виросло ціле покоління, виховане бабусями та привчене отримувати від батьків лише грошові перекази. У них одразу закладалися коди: з країни потрібно валити, вчитися і працювати не треба, батьки гроші надішлють. Це в наступні роки і добило систему освіти — запиту на знання не було, усе можна було купити, а альтруїзм учителів закінчився.

У 1993–1999 роки формувалися засади розшарування українського суспільства, яке з кожним роком лише посилювалося. Росла прірва між містом і селом, працюючими і безробітними, бюджетниками і бізнесменами. Прірва була багато у чому — побутовій мові, стилю життя, авторитетах, прагненнях.

Внесок 1990-х у трансформацію Нації розумних у Націю овочів — саме в руйнуванні інформаційного імунітету. Двохтисячні, звісно, ще додадуть пазли, яких бракувало, і доб'ють його. Підґрунтя ж більшості токсичних процесів, плоди яких ми зараз пожинаємо в інформаційному полі, було закладено саме в дев'яності.

А втім, безпосередньо в 1990-ті ми ще не відчували катастрофи. Процеси руйнування імунітету були запущені, але наслідків для нації загалом вони ще не мали. Так, це вже була Нація борців, проте питома маса Людей-овочів ще не досягла катастрофічних показників.

А що ж індустрія виробництва самих інформаційних вірусів і розвиток каналів їх поширення? Цим 1990-ті майже не відрізнялися від попередніх років.

Звісно, сприйняття інформації та її ролі в суспільстві трансформувалося. Тренд «віддушини», що зародився в перші роки, став домінуючим. Усі цілодобово вкалували, аби прогодувати сім'ю, тож було не до інтелектуальних бесід і походів на виставки. Настав період, коли інформація грала дуже незначну роль і абсолютно втратила свій статус валюти.

Сприйняття інформації та її ролі в суспільстві трансформувалося. Тренд «віддушини», що зародився в перші роки, став домінуючим.

Це був час процвітання всього західного: фільмів, серіалів, музики тощо. З одного боку, усе своє було зруйновано, з іншого — усе західне манило новизною та яскравими фарбами, але не вирізнялося якістю й інтелектуальністю. Це був початок ери попси. Вона міцно й на багато років стала основою для всіх інформаційних форм — від книжок до реклами.

РЕМАРКА

У період темних і депресивних 1990-х люди спрагло шукали те, на що можна переключитися. Через дуже обмежені фінансові можливості середньостатистична людина мала доступ до трьох віддушин:

1) мило й попса — мексиканські і бразильські серіали, строкаті фарби й солодкі голоси поп-зірок. Усе це масово транслювали з екранів і гучномовців. «Мило» давало змогу кожному зануритися в інший світ, де немає тотальної бідності і депресії;

2) цукор — іноземні солодощі в яскравих упаковках і навіть звичайний дефіцитний цукор. Усе це давало змогу отримати маленькі дози радості, якої так не вистачало. «Цукровий наркотик» давно і міцно прижився на Заході. Зі збільшенням купівельної спроможності на ринок хлинув перевірений роками асортимент «хвилинної радості». Саме в 1990-ті почався процес кардинальних змін харчових звичок. На зміну простій і натуральній їжі прийшла жирна, солодка і штучна. Люди їли цукор, заїдаючи стрес і депресію, товстіли і ставали дедалі інертнішими до навколишніх бід, дедалі залежнішими від маленьких солодких радощів;
3) алкоголь — вироблений за часів СРСР навик самогоноваріння став у пригоді і тепер. Саме він давав змогу споювати народ, у якого не було грошей на хліб. А ось робити горілку навчилися практично з повітря, зводячи її собівартість майже до нуля. Звісно, це підірвало не тільки психологічне, а й фізичне здоров'я.

Віддушини закріпилися і продовжують істотно удобрювати ґрунт для інформаційних вірусів і в наші дні.

Звісно, з кожним роком виникало дедалі більше каналів інформації, проте всі вони розвивалися в зрозумілій структурі — газети / радіо / ТБ.

Контент ставав дедалі попсовішим і розважальним, однак це не змінювало ключового правила: треба в усьому розбиратися самому, вірити нікому не можна, необхідно аналізувати всі доступні альтернативні думки.

У другій половині 1990-х почали проявлятися і відігравати дедалі більшу роль класичні західні інструменти: яскрава реклама і базовий, примітивний піар.

У другій половині 1990-х почали проявлятися і відігравати дедалі більшу роль класичні західні інструменти: яскрава реклама і базовий, примітивний піар.

Їхню появу сприймали як щось модне, як інформаційний привід.

Ефективність найпримітивнішої реклами та піару була колосальною, незважаючи на незграбність її виконання. Це стало першим серйозним кроком до зміни усталених правил функціонування в інформаційному полі. Люди бачили красиво упаковану інформацію і сприймали її як правду. Від неї віяло Заходом. Упаковка була модною, а отже, бажаною. Імунітету на брехню не було зовсім. Усе, що виглядало по-іноземному і повторювалося багато разів у тій самій обмеженій кількості джерел інформації, було апріорі надефективним інструментом маніпуляції. У цей період реклама стала невід'ємною частиною інформаційного поля і мала рівноцінний, а часом і більший вплив на нього.

Це був момент емоційного зачарування рекламою, потім так само різко настало розчарування. До кінця 1990-х рухнули фінансові піраміди, з'явилася перша інформація про шкоду рекламованих продуктів харчування. Люди різко поміняли любов на ненависть і стали скептично, а то й різко негативно ставитися до всього, що рекламували. Тоді й почала формуватися професійна рекламна й маркетингова індустрія. Реклама ж припинила впливати на інформаційне поле.

РЕМАРКА

Найяскравішим прикладом, який ілюструє повну безнадійність і дезорієнтованість у нових реаліях 1990-х, був МММ. Незвичайна для тих часів реклама звідусіль обіцяла такі бажані і недосяжні для кожного блага: чоботи, шуби і гроші. Льоня Голубков — образ свого хлопця з сусіднього двору — щиро запевняв у правдивості рекламних обіцянок. Підкріплював їх і авторитет «просто Марії» — у рекламі знялася акторка популярного серіалу тих років Вікторія Руффо. А успішний досвід перших вкладників спонукав зубожілих і обкрадених радянським Ощадбанком людей нести останні гроші в піраміду.

Потрібно віддати належне злому генію засновника МММ Сергія Мавроді — усе було прораховано й організовано бездоганно. Машина брехні висмоктувала з людей останні й навіть позичені гроші. Вона швидко стала еталоном і зберігала цей статус багато років.

Про ефективність схеми промовисто свідчить статистика постраждалих (цифри стосуються всього пострадянського простору, а не тільки України). Квитки МММ були на пред'явника, облік їх поточних власників не вівся. Слідство визнало потерпілими понад 10 тисяч осіб, проте, за непрямими оцінками експертів, постраждало близько 10 мільйонів осіб. За іншими оцінками, останні цифри не мали підтверджень, окрім заяв самого Мавроді, а спостерігачі називали кількість не більше двох мільйонів вкладників. Після різкого знецінення паперів МММ 50 осіб покінчили життя самогубством.

Проте МММ зразка 1990-х нічому не навчив людей. Він став першою гучною пірамідою, але не останньою. До того ж перед своєю смертю в 2018 році Мавроді успішно реорганізував МММ, запустивши його в новій іпостасі.

У цей же період починає формуватися піар-індустрія і заграє новими барвами політичний блок. Усе, як і раніше, ґрунтується на старих догмах і системі координат. Хоча зі збільшенням рівня інформаційного шуму людьми стає дедалі легше маніпулювати, використовуючи старі й перевірені методи.

Хліба не було, а ось кількість видовищ постійно зростала, і вони ставали дедалі ефектнішими. При цьому інформаційні канали не розширювалися, а відбувалося заміщення — наукові та системні програми вмирали, цензура, як і раніше, вбивала аналітику. А на їхнє місце приходила попса, яка успішно почала вбивати системність мислення, замінюючи глибоке на красиве і просте.

Саме 1990-ті роки стали причиною того, що нас тепер так просто інфікувати вірусом. В останній період існування СРСР усі його мешканці, зокрема й народжені в 1980-ті, мали вироблений імунітет проти класичних тоталітарних маніпуляцій. Утім до нього додавалася ще й віра в Західне диво, яка запевняла, що «у них все інакше»: гласність, лібералізм тощо.

Гримуча суміш:

Саме 1990-ті роки стали причиною того, що нас тепер так просто інфікувати вірусом.

1) інформаційний аскетизм, що підсилює інформаційний голод;
2) закордонне — отже, хороше;
3) гонитва за яскравими новими форматами, картинками задля зміни сірої радянської дійсності;
4) закладене роками інформаційне накопичення, а отже, подальше споживання максимуму інформації, що ставала дедалі простішою і лінійнішою;
5) брак інформаційного фільтра щодо сприйняття нової реальності.

Усе це стало початком руйнування інформаційного імунітету, який вироблявся роками тоталітаризму і був основою виживання й особистої безпеки. Вроджений імунітет з його правилами інформаційної гігієни теж був остаточно зруйнований.

РЕМАРКА

Одним з найруйнівніших інструментів 1990-х був неконтрольований стрес. Зрозуміти, як він працює — якої шкоди здоров'ю завдає і як «стирає» всі попередні програми і навички — можна на прикладі старого, але актуального експерименту.

У 1913 році співробітниця Павлова Наталія Шенгер-Крестовнікова провела експеримент: учила собаку розрізняти коло і еліпс. Коло заохочувалося їжею, еліпс — ні. Пес дуже швидко навчився. А потім Шенгер почала видозмінювати еліпс, наближаючи його вигляд до кола. Коли різницю стало важко визначити на око, пес перестав диференціювати ці стимули і два тижні намагався зрозуміти, коли йому дадуть їжу.

У результаті тварина отримала те, що тоді називали неврозом, а сьогодні — вивченою безпорадністю. Пес постійно лежав, утратив апетит, у нього погіршилися когнітивні показники, він забув усе, чого навчився раніше. Дуже схоже на симптоми депресії у людини. Що цікаво, пес не зазнавав фізичних страждань, голоду, болю. Він лише намагався зрозуміти закономірності, а йому це не вдавалося.

Працює це, звісно ж, не лише з собаками. Наприклад, Гай Калігула дуже довго не оприлюднював закони про оподаткування. А коли нарешті опублікував, то написані вони були так дрібно і повішені так високо, що прочитати їх виявилося практично неможливо. Так усі, хто був пов'язаний з торгівлею, потрапили в ситуацію повної невизначеності — платити податки треба, а як — ніхто не знає. Ясна річ, це було зроблено навмисно.

Багато людей в 1990-ті переживали щось дуже схоже. Вони намагалися збагнути, чому все, що вони знали і вміли, не працює. Через що впадали в депресію — приховану або цілком відкриту.

(За матеріалами: Дмитро Жуков, «Неконтрольований стрес». Цикл лекцій «Просвітитель-2013»)

І ще одне. Минуле життя привчило чітко фільтрувати, *що* й *кому* казати — від цього могла залежати не тільки кар'єра, а й життя. Сліпа віра в те, що все закордонне апріорі безпечне і правильне, призвела до того, що люди безлімітно ділилися інформацією про себе і свій спосіб життя з усіма, звісно, виставляючи напоказ усе найліпше. Звідси походять парадокси, які дивують і дотепер: чиновники з зарплатою кілька сотень доларів виставляють у відкритий доступ свої статки на мільйони. Навіть

Джерело: Дмитро Жуков, «Неконтрольований стрес»

приклади їхніх колег, що погоріли на цьому, не змушують їх замислитися про те, чим це для них може обернутися.

Бажання вирватися із сірих кризових 1990-х, що збіглося із загальною любов'ю демонструвати, що «в мене не гірше, ніж у сусіда», заклало фундамент тренда «успішного успіху».

РЕМАРКА

Дев'яності роки — це період глибокої і затяжної депресії. Річ не так в економічному аспекті, як у його наслідках для психіки людини.

Якщо розібрати ці роки на цеглинки, то можна чітко простежити весь базовий інструментарій тюремника, перед яким стоїть завдання зламати волю ув'язненого й перевербувати його, а саме:

— системне недоїдання і неможливість дозволити собі базовий продуктовий набір;
— повна невизначеність у завтрашньому дні — і своєму, і своїх дітей;
— велика відповідальність за інших — дуже часто йшлося не тільки про літніх батьків і малолітніх дітей, а й про сусідів-інтелігентів, яким не платили зарплату ще довше, тож потрібно було їх підгодовувати;
— публічні приниження, яким особливо піддавався прошарок інтелігентів (учені, учителі, інженери) — колись шановані й поважні люди тепер мусили торгувати на базарі і мити туалети, і навіть це не забезпечувало їх їжею;
— хвороби і зростання смертності — як у зв'язку з аварією на ЧАЕС, так і просто через злам системи охорони здоров'я.

Це було значущою допомогою для вірусмейкерів зразка 1990-х і зробило свій вагомий внесок у руйнування набутого за радянських часів імунітету перед маніпуляцією.

Отже, ми вийшли з 1990-х років голими перед складними викликами цифрової епохи, яка вже стояла на порозі. Усі бар'єри, які могли би хоч якось пом'якшити шкоду і зробити нас захищеними від маніпуляцій нового рівня і глибини, були зруйновані.

2.3. ЕМОЦІЙНІ ГІРКИ 2000—2009 РОКІВ

Дев'яності роки підірвали інформаційний імунітет. Нульові ж сформували інструментальний пул — створили канали поширення вірусів і зробили їх доступними більшості. Це роки зародження вірусмейкерства і перших масових експериментів з інфікування широких мас.

Нульові роки показово ілюструє кейс з банківським ринком. Банкам, як і владі, українці традиційно не довіряли, на що мали вагомі причини. На початку 1990-х люди втратили свої заощадження, накопичені за часів СРСР, потім гроші забрав МММ, а потім, коли всі тільки почали підійматися на ноги, криза 1998 року знецінила гривню.

За своїм ставленням до банківських послуг на початку нульових населення дуже розшарувалося. Проте об'єднувальним чинником було бажання знову ними користуватися. Найактивнішими були два протилежні й дуже об'ємні сегменти. За різними дослідженнями тих років, розмір кожного з них коливався в межах 20–30% активного населення, тобто сукупно вони становили не менше половини українців.

Перший сегмент дуже втомився від сірості й бідності 1990-х і дуже хотів вивести своє життя на новий рівень, але не мав для цього можливостей. Другий, навпаки, дуже добре пам'ятав, через що пройшов, і складав копійку до копійки. Така кон'юнктура якнайліпше була на користь банків. Одним вони почали видавати гроші, в інших — брати.

Ейфорія 2004–2005 років запустила маховик, і український камерний ринок банківських послуг став масовим і одним з найпривабливіших у світі. Темпи зростання були небачені. Іноземці скуповували наші банки за неймовірні суми.

За кадром залишалося кілька *АЛЕ*:

- Економіка зростала, і здавалося, що так буде завжди. Основи макроекономіки нікому не пояснювали, а слово «криза» взагалі не вимовляли.
- Мильна бульбашка нерухомості зростала і міцніла, дедалі більше людей прагнули на ній заробити.
- Банки хотіли продатися, їм потрібно було показати великі клієнтські бази і прибутки. Усе це — за короткий проміжок часу і за жорсткої конкуренції.
- Люди не читали договорів, не аналізували ризики — мали нульову фінансову грамотність. Формувати її було нікому не вигідно, та й часу на це все одно не вистачило б.
- Культури банківництва теж, загалом, не було. У банках працювали вихідці з радянської системи, молодняк або іноземці (зокрема, росіяни). Ніхто не мав розуміння українського ринку — перехідного, складного, різношерстого, великого. Але всі робили розумні обличчя і ставили експерименти — хтось більш ризиковані, хтось менше.
- Регулятори, як і вся законодавча база, теж не виконували свою функцію. За фактом «той, хто давав» гроші — банки-кредитори і вкладники — були найнезахищенішими сторонами.

Це тільки основні чинники, що вбивали щойно народжену банківську систему зсередини.

Система вклала сотні мільйонів доларів у формування ефективних інформаційних вірусів.

До них додалася одна з найефективніших кампаній щодо інфікування населення. Система вклала сотні мільйонів доларів у формування ефективних інформаційних вірусів. Вона була основним Замовником для дослідницьких, креативних, рекламних, медіа-агентств. Усе відбувалося під загальним флером формування банку з людським обличчям, ламання радянських стереотипів, впровадження західної культури банкінгу. При цьому завдання стояли досить конкретні — більше клієнтів за будь-яку ціну.

Відповідно в хід йшли красиві і прості образи, які включали емоції і вимикали раціо. Люди не замислювалися, чому кредити постійно дешевшають, а депозити ростуть, чому в Україні найбільші суми кредитуються в іноземній валюті. При цьому договори ставали дедалі товщі, а шрифт у них дедалі меншим.

Паралельно формувався образ банківської системи загалом і кожного банку зокрема — як надійного, європейського, зручного, простого, свого.

Водночас було запущено безліч інформаційних вірусів, але всі вони працювали по одному перевіреному патерну:

— банк доступний, він завжди поруч,
— банк надійний і чесний, він мене не підведе,
— банк говорить зі мною моєю мовою,
— банк простий і зрозумілий,
— банк рекомендують мої друзі і знайомі.

Якби все це вкладалося в фінансово грамотні або хоча б не задурманені голови, масштаб банківської катастрофи 2008–2016-го був би значно меншим, а шок 2008–2009-го не поповнив би і так переповнену скриньку травм поколінь.

Буквально за три роки — з 2005-го по 2007-й — боязких і обережних людей, що піддають все фінансове сумніву, перетворили на Людей-овочів, які бездумно несли свої кровні гроші в банк. Банк одразу ж їх видавав під шалені відсотки іншим Людям-овочам, спраглим до красивого життя. І це коло повторювалося безліч разів.

Варто зауважити, що сильної трансформації зазнав середній клас. Зазвичай стійкіший до суспільно-політичних вірусів, він повністю піддався і був інфікований. І тим болючішим був удар реальності в 2008 році.

РЕМАРКА

Сегмент тих, хто вірить в диво (брали кредити).
Вони вірять в диво і рожеву мрію: виграш в лотерею, багатого дядька, принца на білому коні, спадок, щасливий випадок, казку. Вони хочуть бути ліпше, ніж це доступно. Мати все і бажано одразу. Не напружуватися, не робити того, що не хочеться. Жити в своє задоволення. Вони шукають нових вражень, прагнуть змінити все «на ліпше».

Вони орієнтовані на більшість. Популярність, помітність, самовираження. Потрібно бути не такими, як усі, але в рамках своєї «тусовки», соціального оточення. Бути на вістрі, не відставати від життя і модних трендів. Шукати комфорт, розуміння, схвалення.

Вони люблять бути популярними, витрачати гроші, ходити по магазинах, розважатися, спілкуватися, робити вигляд, «бути на висоті», «виділятися з загальної маси», «добре виглядати». Вчитися, мати корисні зв'язки, бути поруч зі знаменитостями. Полювати за халявою, «нічого не робити і заробляти гроші», вбивати час, скаржитися, хвалитися, коли хвалять і захоплюються.

Їх підганяє страх втрачених можливостей. Він породжує відчуття провини, яке виливається в «погладжування» себе за рахунок шопоголізму, переїдання, нескінченних скарг на себе і долю.

Вони непомітно для себе потрапляють у пастку, замкнуте коло, з якого не бачать виходу, починають рефлексувати з більшою силою і вже з будь-якого приводу, як-от: невдачі в особистому житті, незадоволення роботою, заробітною платою, відсутність талантів, бездарність, недисциплінованість, відсутність вільного часу, чогось матеріального.

У кризові моменти життя відчуття «замкнутого кола і безвиході» захльостує і стає неможливим не помічати його очевидність. Тоді у них виникають іпохондричні настрої, депресії, скарги, апатія, лінь, небажання працювати і взагалі що-небудь робити.

Саме завдяки їм в Україні стали настільки популярні аптеки, народна медицина, різні шарлатанські організації, психологічні тренінги, секти, курси, що обіцяють швидкі і магічно-кардинальні перевтілення. Наприклад, «школа стерв», «ефективні способи заробітку», «пікаперство», «НЛП». Усілякі ток-шоу, які пропагують зміни за лічені години або дні.

Використано дані досліджень, які здійснило агентство «Люди» у середині 2000-х рр.

РЕМАРКА

Сегмент накопичувачів (відкладали депозити).

Економія у всьому і накопичення всього — основна їхня суть і модель поведінки. Саме її вони вважають єдино правильною. «Якщо я робитиму все чесно й порядно, у мене все буде добре».

Вони живуть не тут і зараз, а вчора. Зациклені на минулому і втрачених можливостях. Вони консерватори, традиціоналісти, хочуть мати визнання. Прагнуть похвали і значущості. Дуже захоплені побутом: прибиранням, ремонтом, покупками, дачею, рукоділлям.

Вони схильні перебільшувати свою експертність і не люблять учитися. Але люблять вчити, хочуть, щоб їх визнавали як знаючих і професіональних. Хочуть, щоб все було «правильно» і «як треба».

Їх супроводжує невпевненість у собі, схильність до депресивного і песимістичного ставлення до життя, глибока внутрішня образа на «державу», долю, відчуття безвиході, нездатність приймати рішення, безініціативність, інертність, пасивність.

Вони вміють радіти побутовим дрібницям. Метушливі, схильні економити на найнеобхіднішому, смиренно терплять негаразди. Їм властиві страх ризикувати, побудова «замків з піску», мрійливість, сентиментальність, замкнутість, сором'язливість.

Їх основна мотивація — виживання, надія на допомогу і турботу ззовні (від держави, начальника, родича). Прагнення до «нормального», забезпеченого життя, «щоб не треба було рахувати копійки» і відмовляти собі в найнеобхіднішому.

Саме завдяки їм в Україні так популярні серіали. Саме вони поглинають кілограмами солодке, борошняне, «смачненьке». Саме вони — основні поширювачі більшості інформаційних вірусів.

Використано дані досліджень, які здійснило агентство «Люди» у середині 2000-х рр.

Як ви вже зрозуміли, схема інфікування стандартна:

- Ніхто не мав вродженого інформаційного імунітету. Його основу мала складати культура фінансової грамотності. У СРСР її не було, у 1990-ті не було грошей, у нульові вона була невигідна, до того ж усе так стрімко розвивалося, що її і не встигли би прищепити.
- На соціальний імунітет з його правилами, інститутами та культурою споживання не було запиту й часу. Як наслідок, його замінили речі, повністю продиктовані банками, піаром і тимчасовою необхідністю. А інститути будували на базі схем і договірняків, а не світової практики й управління ризиками.

А отже, інформаційні віруси легко і просто досягали своєї мети. Навіть більше, імунітет не почав формуватися і після 2008 року. Уже в 2010 році люди почали масово повертатися в банки. До 2013 року ситуація багато в чому повторювала патерни попередньої кризи.

РЕМАРКА

У ті роки я працювала в банку або з банками. Значна частина моєї роботи полягала в проведенні досліджень споживача. Багато фокус-груп я проводила сама. Раз по раз на них повторювалася та сама ситуація.

- Під час обговорення критеріїв надійності банків вся аудиторія, і молоді, і літні, впевнено оперували термінологією: ліквідність, баланс, ризики, рейтинг надійності тощо. Звісно, ніхто не розумів, про що говорить, але все це так часто звучало в прямій чи прихованій рекламі банків, що терміни знали всі.
- Усі були клієнтами двох-трьох банків. Серед них був мінімум один, який сильно постраждав у кризі 2008 року.
- Ті, хто втратив значну частину заощаджень у банку, вже через 3–6 місяців готові були знову нести туди депозити. Були й ті, що охоче це робили з проблемними банками, спокушені високими ставками.

Пам'ять українського народу дуже коротка. Це чудово працює на руку маніпуляторам.

Кейс-2008 показовий ще й тим, що тут усе було замішано на грошах — концентрація особистого успіху, поту, надій. І це були не просто гроші, а дуже складно зароблені гроші — згадайте 1990-ті. Та попри це інформаційні віруси за три роки зробили свою справу. Мабуть, це найшвидше перетворення розумної та обережної людини на керованого й емоційного овоча.

Підґрунтям цього кейса є дуже важливий патерн. **Усе працювало на популізмі і поточній вигоді**. Ніхто не морочився з ризиками, глибоким аналізом, формуванням фінансової культури. Усі були на драйві й у рожевих окулярах. Цей патерн — улюблені граблі українців. Рівно так само з року в рік ми чинимо з усіма політичними і суспільними процесами:

— дуже хочеться, щоб було все хороше проти всього поганого;
— ой, все дуже складно, нехай самі розбираються — ми ж їх вибрали для цього;
— ой, ці зіпсувалися, давайте інших;
— голосувати потрібно за того, хто *там* ще не був і говорить дуже правильні речі, потрібно дати йому шанс.

Це рівень загальнонаціональної дискусії з найважливіших для країни процесів. І ця дискусія триває вже майже 30 років. Саме це і є відповіддю на питання, чому ми не Польща і взагалі поки далеко не Європа.

І з банками, і з політикою ми обрали інфантильну позицію і щиро сподіваємося, що знайдемо групу людей, які на своєму альтруїзмі вивезуть все це і перетворять країну в рай. При цьому вони будуть цілком на боці народу, а все особисте буде їм чуже.

Періодично ми навіть їх знаходимо. Утім вони, потрапляючи до владних кабінетів, доволі швидко освоюються, розуміють, як отупів народ і як просто ним маніпулювати, і не можуть відмовитися від цієї спокуси.

Як часто ми чуємо і говоримо, що навіть якщо нормальна людина потрапляє у владу, її там щось кусає, і вона стає як всі попередні. А кусає її наш, людський овочизм.

Та повернімося до нульових. Вони цікаві ще багатьма подіями. Крім банківського буму і зумовлених ним наслідків, відбувалися не менш важливі події, які добили інформаційний імунітет. Одна з основних — **зміна харчових звичок**.

Після голодних 1990-х прийшли ситі і п'яні нульові. На прилавках, у меню ресторанів і all inclusive люди бачили дедалі більше нових страв, незвичних продуктів. Скуповували все підряд, а етикетки читали лише щодо терміну придатності. Готування домашньої їжі відійшло на другий план і ставало немодним. Натомість популярності набирали напівфабрикати в яскравій упаковці.

Після голодних 1990-х прийшли ситі і п'яні нульові.

РЕМАРКА

Цукор дійсно можна назвати зброєю масового враження, а залежність від нього — пандемією. Це загальнодоступний наркотик — і це не просто слова.

Учені з Інституту Сент-Люка (Saint Luke Mid-America Heart Institute) зібрали й проаналізували величезний масив даних усіх досліджень про цукор і наркоманію. Їм вдалося з'ясувати, що рафінований цукор і опіоїдні препарати спричинюють подібну відповідь від системи винагороди мозку, вивільняючи дофамін та інші гормони, що сприяють задоволенню. Що

Джерело: Вести.Медицина

швидше ми звикаємо до цього відчуття, то більше нам потрібно нових «доз», щоб отримати відповідь. За цією схемою формується залежність.

Цікаво, що деякі з експериментів на щурах засвідчили, що цукор спричинює у тварин часом навіть серйозніше звикання, ніж опіоїди. Дослідники запевняють, що це також справедливо і для людей. Брак у мозку дофаміну в періоди між споживанням цукру може призвести до несподіваних реакцій. Найпоширеніші — депресивні настрої, апатія і дратівливість.

А тепер риторичне запитання: як легко маніпулювати наркоманом? І це лише одна з граней цукрового кристала.

На наше загальне самопочуття впливають, крім того, ще й перепади рівня цукру в крові. Для мозку це можна порівняти з постійними різкими перепадами напруги в мережі. Думаю, ви розумієте, що не всі електроприлади довго протягнуть в такому режимі. Напевно, кожен відчував різкий приплив енергії, бадьорості після вживання солодощів, а вже через 20–30 хвилин так само різко — слабкість і раптову сонливість. Це той самий «стрибок напруги», від якого ваш мозок не в захваті. Зрештою, ви чи лягаєте спати, чи з'їдаєте ще дозу цукру з надією збадьоритися, провокуєте ще один стрибок — і так порочне коло замикається.

Усі ці механізми призводять до:

- нестабільної розумової і фізичної діяльності;
- переїдання, розвитку інсулінорезистентності, ожиріння, а як наслідок — порушення процесів обміну речовин, цукрового діабету 2-го типу;
- атеросклерозу (зменшення просвіту судин), артеріальної гіпертензії, що призводить до серцево-судинних хвороб (інсульти, інфаркти);
- підвищення ризиків смертності й онкології;
- проблем з опорно-руховим апаратом і т.д.

І звісно, проста фізіологія: коли ми наїдаємося, чи то десерти, чи то здорова їжа, кров посилено приливає до шлунково-кишкового тракту, щоб забрати з їжі все поживне. Мозок своєю чергою відчуває кисневе голодування, ми починаємо позіхати і нас хилить на сон. І це абсолютно нормальне явище! Проте про розумову діяльність не може бути й мови. Багато хірургів йдуть оперувати злегка голодними, щоб зберігати ясний, тверезий розум. Мозок, як і загалом організм, любить голод. Інша річ, що для нас споживати стало важливіше, ніж утримуватися. Як і для тих, хто на цьому заробляє, як-от харчова промисловість, фарміндустрія тощо.

За даними Асоціації дієтологів України (2018–2019 рр):

— середній рівень споживання цукру серед дорослих українців — 46 г на добу;
— лише близько чверті населення дотримується рекомендацій з оптимального споживання цукру — менше 25 г у день;
— більшість українців (40%) споживає від 25 г до 50 г цукру в день;
— високий рівень споживання цукру — понад 50 г на день — зафіксовано у понад третини населення (35%), з яких 12% споживають понад 75 г цукру в день;
— основні джерела цукру в раціоні дорослих: цукор, доданий до напоїв, — 24%, солодка випічка — 17%, шоколад і цукерки — 13%, борошняні вироби — 13%, напої, зокрема фруктовий сік, — 7%.

(За матеріалами Вести.Медицина)

Далеко не всім вистачало грошей на ресторани, і від цього тільки вигравав фаст-фуд — модно, доступно, яскраво, солодко, жирно. Наприклад, МакМеню в McDonald's — це характеристика всієї їжі нульових. Люди працювали багато, динаміка життя зашкалювала, часу нормально поїсти не було. У хід йшло те, що ситно і швидко. Газована вода і алкоголь стали невід'ємними атрибутами щоденного життя.

Від перевантаження, накопичувального стресу, всеїдності — люди товстіли на очах. Спорт був мало популярний, про здоровий спосіб життя і зовсім чули одиниці. Якби криза 2008 року не змусила усіх різко зупинитися, то сьогодні ми спокійно конкурували б з американцями за середній національний розмір одягу.

Потрібно відзначити, що 2008 року зупинилися не всі. Здоровий спосіб життя теж сильно розшарував суспільство. Якщо зовсім грубо, саме за харчовими звичками і способом життя можна розділити людей на справжніх і потенційних овочів і борців.

Джерело: Springer

РЕМАРКА

Здебільшого цукор не працює наодинці. У нього є вірний напарник — трансжири (гідрогенізовані жири), які спричиняють ті самі наслідки, що й цукор. З одним важливим нюансом — гідрогенізовані жири ніколи й жодними способами не виводяться з організму. Головним чином вони розпалюють і підтримують системне запалення і забивають наші судини, зокрема і судини головного мозку, що неминуче погіршує розумові процеси.

Наведу статистику, яку опублікували вчені Єнського університету ім. Фрідріха Шиллера у Німеччині. Вони оприлюднили рейтинг країн з найбільш високим рівнем смертності від серцево-судинних захворювань через неправильне харчування (проаналізовано дані 51 країни з 1990 по 2016 роки), у якому Україна посідає «почесне» перше місце:

1) Україна (38,2% від усіх смертей)
2) Білорусь (36,8%)
3) Грузія (34,4%)
4) Молдова (34,2%)
5) Узбекистан (32,2%)
6) Болгарія (32,2%)
7) Азербайджан (32,0%)
8) Туркменістан (31,9%)
9) Латвія (31,7%)
10) Литва (30,5%)
11) Росія (30,0%)

(За матеріалами Springer)

Наступний чинник — **політичні «гірки»**. Нульові були ними багаті. Політичні клани змінювали один одного, народ виходив на вулицю, а ситуація в країні тільки погіршувалася. Ейфорія різко змінювалася розчаруванням, що істотно прискорювало всі шкідливі процеси всередині інформаційного імунітету, як індивідуального, так і суспільного.

У ці роки процвітали спекуляції про поділ України на Захід і Схід. Щодня пачками запускали інформаційні віруси з різними за змістом і забарвленням меседжами. Усі спроби централізовано їх нейтралізувати, перевести розмову в іншу площину закінчувалися нічим.

Паралельно культивували комплекс меншовартості порівняно з Росією. Маси обробляли в двох векторах:

- *культура*: музика, кіно, серіали, шоу, театр — усе російське було значно крутіше українського. А втім, українського за багатьма пунктами й зовсім бракувало. Українські канали масово закуповували російський контент і трамбували ним ефіри (причина полягала не тільки в дешевизні порівняно із західними аналогами чи браку в Україні інфраструктури з його виробництва). За невеликими винятками усі улюблені актори, передачі, серіали були російські. Звісно, залишалося багато іноземного контенту, однак нішу «нашого» міцно окупував саме російський, а не український контент;

- уже згадувана раніше *релігія*: конфлікт щороку лише наростав, рухаючись курсом, прокладеним у дев'яності роки. На противагу цьому з боку націоналістів лунали тільки гучні гасла й емоційні суперечки. Аргументів на їхню користь було мало, особливо зрозумілих і рівноцінних зусиллям іншої сторони.

Власне, інформаційну війну з Росією ми програли ще тоді — на зруйнований інформаційний імунітет уміло наклали правильну красиву картинку модної і повної можливостей Росії. Агресивну пропаганду та інші радикальніші меседжі нав'язували вже в 2010–2014 роках, але свій фундамент вони заклали саме в нульові.

Інформаційну війну з Росією ми програли ще тоді — на зруйнований інформаційний імунітет уміло наклали правильну красиву картинку модної і повної можливостей Росії.

РЕМАРКА

У нульові роки шанувальники конспірологічних теорій мали безліч інфоприводів: убивство Георгія Гонгадзе, Юрія Кравченка, ситуація з островом Тузла тощо. Утім, як і раніше, вони ще не мали інструменту для транслювання своїх секретних знань. Таку можливість дав їм YouTube, і шанувальники конспірології міцно посіли в ньому значиме місце. Утім це вже було зовсім на межі нульових і десятих.

Бум екстрасенсів, ворожок та інших магів лише зростав, продовжуючи тенденції дев'яностих.

Ще один важливий чинник руйнування імунітету — **геймінг**. Комп'ютер з'явився практично в кожному будинку. Перше, що люди масово освоїли, — ігри. Це була найзрозуміліша функція комп'ютера, адже культура геймінгу формувалася ще з часів тамагочі і приставок. Ігри стали віддушиною. Навіть старше покоління після складного робочого дня грало в «кульки».

Одних ігри відволікали і поступово отупляли — вони грали в прості ігри, про стратегії й інші високі матерії не йшлося. Інші отримали повноцінну ігрову залежність, яка покалічила тисячі доль. Одиниці вирвалися з її лап і освоювали нову професію, заробляли мільйони на кіберспорті. Та це вже буде в наступному десятилітті.

РЕМАРКА

Популярною віддушиною в нульові були ігрові автомати. Кращого життя хотілося так сильно, а віра в диво була така велика, що це стало серйозною проблемою для сотень тисяч людей, особливо в невеликих містечках. Психіка калічилася, сім'ї руйнувалися, депресія посилювалася.

У ці роки остаточно загинула система освіти. Альтруїзм учителів закінчився. Вони почали заробляти репетиторством, ставлячи гроші вище, ніж результат. Для вступу до ВНЗ з їхньою незмінною корумпованістю гроші знаходилися у дедалі більшої кількості людей, та й платні форми навчання множилися.

Знання були такі слабкі й не відповідали запитам часу, що більшість не розуміла, навіщо взагалі вчиться. Додайте до цього сотні тисяч дітей заробітчан, які жили без батьків і росли на їхньому культі провини і як наслідок уседозволеності. Вийде зовсім сумна картина — скалічене ціле покоління.

Водночас посилилися спроби здійснити освітню реформу. Як і багато реформаторських починань тих років, усе звелося до корупції на оновленні фондів (наприклад, масове і багаторазове оновлення підручників). У гонитві за грошима оновленню та апробації навчальної програми не приділяли жодної уваги. Як наслідок:

— зростала кількість предметів і нових блоків знань; здебільшого вони перекочовували з програми вищої школи в середню;
— базисні знання в середній школі ставали дедалі поверховішими, а мова підручників і викладання — дедалі складнішою;
— у результаті діти просто нічого не розуміли, і це позбавляло бажання вчитися;
— розмивалися точні науки і зводилася до нуля їхня роль у напрацюванні навичок аналізу причинно-наслідкових зв'язків, логічного мислення тощо.

Почав формуватися запит на альтернативну освіту, який став повноцінно реалізовуватися тільки в наші дні. Для освіти нульові стали втраченими роками, що істотно позначилося на дітях, які тоді навчалися в школі.

У ці роки повністю розвалилася і дискредитувала себе правоохоронна система. Коли ще в 1990-ті роки були якісь виправдання й очікування, то в нульові міліції ніхто не вірив. Корупція і злочинність процвітали.

Одним з найпоказовіших прикладів, що характеризує нульові, було процвітання альтернативної медицини, езотерики, екстрасенсорики й інших альтернативних способів і методів виконання багатьох функцій держави і суспільства. У СРСР і в 1990-ті це була радше підпільна індустрія, яка в нульові стала надзвичайно публічною. Навіть більше, ТБ спродюсувало один з найважливіших інструментів руйнування інформаційного імунітету і погіршення фізичного здоров'я нації.

На тлі тотальної недовіри до базових державних систем — медичної і правоохоронної — розцвіли сотні тисяч цілителів та екстрасенсів різних мастей. А різноформатні шоу екстрасенсів і доступність їхньої реклами тільки стимулювали підприємливих аферистів.

Одна з найпопулярніших схем виглядала так: учорашній сантехнік формував собі легенду екстрасенса, одягався в нестандартний одяг і йшов на кастинг чергової «битви екстрасенсів». Далі озброєна і добре працююча телевізійна машина робила з нього зірку. Звісно, для цього сантехніку не потрібно було не те що жодних надздібностей, а навіть мінімальних знань психології. Телевізійники самі писали сценарії чудес, самі допомагали їх реалізувати. Через кілька місяців нікому не відомі Марії й Івани ставали народними улюбленцями зі складно вимовними іменами і товстим «портфоліо чудес».

Одним з найпоказовіших прикладів, що характеризує нульові, було процвітання альтернативної медицини, езотерики, екстрасенсорики й інших альтернативних способів і методів виконання багатьох функцій держави і суспільства.

Звісно, відразу ж з телевізійного павільйону вони йшли відкривати свої «салони магії» і пропонували за свої послуги прайси з багатьма нулями. Тим самим надихали приєднуватися до індустрії дедалі більше нових завзятих аферистів.

Довірливі люди з магічним мисленням дуже ласі на чарівні соломинки. Усе це стимулювало медіа випускати все нові й нові формати з екстрасенсами, ворожками, ясновидицями, магами, бабками. Їхня реклама йшла з кожної «праски».

У гонитві за грошима «чарівники» не просто давали помилкові надії, а й у прямому розумінні вбивали своїх довірливих пацієнтів, забороняючи їм звертатися до лікарів і запевняючи, що рак відмінно лікується золотими пірамідками, настоянками з мухоморів й іншими нісенітницями.

Ця індустрія зміцніла і масштабувалася в нульові. Живе і процвітає вона й досі. Її обіг давно вимірюється сотнями мільйонів доларів. А її внесок у формування живильного середовища для інформаційних вірусів складно переоцінити.

Усе це остаточно вбило інформаційний імунітет. Звісно, він ще залишався у певних груп, але був надто слабкий. Ніхто нічого не робив, щоб його формувати, а суспільство не говорило, що йому це потрібно.

Тільки війна з Росією через страх поверне частину людей до тями і сформує в них щось схоже на імунітет. Насправді це буде просто захисна реакція. Та про це пізніше.

На тлі цього всього у нульові почалася цифрова ера. Вона надала інформації нові смисли, почала неконтрольовано множити її кількість і зробила широко доступними інструменти запуску інформаційних вірусів.

На тлі цього всього у нульові почалася цифрова ера. Вона надала інформації нові смисли, почала неконтрольовано множити її кількість і зробила широко доступними інструменти запуску інформаційних вірусів. Інформаційний хаос почав множитися.

Тобто вже тоді була вирішена доля сьогоднішніх днів. Ми всі вибрали і визнали інформацію новою валютою, погодилися з повною залежністю від неї, робили все необхідне і непотрібне, щоб її обсяг постійно збільшувався. При цьому про правила інформаційної безпеки навіть не замислювалися.

Перший користувацький досвід в інтернеті був оповитий ореолом таємничості. Він сформував міф, що істотно вплинув на його подальше сприйняття, і заклав міну уповільненої дії в інформаційний імунітет. Зводиться міф до простого і знайомого всім в нульових і на початку десятих твердження:

в інтернеті написано — значить, правда.

Є три ключові чинники, які стали причиною цьому. Саме вони допомогли подальшому домінуванню маніпуляцій і фейків на просторах інтернету.

 # 1. Відгуки

Перші форми, які стали доступні в інтернеті для більшості (форуми, майданчики для блогів, інтегратори відгуків тощо) стимулювали ділитися особистим досвідом, висловлювати особисту думку. Це стало своєрідним наркотиком нульових — те, до чого за часів тоталітаризму доступу не було, тепер стало рости в геометричній прогресії.

Тоді мало хто замислювався про незаангажованість того, хто дає поради.

Усе сприймалося на віру. Поради і відгуки стали ключовим чинником у виборі певного товару, прийнятті рішень, формуванні думки про подію. Тоді мало хто замислювався про незаангажованість того, хто дає поради, і/або хоча би схожості обставин з такими, які є у читача.

Відгуки стали першими точками опори в новому світі зростаючого інформаційного шуму. Можливість висловлювати свою думку стала фічею, яку додавали всюди. Зокрема, стали популярні коментарі під статтями перших онлайн-ЗМІ. Вони і зародили перші сумніви в правдивості медіа. Саме вони стали першим доступним масовим інструментом онлайн-маніпуляції політиків.

 # 2. Блогери

З маси думок почали виділятися перші блогери. Вони узагальнювали досвід і формували унікальний контент у своїх Живих Журналах і на форумах. Вони акумулювали аудиторію, вели з нею діалог у коментарях і значно на неї впливали. Таким чином, вони стали одними з джерел інформаційного поля і прообразом інституту лідерів громадської думки. Їхній розквіт припаде на етап соціальних мереж у 2010-х.

На цьому етапі блогери не мали істотного впливу, але вже ставали хорошими каналами вкидання інформації, як про сьогодення, так і про тоталітарне минуле. Через них же почали просочуватися і, що важливо, трактуватися зарубіжні кейси. У них з'являлися нові формати для донесення своїх думок. Хобі починало переростати в окрему професію.

 # 3. Пошуковики

Саме з їхнім розвитком більшість отримала доступ до величезного масиву слабо структурованої і суб'єктивної інформації.

Поділу на об'єктивні і суб'єктивні факти не існувало. Досить було послатися на думку авторитетних іноземних учених — горезвісні «британські вчені». Або послатися на авторитетну думку містера Джонса. І все — інформація отримувала вотум довіри. Ключова причина цього — незнання англійської та погана орієнтація в міжнародному просторі.

У другій половині нульових у наше життя прийшли соцмережі в їхньому зародковому стані. З нас зняли інформацію про наші неформальні зв'язки, і ми нею з радістю поділилися — ціну було заплачено за можливість побачити фото однокласників.

До кінця періоду вже став зрозумілий величезний потенціал інтернету:

— маніпуляції загального характеру;
— збір чутливої інформації та персональні маніпуляції;
— безліч технічних інструментів маніпуляцій.

Потенціал був очевидний для всіх, окрім людей, які отримували безліч бажаних новацій з «чорним ящиком» того, як все це працює.

Потенціал був очевидний для всіх, окрім людей, які отримували безліч бажаних новацій з «чорним ящиком» того, як все це працює. Як і раніше, не існувало правил безпеки, проте відкривалися безмежні масиви інформації та можливість обмінюватися нею, можливості висловлюватись і самовиражатися.

Усе це вкорінило перспективні, але ще не масові на той час інструменти:

— канали вкидання інформації — інститут лідерів громадської думки;
— маніпулювання досвідом користувачів інтернету;

— особисті думки;
— основа для збору персональних даних, які люди віддавали добровільно;
— псевдоджерела інформації з гучними іменами, але фейковою суттю.

Це стало класикою в наші дні. А на той час інструменти стали сприятливою передумовою для формування віртуальних реальностей, у які порівняно швидко й легко почали занурювати ще невелику інтернет-аудиторію.

Важливий момент, який тоді зупиняв усі інновації з продукування інформаційних вірусів, — недоладне перенесення офлайнових технологій комунікації на онлайн.

Усе це відбувалося на тлі того, що традиційні джерела інформації остаточно стали власністю олігархів і отримали свій порядок денний, який чітко регламентували темники. А основні гроші в онлайні заробляли на джинсі — рекламний ринок був надто слабкий.

Старі джерела інформації починали дедалі більше впроваджувати західні фішки. З'явилися одиниці, які працювали за загальноприйнятими правилами журналістики. Та вони радше були винятком, ніж правилом.

Інститут незалежних ЗМІ пробував формуватися. Однак щойно якийсь ЗМІ здобував першу значну аудиторію, популярність, як влада й олігархи витісняли його в вужчі канали — усі вони сконцентрувалися в онлайні.

РЕМАРКА

Кілька фактів про українське телебачення:

— 24% топових програм, які подивилися українці, були серіалами, 22% — політичними програмами.
— 57% найпопулярніших програм вийшло на каналі «Інтер» (його пов'язують з Дмитром Фірташем), 23% — на «1+1» (пов'язують з Ігорем Коломойським), 18% — на телеканалі «Україна» (пов'язують з Рінатом Ахметовим).

Методологія: взято ТОП-40 найрейтинговіших програм за кожен рік з 2003-го по 21.11.2019. На підставі даних компаній Gfk (з 2003 по 2013) і Nielsen (з 2014).

Отже, ми вийшли з нульових остаточно оголеними перед інформаційними вірусами, причому як в офлайн-, так і в онлайн-житті. Правил безпеки в новій реальності не було, цей чинник тільки ускладнювався з розвитком онлайну. Думки стали ще важливіші, ніж факти. У нас з'явилися нові точки опори у вигляді завжди правого інтернету й іноземних гуру, яких ніхто не знав і які, можливо, і не існували.

Свою конфіденційність і безпеку ми почали міняти на красиві онлайн-цукерки. Однак при цьому в більшості «нових» ЗМІ темники, як і в їхніх офлайн-праотців, збереглися і по-старому формували інформаційний порядок денний.

Ми безпечно й рішуче рухалися в бік інформаційної пандемії і Нації овочів.

2.4. ЗАГИБЕЛЬ ІНФОРМАЦІЙНОГО ІМУНІТЕТУ В 2010—2014 РОКАХ

РЕМАРКА

Одразу скажу — у цій книжці я не буду детально розбирати війну. Причина проста — це дуже велика тема, її НЕ розкриєш у межах одного розділу. Залишу її для наступних форматів. Тут я описую все те, завдяки чому війна стала можливою й на що вона прямо або частково вплинула.

Ми увійшли в 2010-ті з майже знищеним інформаційним імунітетом. Війна його знищила остаточно.

За роки з початку агресії нам вдалося відбудувати армію. Утім нічого не було зроблено для того, щоб повернути інформаційний імунітет і захиститися від подібних ситуацій у майбутньому. Навіть більше, усі влади, як і тисячі звичайних вірусмейкерів, активно використовують інформаційні віруси для досягнення своїх цілей. У наступній частині книжки я детально опишу цей ринок. А поки доповню картину ще кількома важливими моментами.

Перший — це смартфони і дедалі глибше проникнення інтернету. З появою їх ми остаточно занурилися в цифрову еру. Смартфони допомогли остаточно закріпити у нас кліпове сприйняття інформації, яке прийшло на заміну книжковому.

РЕМАРКА

Слова з книжки, які ви читаєте, не просто складаються в нашій голові в речення. Проходячи крізь внутрішні фільтри, вони створюють всередині нас цілі світи. У кожної людини — свій. Та в будь-якому разі ці світи створюємо ми самі. А автор тексту лише допомагає нам у цьому, задаючи напрямок. Це називають «книжковим мисленням».

Кліпове мислення працює за тими самими принципами, що і в відеокліпі. Тобто людина сприймає навколишню дійсність як нарізку жодним чином не пов'язаних між собою явищ, а не як однорідну структуру, що передбачає взаємозв'язок усіх частин.

Людям нині дедалі складніше мислити й висловлюватися логічно, шукати нові й несподівані способи вирішення проблем, адже ми живемо у величезному інформаційному полі, де необхідні дані можна отримати за одним кліком або звичайною голосовою командою. Нездатність аналізувати інформацію є наслідком того, що її образ не затримується в думках надовго і швидко замінюється на інший, як під час перемикання каналів чи перегляду новин.

РЕМАРКА

У людини з кліповим мисленням виникають труднощі з розумінням загальної картини. Як наслідок, вона сприймає лише уривки інформації, яку не здатна зіставляти з іншою.

Візьмемо найпростіший приклад — людина, що захоплюється політикою, здатна об'єднати переглянуті новинні передачі в загальну картину. Людина, яка не так сильно заглиблена в політичну ситуацію, не зможе зрозуміти причин і наслідків явищ, тому що вони видаватимуться їй розрізненими, хаотичними. Людина з кліповим мисленням не бачить зв'язків, тому що звичний для неї спосіб сприйняття інформації не дає їм змоги утворюватися самостійно. Це позначається і на діяльності людини.

Другий момент. Зі збільшенням проникнення інтернету і зі зростанням його значущості в інформаційному полі почала формуватися індустрія вірусмейкерства.

Загалом цей етап можна назвати «проби і помилки». У тому чи іншому форматі функціонувало все те, що згодом маніпулюватиме нами на повну потужність. А в цей період усе тільки зароджувалося, апробувалося, структурувалося. Ми увійшли в наступний етап підготовлені не тільки історично і психологічно, а й інструментально. Результат був визначений.

У період 2010–2014 рр. ще використовували примітивні інструменти.

 # 1. Відгуки та коментарі почали викривляти інформаційне поле. Для цього створювали віртуальні (фейкові) акаунти і під надуманими легендами писали те, що потрібно. Більшість аудиторії цього не розуміла та й не особливо розуміє нині. А ось невеликий прошарок людей почав активно писати про це, тим самим спонукаючи власників ресурсів (передусім e-commerce і онлайн-ЗМІ) вводити на своїх майданчиках інструменти з регулювання цього питання. Плюс-мінус ефективно вони почали робити це тільки в середині 2010-х.

Таким чином, фейкові думки і фейковий досвід стали одним із вагомих інструментів маніпуляції. Їхня вага зменшилася лише з вимиранням форумів і розквітом соціальних мереж. У більшості просто не було інструменту і знань для того, щоб відрізняти справжні відгуки від фейкових.

 # 2. Facebook і ВКонтакте увірвалися в інформаційне поле і почали досить швидко нарощувати свою частку. Наприкінці аналізованого періоду вони остаточно довели, що з ними треба рахуватися, як у політичній, так і в бізнес-площині. Саме з кінця 2013 року і починається великий етап:

— віртуалізація основних соціальних мереж — зростання ботоферм;
— поява автономних, не пов'язаних з FB і ВК центрів акумулювання персональних даних і перші спроби використання їх в маніпуляціях громадською думкою.

А втім, у цей період соціальні мережі ще можна вважати територією добра. Хоча маніпуляція й існувала та нарощувала свою силу, проте ще не мала значної ваги й істотно не впливала на загальне інформаційне поле. Не останню роль у цьому зіграло те, що більшість людей ще не мала смартфонів, а культура домашнього інтернету тільки охоплювала невеликі міста і села.

У цей період соціальні мережі ще можна вважати територією добра.

 # 3. З появою соціальних мереж почав інтенсивно формуватися інститут лідерів громадської думки. Проте вони все ще працювали досить незграбно, особливо в бізнес-площині. До того ж їхній вплив був невеликим — лише вчилися працювати з контентом і тестували інструменти акумулювання аудиторії.

Та вже в цей період Живий Журнал відійшов на другий план і його значення стрімко зменшувалося.

Саме в цей період сформувався принцип маніпулювання в соціальних мережах — зверху вниз. Це коли лідери громадської думки вкидали інформацію, а їхня аудиторія сприймала її як істину й поширювала далі. Цей принцип стане основним на початку наступного періоду і сформує підґрунтя для маніпуляцій другої половини десятих.

 # 4. Цей період заклав структуру і конфігурацію ринку онлайн-ЗМІ:

— кілька ключових ЗМІ були незалежними;
— сотні другорядних і залежних ЗМІ;
— тисячі яскравих ЗМІ-помийок зі шок-контентом;
— усілякі збірники — релізів, блогів та іншого, які, проте, не мали істотного впливу на інформаційне поле.

 # 5. Розвитку онлайн-ЗМІ, зокрема, сприяла епоха ефективного SEO (search engine optimization — оптимізація для пошукових систем), що вже починало відігравати важливу роль у формуванні і структуруванні інформаційного поля.

У цей період SEO стало інструментом маніпуляції:

— підняття та опускання потрібної інформації в пошукових системах;
— блокування видачі інформації в пошукових системах;
— робота з підказками в пошуковому рядку.

Ці та інші інструменти взяли на озброєння насамперед ЗМІ-помийки, що забезпечило їм перевагу у видачі пошукових систем. Як наслідок, в окремих векторах поле було абсолютно маніпулятивним.

 # 6. Інтернет-реклама на невеликий період стала частиною інформаційного поля. Недосвідчений споживач, а в цей період було дуже багато новачків, не відрізняв цей інструмент від нейтрального контенту. Як наслідок, вона стала істотним інструментом маніпуляцій.

 # 7. У період 2010–2014 рр. суспільство значно розшарувалося. До першої невеликої групи належали люди, які знали або здогадувалися, як все працює. Для більшості ж онлайн, як і раніше, був чорною коробкою, що розважала.

Це заклало підвалини структури ринку підрядників і виконавців, які й задавали подальший тон — формуючи онлайн-ринок маніпуляцій:

- школярі та секретарі, які навчалися реєструвати акаунти, писати коментарі й робити іншу базову роботу за кінцевого користувача;
- хапуги, які, не маючи уявлення про маркетинг і рекламу, але побачивши великий потенціал інтернету, почали освоювати базові інструменти та тиражувати їх; вони ж стояли біля витоків сайтів-помийок;
- євангелісти-теоретики, які написали талмуди книжок, тим самим тиражуючи свої теоретичні знання і посилюючи їхню шкоду;
- бізнесмени, які бачили ринок і його структуру, починали будувати холдинги й надавати клієнтам комплексні послуги.

Прошарок професіоналів тільки починав формуватися. Вони системно напрацьовували кейси й акуратно піарилися, намагаючись виділитися з дикого ринку.

У період 2010–2014 рр. почався занепад традиційних ЗМІ та розмиття їхнього впливу. Радіо реінкарнували. Стали розвивати розмовні формати і підкасти. Так вони перетворилися на повноцінні точки вкидання і закріпилися як джерело формування інформаційного поля.

У період 2010–2014 рр. почався занепад традиційних ЗМІ та розмиття їхнього впливу.

Істотно трансформувалося телебачення. Так, 2010–2014 роки стали піком попсовості і красивої картинки: політичні шоу, шоу талантів, новий виток серіалів. Це утримувало аудиторію і розширювало формати для маніпуляцій, зокрема і так звані нативні формати. Утім свою роль спрощення і формування лінійної свідомості воно, як і раніше, виконувало ефективно.

У цей період зміцніли і почали нарощувати вагу в інформаційному просторі три вектори:

1) **Інфобізнес.** Стало зрозуміло, що інтернет породив новий продукт — «віртуальні знання», які неможливо помацати і перевірити, які продаються виключно завдяки особистості продавця й ілюстрації його способу життя. Більшість цих знань стосувалися нових сфер, що також були породжені інтернетом, а отже, ще менш підлягали перевірці. У цей період з'явилися перші підприємці, які почали формувати технологію продажу себе.

2) **Особистий розвиток**. Криза 2008 року, а також перші прояви депресії в мережі від «успішного успіху» сформували запит на зміну життя. Це, а також наявність успішних західних кейсів, стимулювало зародження і динамічне зростання індустрії тренерів і коучерів. Саме в цей період вони почали виходити в онлайн і стали учасниками інформаційного поля. Вони стали хорошим інструментом для маніпуляції його бізнес-частиною, оскільки обіцяли чарівні пігулки, які мали шалений попит на цьому етапі. Це і включило мультиплікатор, який дав їм істотну вагу на наступному етапі.

3) **Психологи і псевдопсихологи як відгалуження «особистого розвитку»**. Вони також існували з огляду на великий запит суспільства на антикризову чарівну таблетку. Проте заподіювали значно більшої шкоди інформаційному полю і блокували розвиток правил безпеки в інформаційному середовищі. Вони дискредитували розвиток реально працюючих методик психології, психоаналізу, психотерапії, які вилікували б багато хвороб суспільства.

Усі вони на наступному етапі об'єдналися в одну групу інфобізнесменів і стали важливою частиною інфополя і Чорним Маніпулятором. Далі порозмовляймо детальніше про них і їхні ролі в вірусмейкерстві.

РЕМАРКА

У період 2010–2014 рр. практично кожен з нас став власником персональних ЗМІ — власної сторінки хоча б в одній соцмережі. Інструментарій соціальних мереж і напрацьовані кейси розкрутки акаунтів створювали всі передумови для цього. Утім тоді, як і зараз, більшість про це не замислювалася.

Проте, попри нашу бездіяльність як правовласників, вага наших ЗМІ в інфополі, як і їх невикористаний потенціал, збільшується.

На цьому етапі вже виникли перші передумови для вироблення Правил інформаційної безпеки:

- розвиток соціальних мереж дедалі більше виносив у публічну площину питання персональних даних;
- алгоритмічна видача інформації вже змушувала замислитися, звідки інтернет стільки знає про людину;
- прогриміли перші великі скандали з фейковими акаунтами і відгуками;
- блогери акумулювали проактивну аудиторію і могли вести з нею просвітницьку роботу.

Тобто, за бажання, можна було почати формувати запит суспільства на вироблення Правил інформаційної безпеки. Та цього не сталося. Так онлайн остаточно перейшов у зону впливу вірусмейкерів.

2.5. ЖИВИЛЬНЕ СЕРЕДОВИЩЕ ДЛЯ ВІРУСІВ, У ЯКОМУ МИ НИНІ ЖИВЕМО

До початку війни ми підійшли зі зруйнованим інформаційним імунітетом. На його місці сформувалося живильне середовище, у якому росли і множилися інформаційні віруси. Саме в ньому ми нині й живемо.

Резюмую те, що стало його складовими. Кожен з нас стикається з цим щодня — хтось більшою, хтось меншою мірою. Та вже два-три компоненти з нижчеперелічених дають істотну фору будь-яким вірусмейкерам.

 # 1. Ми діти і внуки травмованих поколінь. Якщо зовсім спростити, то наша психіка є продуктом не тільки нашого життя і дій, а й життя наших предків. Найбільший відбиток на неї накладають найближчі два покоління: тато, мама, бабусі й дідусі.

Ланцюжок простий: їх калічить життя, вони калічать нас у процесі виховання. Розірвати це зачароване коло можна тільки працюючи над собою — за допомогою психоаналізу або інших дієвих психологічних практик. Вони очистять від впливу проблематики кожного з нас, а отже, і наші наступні покоління.

 # 2. Економічна криза і війна. Ми — професійні виживальщики. Ми вміємо виживати і заробляти гроші в найскладніших і турбулентних ситуаціях.

Ми заробляємо гроші, щоб втратити значну їх частину в нову кризу. Та до цього додалася війна — ми втрачаємо рідних, друзів і знайомих. Через відкритість інформації в день ми дізнаємося про десятки випадків, які призвели до дуже важких наслідків. Звідси прогресуюча депресія.

 # 3. Немає системи освіти. Можна довго сварити радянську систему освіти, але вона вчила людину думати комплексно і формувала світогляд. А необхідність виживати в голодній тоталітарній країні додавала до цього критичне мислення і креативність. На цих трьох китах будувався весь імунітет радянської людини до маніпуляції.

Нині ми перебуваємо в тривалому процесі трансформації системи освіти. Та поки вирішуємо, що нам будувати нового, під корінь знищено те, що було. Як наслідок, багато дітей, що народилися після середини 90-х, не вміють мислити ні системно, ні критично — не вміють вибудовувати логічні зв'язки. У них точкове мислення, а не причинно-наслідкове. Це — мрія маніпулятора. Адже саме такі люди легко вірять: красиве — значить, правда, все красиве — правда.

РЕМАРКА

У грудні 2019 року PISA (Program for International Student Assessment) опублікувала результати дослідження за 2018 рік. PISA — це найпоширеніший і об'єктивний тест, що оцінює грамотність 15-річних школярів і вміння застосовувати знання на практиці. Дослідження здійснюють раз на три роки.

У 2018 році було зроблено дослідження майже в 80 країнах Організації економічного співробітництва і розвитку. За результатами тестування, кожен четвертий школяр в Україні має низький рівень читацької, математичної та природничо-наукової грамотності. З читання від середніх показників країн ОЕСР ми відстаємо на 23 бали, з математики взагалі — на 39, а з природничих наук — на 22 бали. Згідно з методологією PISA, кожні 30 балів у шкалі прирівнюються до одного року навчання.

Пояснюємо на пальцях: з усіх дисциплін українські школярі відстають від однолітків з країн Організації економічного співробітництва і розвитку майже або більш ніж на рік.

Фактично ці результати підтвердили, що наша система освіти не вчить дітей застосовувати знання на практиці, не розвиває в них креативність. У нас величезна кількість дітей не досягає навіть базового рівня з математичної грамотності.

Один з основних висновків PISA — прірва в навчальних результатах дітей залежно від гаманця їхніх батьків (чи можуть вони дозволити собі репетитора) і місця проживання — у селі чи місті. «Різниця в 2,5 року навчання між дітьми одного віку.

Джерело: Liga.net

Це дуже тривожний результат, який свідчить про відсутність рівного доступу до якісної освіти в Україні» (Лілія Гриневич). Для порівняння, у великих містах середній результат становив 499,4 бала, у селах — усього 420,6.

(За матеріалами Liga.net)

 # 4. Немає системи медицини. Ситуація абсолютно схожа з системою освіти: стару зруйновано, нова ніяк не почне будуватися, робить крок уперед і два назад. Проте тут є ще три важливі АЛЕ:

- наслідки браку нормальної системи медицини помітні вже зараз й емоційно вони дуже болючі (страждання, смерті, каліцтва і т.д.);
- це одна з улюблених сфер для корупціонерів і блокування реформаторських починань;
- прогресують багато невиліковних хвороб або таких, лікування яких дуже дороге, тривале, потребує від лікарів високої кваліфікації (рак, туберкульоз, діабет тощо).

Водночас ми стали активними споживачами для фарміндустрії. Ланцюжок простий: лікарів немає — аптеки є — інтернет є. Ось кожен і стає собі лікарем. На самолікування ми викидаємо даремно мільярди гривень, іноді останніх гривень. Здоров'я це не додає, а ось в депресію від безгрошів'я, слабкостей і хвороб заганяє дедалі сильніше.

 # 5. Кожен сам по собі. Немає Держави. Її системи і функції зруйновані, процвітає популізм. Отже, у будь-якій складній, нестандартній, а нерідко і рядовій ситуації, у якій знадобиться допомога, людина може покладатися тільки на себе і/або своє оточення. Звісно, український народ уже не раз доводив, що вміє мобілізуватися і творити чудеса взаємодопомоги. Проте всі вже добряче втомилися замінювати собою державу.

 # 6. Немає точок опори — усе змінюється. Ми живемо в період змін — у світі, на континенті, у країні. Перекроюються не тільки устрій і карта світу — змінюється побут кожної людини. Те, що вчора було нормою, сьогодні вже оцифрували і воно стало зовсім іншим.

Аналоговий мозок, з яким домінуюча більшість з нас народилася, намагається до цього пристосуватися. Утім точок опори і стабільності як не було, так і немає. Ми не впевнені в завтрашньому дні. Це змушує бути напоготові й постійно боротися за виживання.

 # 7. Маленькі й великі «радості». Ми підсвідомо і свідомо шукаємо віддушину від всього того безладу і жахів, які відбуваються навколо. Того, що додасть в життя барв, зробить його простішим, яскравішим і приємнішим.

Таких віддушин у нас вистачає:

— цукор і фаст-фуд,
— ігроманія,
— сигарети,
— алкоголь,
— легкі й важкі наркотики.

Усі вони з різним ступенем руйнівної сили впливають на нас і навколишніх, але стають для нас необхідною віддушиною.

 # 8. «Успішний успіх». Його транслюють повсюдно — по всіх каналах ТБ і в кожній стрічці новин, тож він ще більше викривлює реальність. Адже ціла прірва розділяє твою похмуру реальність і красиве глянцеве життя твого оточення.

Ціла прірва розділяє твою похмуру реальність і красиве глянцеве життя твого оточення.

Людям непросто живеться в період змін. Утім варто їм лише випірнути з реальності в інформаційне поле, як вони всюди бачать красиві картинки життя своїх сусідів.

«У всіх все добре, тільки у мене погано» — це базис мережевих депресій. Вони породили захисний інструмент під назвою «здаватися, а не бути». А це — прямий шлях до віртуальної реальності, у якій панує Маніпуляція.

Посилюється тренд красивого й нетерпимість до неуспішних. Невдахою бути ніяково й соромно, про це не говорять. А отже, всі невдахи на тлі гарної картинки успішних ще більше посилюють свою депресію, впадають у заперечення і добивають своє життя.

Ті, хто наважується говорити про невдачі, жодним чином не впливають на інформаційне поле, адже зазвичай подають інформацію з бравадою — ніби несерйозно, ніби жартома. Отож усе, і хороше, і погане, тяжіє до успішного успіху. Реальність — інша. Та кому до неї є діло, якщо навколо успішний успіх?

 # 9. Купа пройдисвітів і чарівних таблеток. Що складніші часи, то більше тих, хто виробляє і дарує чарівні способи швидко все виправити і кардинально змінити життя.

Псевдопсихологія, інфобізнес, тренінги особистісного росту, езотерика, гомеопатія і ще тисячі магічних способів швидко щось змінити й отримати результат — усі вони обіцяють привести до того заповітного успішного успіху. Адже, може, саме завдяки цій чарівній таблетці у сусіда все добре?

Підґрунтям є та сама проблема — невміння вибудовувати логічні ланцюжки і цілісну картину. Бажання швидко все змінити набагато пріоритетніше, ніж отримати реальні, але довгі зміни.

 # 10. Отупіння через спрощення, загорнуте в красиву обгортку. Інформація множиться експоненціально. Збагнути її всю або хоча б необхідний мінімум стає неможливо. Це породило нову формулу: спростити інформацію до рівня, щоб могла зрозуміти «твоя бабуся» або «трирічна дитина».

Середньостатистична людина в інформаційному полі намагається зібрати пазл з розрізнених шматочків у цілісну картинку, необхідну для прийняття рішення.

Така формула фрагментує інформацію, руйнує причинно-наслідкові зв'язки. Середньостатистична людина в інформаційному полі намагається зібрати пазл з розрізнених шматочків у цілісну картинку, необхідну для прийняття рішення. При цьому не знає, якою саме ця картинка має бути.

Люди, які не розуміють цілісної картинки, але володіють сотнями фрагментів інформації, почуваються поінформованими, проте зовсім не розуміють, що відбувається.

Нові інтерактивні й візуальні формати стали мейнстрімом. Вони роблять спрощені смисли красивими, зрозумілішими і доступнішими. Так людина за день може споживати в рази більше різнорідної спрощеної інформації, а тому почувається обізнаною у всьому на світі. Що красивіша картинка, то більше до неї довіри. Отож людина не просто почувається поінформованою, а ще й схильна за замовчуванням довіряти цій інформації.

Формула успішного контенту нині універсальна і проста: взяти те, що на поверхні («що піпл хаває») — проблематизувати — додати чарівну таблетку — розжувати чарівний результат — яскраво все оформити. І вуаля — рейтинги і перегляди забезпечені.

Спрощуй, упаковуй і володарюй. Народ не мусить думати — йому потрібно все подати на блюдечку.

 # 11. Таврування розумних і звеличення тупих людей. Тих, хто бачить загальну картину і може вивести маніпуляторів на чисту воду, мало. Якщо їх не дискредитують і вони можуть говорити, то й тоді вони це роблять занадто складною мовою.

Як завжди, є більшість — яскравий натовп спрощенців і чарівників. На противагу їм постає купка розумників-ботанів, які говорять складно і про неприємне, та ще й роблять це довго й нудно. Вони довго пояснюють і багато говорять.

Зазвичай ботанів уривають на півслові. Звісно, коли багато тексту, простіше «причепитися» до слів. Проти них — сотні тисяч спрощенців, яким невигідно утворювати свою аудиторію. Аудиторія розумників схожа на них, тобто нечисленна й пасивна.

 # 12. Злість. Світ став абсолютно відкритим, та водночас люди стали агресивно нетерпимі до думок, протилежних їхнім власним. Тому вони групуються в спільноти, які своєю теплою ванною створюють їм комфортний світ і замінюють реальний.

Живучи в цій теплій віртуальній реальності, вони щиро вважають, що це і є весь навколишній світ. У ньому вони знаходять підтримку, у ньому спілкуються із собі подібними. Утім їхні думки не пробиваються у великий і реальний світ, у якому перемагає той, хто вміє говорити модною і загальнодоступною конформістською мовою.

Булінг і хейтинг стали масовими і повсякденними явищами — це ефективний інструмент самовираження і нарощування популярності в мережі. Як наслідок, депресія в мережі ще більше посилюється. Люди не тільки бояться відхилятися від глянцевого шаблону поведінки, а й вважають напад на іншого нормою.

Усе це відбувається паралельно і системно. Це не частина індустрії вірусмейкерства — середовище було сформовано до початку її активної роботи й істотно спростило їй завдання.

Далі я детально познайомлю вас із цією індустрією, розповім, як і чому вона впливає на кожного з нас.

2.6. ТРОХИ ТЕОРІЇ, АБО ПІДСУМКИ ВИЩЕНАВЕДЕНОГО

Цю частину ви можете пропустити без шкоди для загального розуміння суті книжок. Або прочитати, щоб підсумувати вже прочитане.

2.6.1. Як руйнується вроджений імунітет

Уявіть абсолютно здорову інформаційно людину — з хорошим вродженим імунітетом, критичним мисленням, оточену мислячими людьми, яка розуміє суть і патерн маніпуляцій. Та вона ж людина. Вона живе не в «тепличних умовах», а в звичайному соціумі. Ходить по вулиці, купує їжу в супермаркетах, відвідує батьківські збори, працює в колективі, стоїть у корках.

Щодня людину атакує безліч різноманітних інформаційних вірусів. Частину з них вона фільтрує, обробляє і не заражається ними, а інша частина інфікує її. З часом імунітет людини може слабшати, а питома маса вірусів, які її інфікували, — збільшуватися. Отож навіть якщо людина має дуже міцний вроджений імунітет, то соціальний згодом руйнується під впливом токсичного оточення.

Щодня людину атакує безліч різноманітних інформаційних вірусів. Частину з них вона фільтрує, обробляє і не заражається ними, а інша частина інфікує її.

Та чи маємо ми в 2020 році вроджений інформаційний імунітет? Моє оціночне судження — його не мають 99% українців і не лише вони. **Причина проста — зміна інформаційних епох.**

Як ви пам'ятаєте, вроджений імунітет — це ті правила і патерни поведінки, які передають нам батьки генами й у процесі виховання. Вони дають нам перелік правил, що можна і чого не можна робити в інформаційному просторі, щоб не нашкодити собі й навколишнім.

Ці правила напрацьовуються поколіннями. Як і будь-які правила безпеки, вони «пишуться кров'ю». Так ми засвоїли міцні захисти часів аналогової ери, її тоталітарної специфіки:

- ми знаємо: те, що обговорюють на кухні, не потрібно переповідати незнайомим, інакше — КДБ;
- ми розуміємо: на ТБ і в ЗМІ брешуть, інформацію потрібно аналізувати самому;
- усе західне — хороше.

Утім за останні десятиліття світ зробив кульбіт, і все перевернулося догори дриґом. Змінилося все: державний лад, обсяг інформації, її відкритість, способи донесення тощо.

Ось п'ять ключових змін, які зруйнували наш вроджений інформаційний імунітет

 # 1. Тоталітаризм VS Демократія

Раніше люди чітко розуміли, що вони нічого не вирішують і нічого не можуть змінити в рішеннях, які ухвалила влада. Вони мали не лише пристосовуватися до означених реалій, а й не погіршити їх для себе і своїх близьких. Це розвивало кмітливість і розширювало світогляд.

А нині у нас існує зручна демократична ширма — кожен «впливає» на все. Однак при цьому випущено ключовий момент: кожен реально впливає на все лише тоді, коли він:

— високоосвічений;
— володіє актуальною і достатньою інформацією;
— розуміє діючі правила функціонування економіки і політики.

Нині створено видимість інформаційної відкритості та доступності будь-якої інформації.

Нині створено видимість інформаційної відкритості та доступності будь-якої інформації. Та люди банально не навчилися нею користуватися — з мільярда повідомлень, фактів, законів тощо не вміють виділяти основне.

Особливо це стосується старшого покоління. Їх кількісно багато, у них найбільша електоральна сила і значна купівельна спроможність. А проте, вони найменше розуміють наслідки їхніх рішень. Рівень їхньої сучасної освіти наближається до нуля.

У них найслабший імунітет, і вони абсолютно не захищені від інформаційних вірусів.

ПРИКЛАД

Кандидат математичних наук Іван Петрович пише дисертацію і підробляє аналітиком. У 2019 році він дзвонить на радіо, щоб висловити своє невдоволення розміром зарплати в 200 доларів у приватній фірмі. Іван Петрович вимагає від Президента виконати його передвиборні обіцянки і підняти зарплату до 1 000 доларів, адже заради цього він за нього голосував. Він щиро вірить, що саме Президент може це зробити. Раніше ж так і було — добробут кожного залежав від волі партії та її вождя.

 # 2. Зрозуміла система координат VS Повна дезорієнтація

Раніше все було просто і зрозуміло. Вироблена й усталена система координат давала чіткі й напрацьовані поколіннями ввідні:

— хто друг, а хто ворог;
— що можна говорити, а про що ліпше промовчати;
— чому вірити, а що піддавати сумніву й аналізу.

Тепер такої чіткої системи координат немає. На людину, яка живе в період трансформації епох, валиться вбивчий потік інформації, до того ж цей потік вона не фільтрує. Це стосується як споживаної інформації, так і дій людини в інформаційному полі.

Додайте до цього полярність безлічі думок. Як наслідок, люди старшого покоління, які тільки звикають осмислювати шквал інформації, остаточно втрачають розуміння, що можна, чого не можна, що на благо, а що на шкоду.

ПРИКЛАД

Мовою аналогової епохи це означало б таке. Іван Петрович теплим літнім ранком 1986 року на повну гучність слухав на кухні Радіо Свобода. На партзборах обговорював мільйонні жертви аварії на ЧАЕС і лаяв владу за замовчування факту катастрофи. А після роботи влаштовував мітинг за права афганців під місцевим Білим домом. Тобто робив усе те, що могло мати кар'єрні і життєві наслідки для нього і його сім'ї.

 # 3. Стабільність VS Період трансформації

Це стосується всіх сфер життя. Динаміка подій у минулому була мінімальною, а самі події піддавалися причинно-наслідковому аналізу, хоча б на побутовому рівні.

Наразі динаміка змін стрімко наростає. Що було істиною вчора, сьогодні вже спростовано. Потрібно швидко вивчати нове у всіх сферах і змінювати себе, свій спосіб життя, сприйняття навколишніх, правила і систему координат.

Учора щось здавалося неможливим і абсурдним — сьогодні це норма. Люди, які звикли до стабільності й повільного темпу, за таких кардинальних змін надовго йдуть у заперечення та опір змінам. А коли виринають, світ уже знову помінявся.

ПРИКЛАД

Згадаймо непорушний сценарій минулої епохи. У школі потрібно добре вчитися, щоб вступити до престижного університету. В університеті витягнути на стипендію і підробляти в будівельних загонах, щоб заробити на студентське життя. Потім одружитися, жити в гуртожитку і збирати на телевізор, холодильник і машину. Отримати квартиру і т.д. Життя було зрозумілим. Його правила не змінювалися поколіннями і постійно відшліфовувалися.

 # 4. Моноканальність VS Мультиканальність

В аналогову еру було все просто — завжди існував один флагман донесення інформації. Спочатку газети, потім радіо, потім ТБ. На кожному етапі:

— для управління людьми потрібен був домінуючий доступ саме до нього. Наприклад, у період нацистської Німеччини це було радіо;
— кількість каналів інформації, які споживала одна людина, не перевищувала і десятка, а канал-лідер концентрував переважну більшість аудиторії;
— власники каналів інформації (а значить, і реперні точки їх інформаційної політики) були відомі;
— інформації було мало, і нею дорожили.

А нині до старих каналів комунікації додалася нескінченна кількість нових. Кожен акаунт у соціальних мережах — це теж джерело інформації, часто суперечливої. Середня кількість каналів інформації, які споживає людина, вже давно обчислюється сотнями.

Як наслідок:

— цінність і період життя конкретної інформації істотно зменшилися;
— рівень інформаційного шуму колосальний і продовжує зростати;
— люди не вміють фільтрувати інформацію і, як наслідок, споживають усе підряд, без особливих запобіжників і правил;
— більшість каналів транслюють суперечливу, однобоку, суб'єктивну інформацію — людина губиться в розмаїтті думок;
— власник/замовник більшості каналів невідомий;
— інструменти маніпуляції глибоко інтегровані в кожен з каналів.

ПРИКЛАД

Іван Петрович дуже хоче розібратися, за кого йому голосувати на виборах. Для цього він стежить за всіма новинами по телевізору і радіо. Проте він знає, що там усі брешуть, тому більше довіряє інтернету. Для цього він навчився ним користуватися і не просто регулярно читає новини в онлайн-ЗМІ, а й системно вивчає стрічку Facebook, дивиться політичні огляди на YouTube, шукає інформацію в Вікіпедії.

Іван Петрович ходить на всі зустрічі з кандидатами і ставить їм нагальні питання. Він знає про них все, але не може зрозуміти, хто з них бреше. Йому дуже важливо, щоб зменшилися комунальні платежі і виросла пенсія — він просто не може вижити зараз без допомоги дітей. А він же хоче сам допомагати рідним, а не щоб допомагали йому.

Іван Петрович довго думав і проголосував за молодого, жвавого кандидата, який упевнено обіцяв, що вже до кінця року комуналка зменшиться, а пенсії зростуть. Потрібно давати дорогу молодим, старі тільки красти вміють.

 # 5. Односторонній вплив VS Взаємний вплив на інформаційне поле

Раніше діалог в інформаційному полі вівся виключно в односторонньому порядку. Максимум, що могли люди, — обговорити отриману в ЗМІ інформацію серед своїх знайомих. Звісно, резонансні події приводили до масових обговорень і формувалися в суспільне невдоволення. Та це були дуже рідкісні винятки. В основному нас зомбували в кращих традиціях Геббельса. Результат залежав від простоти і частоти повідомлень, а на реакцію людей не зважали зовсім.

Наразі ситуація змінилася. Кожен може висловити свою думку на той чи інший меседж, і в нього є своя аудиторія, яка це почує і публічно обговорить. Отож після публікації більшість меседжів починають жити своїм життям, трансформуючись і обростаючи новими значеннями і смислами.

ПРИКЛАД

Іван Петрович щоранку поглинає всі новини. Близько обіду він традиційно спускається у двір, де грає в доміно зі своїми друзями. За партією-другою вони обговорюють останні новини і своє став-

лення до них. Їхні бурхливі дебати чує весь двір. Бабусі, які сидять на лавочці, теж обговорюють новини — Іван Петрович багато років для них новинний авторитет.
Марії Степанівні онук подарував комп'ютер, і вона активно освоює соціальні мережі. Вона читає всі офіційні паблики президента і пише в коментарях авторитетну думку Івана Петровича.
Галина Іванівна активно слухає радіо і часто дзвонить в інформаційні програми. Спираючись на авторитетну думку Івана Петровича, вона відповідає на питання ведучого про ситуацію в країні.

Як підсумок, усе, чого нас вчили батьки, тепер просто не можна застосувати. Вроджений імунітет одночасно зруйнувався для всього живого. А для того щоб з'явився новий, потрібно виробити нові правила. Проте їх немає. Навіть більше, формування їх нікому не вигідно — адже людину без імунітету набагато легше інфікувати і набагато швидше можна перетворити на овоч. Звісно, є винятки — люди, які з огляду на професію, специфічне коло спілкування самостійно почали виробляти новий імунітет, латаючи дірки вродженого. Утім це переконлива меншість.

2.6.2. Як руйнується соціальний імунітет

Щодо соціального імунітету ситуація так само безрадісна, але ще складніша. На нього також впливають трансформаційні процеси в країні. Ось ключові.

Економічне благополуччя людини і її сім'ї — наскільки вони фінансово незалежні й можуть дозволити собі всі базові товари і послуги, а також мати запас на форс-мажорні ситуації. Наскільки цей дохід стабільний і змінюється з роками.

Що є зараз: суспільство доволі сильно розшароване і перебуває в постійній трансформації. У країні немає нормальної пенсійної системи, що нікому не дає впевненості в забезпеченій старості. Традиційні кризи боляче б'ють по незміцнілому середньому класу. Фінансової впевненості в майбутньому просто немає. Або ти працюєш і заробляєш, або не працюєш і тихо вмираєш.

Розвиненість інститутів, які можуть бути противагою або бар'єром у разі розвитку шкідливих процесів у суспільстві. Ідеться як про державні форми, так і про громадські.

Іншими словами, це прийняті в суспільстві канони поведінки, які знають, розуміють і яких дотримуються всі люди (або хоча б більшість). Вони підкріплюються вибудуваною системою інститутів, які стежать за їхнім виконанням і карають за невиконання. Вони ж є системою противаг.

Що є зараз: старе тоталітарне остаточно знищено, але нове демократичне ніяк не може побудуватися. За фактом ми живемо в гібридному тоталітарно-демократичному суспільстві з правилами, які ніби і є, але дотримуватися їх необов'язково. З інститутами, які є, але працюють на того, хто платить гроші. Як наслідок, кожен робить те, що вважає за потрібне, а в критичний момент сподівається тільки на себе.

Рівень освіти — наявність у члена суспільства актуальної, мінімально достатньої освіти, щоб він міг виконувати свій громадянський обов'язок. Тобто пояснення зрозумілою мовою і перевірка результатів закріплення даної інформації. А також рівень критичного мислення, тобто здатність людини ставити під сумнів інформацію, що надходить, власні переконання.

Що є зараз: поточний устрій суспільства дуже складний, а рівень знань громадян про нього вкрай низький. Середня і вища школи з формуванням базового пакета знань громадянина не можуть упоратися. Це робить будь-яке публічне обговорення і голосування абсолютно маніпулятивним. Адже хто більш переконливий, гарний, харизматичний, той і правий.

Доступність інформації та її обсяг значно зростають, але саме це продукує інформаційний шум. Через нього й невміння людей працювати з інформацією суспільство мінімально поінформоване про реальні процеси. При цьому немає жодних фільтрів, які очищають інформацію від фейків, маніпуляцій, викривлень.

Що є зараз: у людини немає своєї думки, яка ґрунтувалася б на об'єктивній і/або первинній інформації. Переважна більшість робить висновки, керується інформацією, отриманою від когось — хто, на їхню думку, «перелопатив» цю гору інформації і сформував думку.

Наявність і доступність інструментів маніпуляції, які мають достатнє охоплення аудиторії і рівень довіри, щоб інформацію, яку вони транслюють, слухали і чули. Водночас доступ до таких інструментів закритий або ускладнений через монополію або дорожнечу.

Що є зараз: з появою інтернету, соціальних мереж та інших елементів цифрової епохи набір інструментів став максимально широким — і продовжує збільшуватися. При цьому до повного або часткового інструментарію має доступ кожна людина. А для формування пулу інструментів, достатнього для маніпуляції тисячами людей, вистачить і декількох сотень доларів.

Загальний рівень психологічного здоров'я соціуму — тобто стан благополуччя, за якого людина може реалізувати свій потенціал, упоруватися зі звичайними життєвими стресами, продуктивно працювати, а також робити внесок у життя своєї спільноти.

Що є зараз: ми опинилися під впливом одного з найбільших стресів, які є на Землі, — війни. На наших плечах минулі та очікувані економічні кризи, зміна політичних еліт і підвалин, невизначеність у майбутньому, загальна нестабільність, часті зміни.

Загальний рівень фізичного здоров'я соціуму — наскільки людина здорова, бадьора, сповнена енергії.

Що є зараз: постійна втома і депресія, зайва маса і хронічні захворювання, сотні тисяч смертей від раку, СНІДу або більш «побутових» хвороб.

Однорідність соціуму, порівняння себе з іншими — наскільки людина відчуває себе нормально, не гірше за інших, наскільки відповідає якомусь стандарту середньої людини. На підставі цього і формується її рівень задоволеності життям.

Що є зараз: «успішний успіх» формує красиві картинки життя оточення. Усе не таке, складне, болюче — тобто все неуспішне — відходить у тінь, а значить, недоступне соціуму. Як наслідок, людина, яка проживає складне життя, погіршує своє становище тим, що завдає собі збитків на тлі успіху інших.

Соціальний імунітет — це колективна сутність. Вона працює, коли є системи, на які люди можуть опертися. Нині ж в Україні соціальний імунітет працює радше всупереч усім чинникам, що його руйнують.

ЧАСТИНА 3

ПУТІВНИК УКРАЇНСЬКОЮ ІНДУСТРІЄЮ ВІРУСМЕЙКЕРСТВА

3.1. ЯК ПРАЦЮЄ ІНДУСТРІЯ

Кожна класична індустрія спирається на взаємний професіоналізм її основних сторін: Замовників, Підрядників, Асоціацій, Регуляторів та ін. Якщо все так, то формується ринок послуг і товарів однорідної і достатньої якості, зі своїми правилами, стандартами, процесами. Усе це регулюють учасники і незалежні інститути. Така кон'юнктура дає змогу не тільки досягати цілей і завдань усіх сторін, а й зберігати екологічність щодо всіх учасників і зовнішнього світу.

Коли в цій схемі щось ламається, починають відбуватися процеси різної токсичності. Вони ламають бізнес-моделі, породжують незадоволених клієнтів, завдають шкоди соціуму, економіці, природі.

Індустрія вірусмейкерства одночасно порушує всі класичні канони. А отже, хоч який продукт вона виробляє, основне, що в неї виходить, це токсичний хаос. Скрізь і в усьому.

Якщо запитати самих учасників індустрії вірусмейкерства, яке їхнє завдання, то можна домогтися приблизно такої відповіді. Це продукування потрібних Замовникові інформаційних вірусів, які змінюють інформаційне поле до потрібної конфігурації, тональності й акцентів. Створення навколо цільової аудиторії потрібної віртуальної реальності, інакше кажучи, інформаційної бульбашки. При цьому мінімізуючи потрапляння в неї альтернативної інформації.

Інформаційні віруси і бульбашки створюють за день тисячами. Вони доповнюють, нівелюють один одного, конкурують. Від цього плодиться хаос, який сприяє мутації первинних вірусів, а їхнє подальше поширення ніхто вже не контролює.

Інформаційні віруси і бульбашки створюють за день тисячами.

Цілком звичайне явище, коли вірус, замовлений і вироблений одними людьми, вже через тиждень використовують зовсім інші люди, які не мають до перших жодного стосунку. А перші борються з наслідками його неконтрольованого поширення.

РЕМАРКА

Структура інформаційного поля, у якому ми живемо, багато в чому повторює те, що нині відбувається в космосі. Відмінність лиш у тому, що в космосі одночасно існує космічне сміття, керовані ракети і супутники, а в інформаційному полі водночас циркулюють:

— нові віруси, віруси, що мутували;
— старі забуті віруси, які живуть своїм життям;
— віруси, які мають нівелювати інші віруси;
— віруси-розвідники, які збирають реакції цільової аудиторії на той чи інший вид інформації.

Проте в космосі ймовірність зіткнення з загрозою існує, але вона поки дуже мала. На Землі ж загроз в рази більше. Імовірність зіткнутися з вірусами — 100%.

Розвиток індустрії вірусмейкерства загалом збігається з розвитком інформаційного середовища.

Індустрія аналогової ери була закритим клубом з одиницями виконавців, які обслуговували невелику кількість Замовників. Їхнє завдання з року в рік зводилося до модерування і провокування конфліктів усередині влади. Власне, можновладці й були єдиними замовниками інформаційних вірусів. У загальнонаціональному форматі віруси зводилися до пропаганди в усьому її різноманітті, а ось для вирішення внутрішніх чвар задіювали інші канали. Утім інформаційне поле тоді було геть не основним полем битв.

Індустрія аналогової ери була закритим клубом з одиницями виконавців, які обслуговували невелику кількість Замовників.

Зовсім іншою стала конфігурація ринку в цифрову еру.

Індустрія ери цифрової — це прохідний двір. Кожен, хто якимось боком брав участь у розміщенні джинси або нападі на когось, вважає себе фахівцем і вершителем доль. Цифрова ера щодня продукує дедалі більше нових способів й інструментів для маніпулювання широкими масами. Утім ні Замовники, ні Підрядники не встигають за нею, а це породжує дві важливі прірви:

Індустрія ери цифрової — це прохідний двір. Кожен, хто якимось боком брав участь у розміщенні джинси або нападі на когось, вважає себе фахівцем і вершителем доль.

— перша: між знаннями Підрядника і Замовника, через що Підрядники, замилюючи очі Замовникам, і втюхують їм усе, що красиво і переконливо звучить;
— друга: між знаннями Підрядників і тим, як розвивається, змінюється інформаційне поле.

Власне, поняттям *інформаційне поле* переважна більшість підрядників узагалі не мислить. Вони оперують набором інструментів і форм різної ефективності, які породжують і вкидають вірус, але жодним чином не контролюють те, як він живе і розвивається.

Невміння мислити категоріями інформаційного поля здебільшого походить з аналогової ери. Тоді існували моноінструменти, які й були інформаційним полем. Якщо хтось щось говорив у вечірніх ТВ-новинах, уранці це обговорювала вся країна.

Нині ж інформаційне поле зшите з сотень клаптиків забаганок різних цільових аудиторій, кожна з яких живе в своїй інформаційній бульбашці. Це віртуальна, невизначена і неконтрольована реальність не тільки для людей, які перебувають усередині неї, а й для тих, хто створює ці бульбашки. Адже наповнення бульбашки ніхто не контролює — ні її розмір, ні структуру, ні динаміку, ні тональність, ні інші життєво важливі параметри для розуміння і контролю за тим, що відбувається всередині.

РЕМАРКА

«А як же соціологія?» — запитаєте ви. Для інформаційного поля вона померла ще на початку цифрової ери — і це одна з важливих причин некерованості інформаційного поля. Динаміка вірусів така велика, що соціологічні дані застарівають вже тоді, коли респондент відповідає на запитання анкети. Як наслідок, одні й ті самі соціологічні дані трактують десятками різних способів. Звідси й непрогнозованість подій: соціологи трактували дані певним чином, а виходить зовсім інше.

На цей момент немає релевантного замінника функції соціології в інформаційному полі. Немає інструмента, який виводить показники всього інформаційного поля і його причинно-наслідкових процесів на приладову дошку, який дає змогу бачити цілісну картину і керувати нею. Усе це призводить до одного: ніхто толком не знає, як мутують віруси всередині індустрії, як вони впливають на людей, через що змінюються поведінкові моделі людей. Усе це породжує ще один блок хаосу — експериментальні віруси та їхні бульбашки.

Поширений міф: є хтось, хто контролює інформаційне поле. Це не так. Контролюють запуск, стимулюють поширення, коригують порядок денний. Проте ніхто не може контролювати все або значну частину інформаційного поля.

Як ви вже зрозуміли, це зовсім не класична індустрія. Тут все вирішують за ситуацією, за нею ж рішення коригують і скасовують. Немає в цій індустрії і сформованої продуктової лінійки. Усі запити від Замовників, а отже, і самі продукти можна звести до того, що потрібно:

— змінити думку про людину / бренд / структуру тощо;
— атакувати і зганьбити, залякати;
— захистити від атак;
— розвідати — зібрати інформацію.

Усе це екстраполюють на різні цільові аудиторії (ЦА), чисельність яких може становити від однієї людини до всього населення країни. Найчастіше замовлення стосуються таких ЦА:

— влада — від Президента до останнього депутата;
— чиновники різних рівнів;
— правоохоронні органи;
— активісти всіх мастей;
— лідери громадської думки та експерти;
— бізнесмени / підприємці;
— активне населення.

Географія теж найрізноманітніша. Звісно, основне поле битви — це Київ, на другому місці — мільйонники. Проте на місцях є маса своїх внутрішніх розборок, які тільки погіршують загальне інформаційне поле.

РЕМАРКА

Інформаційні віруси завдають багато шкоди бізнесу. Йому доводиться витрачати на порядок більше грошей і зусиль, щоб прорватися крізь інформаційний шум і хаос, достукатися до свого споживача. Хоч як парадоксально, це збільшує кількість спроб і теж є каталізатором інформаційного шуму.

Основний тренд останніх років в індустрії вірусмейкерства — загальна автоматизація. Її стимулює саме інформаційне поле, що збільшується в геометричній прогресії.

Ручні або напівручні технології просто не можуть упоратися з лавиною дій, необхідних для досягнення видимості результату.

РЕМАРКА

В інформаційних кампаніях практично завжди використовують так звані ботруми — групи віртуальних акаунтів у соцмережах або блогах, якими управляє невелика кількість живих людей. Ці групи на замовлення виконують певні дії. Найчастіше «для картинки» — тобто спотворення дійсності — ставлять реакції, роблять репости і залишають коментарі з певними меседжами.

Цікаво, що на початку 2010-х ботруми налічували сотню-дві акаунтів. У день вони виробляли кілька тисяч дій — лайків, коментарів, репостів. Зараз усі ці цифри зросли в сотні і тисячі разів.

Відносини «Замовник–Підрядник» на цьому ринку не відрізняються особливою постійністю. Переважну кількість кампаній організовують і проводять з дедлайном «на позавчора». Що зовсім не стимулює продуманість кампаній і турботу про їхню результативність. Типова кампанія — запустити вірус або відбити атаку. Після чого всі результати залишаються в інформаційному полі, а співпрацю припиняють.

Усе це провокує в індустрії «двостороннє кидалово». Замовник не здійснює оплату в означеному обсязі, а Підрядник, розуміючи високу ймовірність «кидалова», особливо не напружується. Звісно, є тривалі кампанії, але це виняток, що підтверджує загальне правило.

РЕМАРКА

Цей ринок про те, щоб здаватися, а не бути. Замовники більше розуміють разову велетенську кількість лайків, ніж складні й регулярні дії, які потрібні для досягнення результату.

Це сіра або чорна сфера. У ній рідко укладають договори, але особливу увагу приділяють конфіденційності. Офіційних портфоліо на цьому ринку зазвичай немає ні в кого. Усе передається з вуст в уста і обростає домислами, доповненнями, спотвореннями. Звісно, це теж не сприяє якості наданих послуг.

Знайомляться «Замовник–Підрядник» завдяки сарафанному радіо. Перший проект зазвичай переростає в довгострокове, але фрагментарне співробітництво. У цій сфері немає тендерів, усе будується на довірі, перевірених людях. Це теж гальмує прогрес індустрії.

Реклами послуг і компаній в індустрії вірусмейкерства немає. Світитися особливо ніхто не хоче. Звісно, є винятки, але вони лише змушують задуматися про те, чи дійсно те ця людина робить і чи правду каже.

РЕМАРКА

В індустрії вірусмейкерства склався смішний парадокс. Журналістам, особливо журналістам-розслідувачам, дуже цікава сфера маніпуляцій. Вони системно пишуть матеріали про неї. Та з огляду на закритість індустрії розслідувачі володіють фрагментарною і поверховою інформацією. Дотримуючись журналістських стандартів, вони шукають і знаходять коментарі «експертів ринку». Здебільшого це саме ті, хто «здається, а не є». Адже в нормальних фахівців усе добре з клієнтами і з розумінням того, що зайвий раз світитися не варто. Як наслідок, випущені матеріали не завдають жодної шкоди індустрії (рідко — окремим її представникам). А до того ж піарять «псевдоекспертів», до яких потім звертаються недосвідчені Замовники. Це призводить до посилення хаосу. А індустрія процвітає далі.

В індустрії вірусмейкерства крутяться найрізноманітніші гроші. Ще один міф, що тут найбільші бюджети. Він багато в чому породжений виборчими кампаніями в багаті нульові роки. Нині бюджети зменшилися в рази і наблизилися до класичних цінників ринку маркетингу і піару. Винятки — жорсткі репутаційні кризи і/або виборчі сутички.

Як виглядає кожен з учасників цього ринку? Давайте подивимося на них уважно і розберемося.

3.2. ХТО ЗАМОВЛЯЄ ІНФОРМАЦІЙНІ ВІРУСИ

Серед замовників зосереджені політики і великі корпорації. Їм потрібно змінювати думку широких мас — всерйоз і надовго. У них найширший або навіть необмежений доступ до фахівців високого рівня та інструментів. Водночас у них найнижчий моральний бар'єр або його взагалі немає. Вони бачать мету і не бачать перешкод. Не подумайте, що я нагнітаю. Винятки є, але вони зазвичай поодинокі.

РЕМАРКА

Як я вже писала раніше, ринок дуже неоднорідний за масштабом проектів, замовлень і власне Замовників. Нижче наведені тільки основні. Ті, хто найбільше впливає на загальне інформаційне поле, а отже, і на нас з вами. Ті, хто своїми мимовільними або зумисними діями спровокували ситуацію, у якій ми опинилися. Саме вони продовжують штовхати націю в керований овочизм.

 # 1. Чинний політик

Ключова характеристика цього сегмента — обмеження владою. Вона дає дуже зрозумілий і чіткий вектор усіх вірусів: «Усе, що наше, — хороше, усі, хто з нами, — друзі. Усе, що не наше, — погане, усі, хто не з нами, — вороги». А втім, така обмеженість виводить подвійну і підкилимну гру в стандарт роботи.

Інакше кажучи, чинний політик переважно веде подвійну гру, відстоюючи свої дії і «вбиваючи» своїх опонентів. Байдуже, який вигляд це має і від кого все транслюється. Це — основа основ. Нам з вами завжди потрібно про це пам'ятати. Потрібно розуміти, що якщо ваш політик при владі й він для вас золотий, у нього завжди є тіньова робота, яка його при владі й утримує. А маніпуляція є і там, і там.

Не має значення, ким була людина до потрапляння у владу і який її рівень розуміння інформаційного поля. Щойно вона опиняється при владі, одразу обростає компетентними командами, які це розуміння їй добудовують.

Усі політики при владі мають одну спільну рису — вони хочуть, навіть вимагають, щоб про них говорили добре. Тим часом за багато років у народу на політиків виробилася оскома — вона не залежить від аналогової чи цифрової ери. Щойно політик починає виголошувати пафосні промови, його перестають чути, тож він розмовляє тільки з віртуальними послідовниками-ботами.

Що більше політик є прихильником пафосу, то менше у нього реальної аудиторії, не беремо до уваги фан-клуб, ядерний електорат, який з політиком за замовчуванням. Утім завдання діючих політиків — саме працювати з широкими масами, а не лише із затятими прихильниками.

Погоня за пафосом — у різних пропорціях — формує інформаційний голод на змістовний контент. Спочатку ще проскакують креативні думки. Та з кожною наступною посадою у владі стиль типового політика стає дедалі сухішим і нарочито пафосним. Одним із чинників, які штовхають його до цього, є зниження рейтингів.

У певний момент оточення неминуче створює йому теплу інформаційну ванну загальної любові, витісняючи реальний голос народу. Десь у цей же момент у політика виростає запит на «мочити конкурентів», кількість яких постійно зростає — пропорційно зниженню рейтингу і кількості векторів звинувачень. Далі типовими є два варіанти:

> У певний момент оточення неминуче створює йому теплу інформаційну ванну загальної любові, витісняючи реальний голос народу.

— перший: призначають «офіційних винуватих» — «я хороший, це вони запартачили»;
— другий: просто очорняють «незалежно призначеного» опонента і на нього виливають тонни бруду, тим самим прищеплюючи людям думку, що на ньому ніде проби ставити, а отже, він винен і в чомусь іншому.

Інакше кажучи, все робиться для того, щоб обілити себе й очорнити решту. І байдуже, це члени команди чи опозиція. Це загальна класична формула. Вона діє завжди.

> Все робиться для того, щоб обілити себе й очорнити решту.

Навіть найсвятіші, ліберальні політики несвідомо дотримуються цієї формули. Та якщо у них раптом є совість, то вони мінімізуватимуть витік інформації і вестимуть цю гру в особистісному форматі, не вдаючись до масових маніпуляцій. Утім тут вже діє просте життєве правило: назвався грибом — лізь у кошик, у Римі дій як римлянин. Складно ж виграти війну палицею, коли всі навколо стріляють ракетами.

Ареал ураження безпосередньо залежить від моральних якостей політика. Ланцюжок простий. Якщо моральні якості високі, все зводиться до кулуарної боротьби. Якщо їх немає, будуть договорняки з грошовими мішками (за свої гроші кампанії фінансують тільки дурні або новачки, а таких немає). Ось і виходить, що ми всі стаємо об'єктами нескінченних інформаційних воєн і учасниками битв.

Часто в одній війні чи битві може бути кілька Замовників. Ситуативні союзи — це теж класика. Та це не означає, що вчорашні союзники сьогодні не можуть стати найлютішими ворогами. Інакше кажучи, можливо і буде все, навіть те, що важко уявити.

Часто в одній війні чи битві може бути кілька Замовників. Ситуативні союзи — це теж класика.

Рецепт простий: усе, що стосується політики, потрібно піддавати сумніву і перевіряти ще раз. Абсолютно все. І навпаки, найгірше, що можна зробити — це почати комусь сліпо вірити, а когось — сліпо ненавидіти. Ярлики в політиці переклеюють блискавично.

Основний сегмент вірусмейкерів — це зазвичай чинні політики. Їм є що втрачати. Вони роблять і робитимуть усе, аби цього не сталося.

Абсолютно все, що стосується політики, потрібно піддавати сумніву і перевіряти ще раз.

Є невеликий сегмент чинних політиків, таких собі «міських божевільних», «блаженних». Саме вони і є об'єктами, а не суб'єктами. З огляду на їхню недосвідченість, легкодухість або брак розуму ними маніпулюють інші. А втім, незнання законів не звільняє від відповідальності: вони мультиплікують віруси більше, ніж звичайні люди, і тим самим теж впливають на інформаційне поле.

 # 2. Політик колишній або майбутній (часто і те, і те)

Це другий за руйнівною силою сегмент. Якщо людина має на меті владу, особливо, якщо людина хоч раз її скуштувала і втратила, вона піде по трупах, аби її знову отримати. У цьому сегменті найбільше інформаційних повій. Правил і обмежень немає зовсім.

Діючі політики можуть поливати брудом, проте не від свого імені. Публічно вони мусять дотримуватися видимих правил пристойності. Сегмент «колишніх або майбутніх» таких запобіжників не має. А втім, один запобіжник усе ж існує — мораль. Якщо і її немає, то ми стаємо свідками найпідступніших баталій, найбрудніших і часто відкритих поливань багном.

Інформаційне поле — основне поле битви для сегмента «колишніх або майбутніх» політиків. У цифрову еру саме воно відіграє домінуючу роль у поверненні до влади. Ще кілька років тому можна було вирішити своє призначення в кулуарах, а «піпл все хавав». Тепер такі випадки розглядають під пильним мікроскопом. Зважте на те, що все, що потрапляє в інтернет, у ньому і залишається, і ви збагнете, що публічний образ, імідж і/або його відсутність можуть стати вирішальним чинником як в призначенні, так і в обранні. Як наслідок, усі працюють у простій парадигмі політики: відбудувати свій хороший імідж і вбити імідж усім конкурентам.

Інформаційне поле — основне поле битви для сегмента «колишніх або майбутніх» політиків.

У «колишніх або майбутніх» є ще одне надзавдання: їм потрібно привернути до себе увагу. Тимчасом як увага до чинних політиків прикута за замовчуванням, сегменту «колишніх або майбутніх» потрібно за неї боротися. Тому він апріорі винахідливіший, відкритий, прямолінійний.

Потрібно пам'ятати, що будь-який помітний політик не фінансує себе своїм коштом. Утримання в інформаційному полі й маніпулювання ним — це складний процес, який потребує команди і системності. Тобто грошей. Тому завжди є хтось, чиї інтереси політик уже відстоює або буде це робити в разі потрапляння у владу.

Потрібно пам'ятати, що будь-який помітний політик не фінансує себе своїм коштом.

Рецепт тут аналогічний першому. Усе, що йде від політиків, потрібно піддавати сумніву й аналізу. Навіть якщо ви в команді молодого і чистого ліберала, який рветься до влади з народними гаслами, не давайте йому спуску і ретельно аналізуйте його дії. Як мінімум, ви допоможете йому не скурвитися. Це піде на благо і вам, і йому. Проте не факт, що він потрапить у владу. Там таких не люблять і тримають лише для того, щоб у потрібний момент показувати, як мавпочок, і говорити: у нас є кожної тварі по парі і святі ліберали теж є. Проте в такому разі знову йдеться про їхню об'єктність, а не суб'єктність.

РЕМАРКА

Бувають політики, які перестали бути суб'єктами і перетворилися на об'єкти. А річ у тім, що вони стали комусь заважати і їх просто збили. Інакше кажучи, дискредитували. Самі політики можуть нічого поганого не робити, але інформаційна кампанія, організована проти них, вішає на них найпарадоксальніші чорні ярлики. Зазвичай такі ярлики — саме про те, проти чого ті запекло боролися.

Хрестоматійний приклад — екс-депутат Сергій Лещенко та його дорога квартира. Детальніше цей приклад буде описано нижче.

3. Олігарх

Найзрозуміліший сегмент. Він не потребує розлогого огляду. Вже у самому визначенні «олігархи» говориться, що влада обслуговує їхні особисті та групові інтереси. Олігарх мультиплікує свій вплив через політику і медіа. Саме олігархи здебільшого визначають порядок денний попереднім двом сегментам.

Тут теж все просто і складно водночас. Ці люди ніколи нічого не роблять просто так. Один відомий український олігарх став філантропом, щоб вирівняти свій імідж після періоду лихої приватизації і створити захист для високопоставленого тестя. Інший не просто так захопився футболом. Третій цілком навмисне вийшов в інформаційну площину і став основним ньюзмейкером.

Винятки є, але зазвичай дрібні й поодинокі.

4. Священнослужитель або глава секти

Напевно, найдавніші представники вірусмейкерства. Їхнє ремесло розвивалося й удосконалювалося століттями. Вони вміло освоювали всі ефективні новації, імплементували їх у рекрутинг та утримання своїх адептів. Вибудовували ефективні бізнес-піраміди і медійні імперії навколо них.

Вони досконало володіють психологічними прийомами, а також уміють передавати ці знання, навчаючи свій менеджмент, який і становить кістяк їхніх пірамід.

Звісно, представники старих церков на порядок відстали від представників нових, але від цього суть не особливо змінюється. У всіх них максимально проста мотивація — особисте збагачення під прикриттям легенди святості й добра для всіх на шкоду собі.

При цьому вони мало чим поступаються політикам. Радше повністю дублюють їхні підходи і методи, однак на голову перевищують їх професійно й організаційно.

Політики і церкви завжди були союзниками і вершителями доль. Не виняток і поточний період та інформаційне поле — як новий формат ведення війни за голови людей.

Політики і церкви завжди були союзниками і вершителями доль.

Помилково вважати, що вплив церков поширюється тільки в офлайні. Так, це характерно переважно для старих церков. Проте всі нові церкви вибудовують свій вплив на онлайнових інструментах, що допомагає їм контролювати паству максимально протягом доби.

Цьому сегменту вірусмейкерів найскладніше противитися. Вони жорстко оберігають своє право на володіння умами своїх людей і, побачивши будь-яку загрозу, використовують найрадикальніші й парадоксальні методи.

Найчастіше їхній союз з іншими типами вірусмейкерів має руйнівний ефект, що ще більше посилює вірус.

Ми не говоримо про конкретні речі — ми говоримо про систему. Ясна річ, у будь-якій системі є дуже порядні і ціннісні люди. Проте цілі глобальної структури часто доволі цинічні.

 # 5. Великий бізнес

Успішний бізнес завжди досягає тієї стадії розвитку, коли звичні маркетингові методи не дають очікуваного мультиплікатора. Рано чи пізно в хід йдуть сірі та чорні методи. Вони є завжди за будь-якої ситуації, яка може спровокувати неконтрольоване інформаційне поле. Або поле, у якому можуть бути різні думки, відмінні від офіційної, вигідної корпорації. Наприклад:

— поглинання конкурента неминуче призводить до оптимізації бізнесу, а це призводить до скорочення і невдоволення;
— Coca-Cola позиціонує себе як крутий молодіжний продукт, який п'є кожен у світі, а при цьому може спричинювати діабет і/або ожиріння.

Це норма. Ніхто не може бути 100-доларовою банкнотою і всім подобатися. Навіть якщо ти ідеальний, у тебе завжди є конкурент, якому ти заважаєш, — і він буде формувати невигідну тобі думку.

Зовсім узагальнено це можна назвати конкурентними війнами. Вони спокійно лежали в площині маркетингових воєн, поки не стало зрозуміло, що в цифрову епоху або ти керуєш громадською думкою, або хтось це робить замість тебе, і результат тобі не сподобається.

У більшості випадків не обходиться без підкилимної гри, коли суспільству свідомо дають брехливі або не до кінця правдиві інструменти. Або ретельно приховують важливі блоки інформації.

Якщо політичні вірусмейкери живуть у високій динаміці і тактичному плануванні, то корпорації — переважно в середньостроковій і стратегічній перспективі.

Якщо політичні вірусмейкери живуть у високій динаміці і тактичному плануванні, то корпорації — переважно в середньостроковій і стратегічній перспективі. Меседжі, які вони використовують, мають надовго стати нормою життя і трансформувати її: у вас карієс, на щітку потрібно видавлювати багато зубної пасти, курити — модно, і багато інших знайомих вам установок.

Віруси від корпорацій акуратні і креативні. Протистояти їм вкрай складно, фактично неможливо. Утім шкода, якої вони завдають, зазвичай не менша, а то і більша порівняно з політичними.

Рецепт протидії складний — потрібно читати й аналізувати. Процес схожий на перехід з фаст-фуду до здорового способу життя — складно і довго, але можливо.

В інформаційному полі вони є частиною, яка збільшує інформаційний шум і тим самим руйнує імунітет.

Окремо стоять лобісти, які працюють на межі політики і бізнесу. Зазвичай вони застосовують усі методи перших двох сегментів.

 # 6. Цифрова корпорація

Це — Facebook, Google, Amazon тощо. Протистояти їм найскладніше, адже свої віруси і маніпуляції вони закладають у саму суть продукту.

Усі вони декларують високі місії, тихо заробляючи на продажу даних. Вони влаштували гонитву — хто акумулює більше даних. Усе це подають у дуже привабливій упаковці: візьміть те, що вам дуже потрібно, а натомість ми нічого не просимо. У цій грі ми навіть не пішки.

Тим часом будь-яка наша дія на будь-якому ґаджеті, особливо в онлайні, ретельно записується, аналізується, алгоритмізується і прогнозується. На підставі цього стає зрозуміло, кому ці дані потрібні і що з них можна витягнути.

Це окрема й дуже велика тема, на яку написано багато книг, знято блогів і зламано списів. Та впливати на це ми можемо вкрай мало. У такому разі важливо радше не робити дурниць і не погіршувати своє і без того невигідне становище, спрощуючи посередникам доступ до своїх даних. Хрестоматійний приклад з Cambridge Analytica — за проходження простеньких тестів у Facebook ми віддали купу даних.

Звісно, хакери не стоять на місці. Як і не скасовувався людський чинник у написанні коду самих корпорацій. Саме тому даркнет рясніє пулами персональних даних, які простим або складним способом потрапили до хакерів. Це реалії цифрової епохи. Це наріжний камінь усіх вірусів споживчого ринку, який починають активно застосовувати вірусмейкери. Їхня ефективність колосальна, оскільки будується на глибокій персоналізації.

Що робити? Розуміти можливі наслідки і думати, перш ніж натискати чергову кнопочку «прийняти». Розуміти, що коли ви купуєте собі капелюх, а через день турботливий Ebay шле вам лист з пропозицією купити турпутівку, парео і купальник, то це не диво, а результат обробки ваших персональних даних. Що більший асортимент запропонованих товарів і що більше вони стають вашою потребою, то більше даних ви віддали, тож вони вирушили жити своїм життям і стали доступні всім.

Рішення у такому разі подвійне: централізоване законодавче — усе до цього йде; і освітнє — ви можете уникнути безглуздих випадків, коли ви самі віддаєте свої ж дані.

 # 7. Продавець повітря, або продавець надії

Вплив цього сегмента — один із найруйнівніших. Що в глибшій депресії опиняється суспільство, то більший запит на швидкі рішення і ширший цей сегмент. Він дуже численний і жодним чином не координований. З огляду на це він продукує мільярди брехливих і прикрашених меседжів, досить професійно упаковує їх у правильну обгортку і доносить до аудиторії. Він шкодить тим, що сіє хаос і руйнує надії. А отже, посилює депресію, спрощує смисли і отупляє, підсилюючи інформаційний шум.

Рецепт у цьому разі найскладніший, але один. Потрібно запам'ятати просте правило: ЧАРІВНИХ ТАБЛЕТОК НЕМАЄ. Якщо раптом здається, що є, — то теж немає. І коли дуже потрібно і дуже на них схоже — теж немає. І коли здається, що сусід їх з'їв і йому допомогло, — теж немає.

Потрібно запам'ятати просте правило: ЧАРІВНИХ ТАБЛЕТОК НЕМАЄ.

Це аксіома. На якомусь з етапів вас просто обманюють, з вас викачують гроші. Вам не допомагають, а ще більше шкодять.

Окремо зазначу про пул **інфобізнесменів**, які теж суттєво впливають на інформаційне поле.

Інфобізнес почав активно проявлятися в інформаційному просторі з початку 2010-х років, коли виникли хороші передумови:

— безкоштовний канал комунікації — вони перші зрозуміли, що кожен володіє своїм медіахолдингом;
— запит суспільства на нові знання, які неможливо перевірити і помацати;
— переважання картинки над сенсом;
— «успішний успіх».

Одними з перших цей напрямок освоїли тренери і коучі. Вони вже й так працювали на ринку послуг і відчували потребу в масштабуванні. Утім в інтернеті все має бути просто і для масової аудиторії. Тож їхні теми стали попсові, суть спростили, методики підігнали під онлайн-формат.

Запит суспільства на чарівну таблетку був великий. Перші продукти розлетілися, як гарячі пиріжки, сформували перші кейси успішності інфобізнесу і стимулювали прихід в нього всіх, хто надавав такі послуги.

Потрібно відзначити, що криза 2008 року викинула на ринок багато білих комірців, які шукали себе. Відвідавши два-три трансформаційні тренінги, вони теж рвонули на ринок тренерства, коучингу, психології, бізнес-тренінгу, консалтингу. Інтернет був для них чарівним способом отримання клієнтів і тиражування своєї експертизи. Звісно, їхні й без того неглибокі знання піддавалися спрощенню — і народжувалися зовсім вже чарівні пігулки.

Усе це сформувало великий запит на просування інфобізнесу в інтернеті і суміжних галузях: копірайтинг, відео, дизайн тощо. Це розширило ареал ураження, збору аудиторії і перевело галузь на новий рівень.

Успішність залежала не лише від неймінгу і простоти подачі, а й від особистості самого інфобізнесмена. Це збіглося з початком буму соціальних мереж і зумовило клонування «успішного успіху». Двадцятип'ятирічні «успішні бізнесмени» викладали філософські пости зі своїм фото в Ferrari і говорили, що всього цього досягли за один рік і можуть навчити цьому кожного.

Це спричинило появу безлічі *продавців повітря*. За допомогою заїждженого патерна вони одурманювали й одурманюють маси, яким дуже потрібно стати успішними, вирватися з рутини, заробити гроші. Їхні прийоми прості: легенда «як я зробив себе сам»; хороші фото; якісні тексти та відео; чітке відстеження настрою — що «піпл хаває»; уміння збільшувати і залучати аудиторію. А їхніми інструментами монетизації є вебінари, тренінги, коуч-сесії тощо. Останніми роками цей перелік поповнили великі офлайн-івенти.

Прийоми *продавців повітря* прості: легенда «як я зробив себе сам»; хороші фото; якісні тексти та відео; чітке відстеження настрою — що «піпл хаває»; уміння збільшувати і залучати аудиторію.

Звісно, на ринку інфобізнесу є й реальні фахівці, а не тільки пройдисвіти. Однак питома маса хибно-компетентних спеціалістів така велика, що це позначається на всіх, хто працює на цьому ринку. «Не подумай, я не інфобізнесмен якийсь» — цю фразу нині часто вживають під час першого знайомства з багатьма представниками сфери послуг.

Вагомий напрямок в інфобізнесі, що потужно впливає на інфікування вірусами і на руйнування імунітету, — **псевдопсихологи**. Це дуже широке поняття, і розмах їхньої спеціалізації величезний — від просто психологів-аматорів до чарівників, відьом, екстрасенсів. У цьому разі діє просте правило: що більше насущних проблем у людей, то дужче множиться і процвітає індустрія лікарів душ і провісників доль. Одразу зауважу, що в цій сфері теж є професіонали, але їх одиниці, а ринок налічує сотні тисяч.

В аналогову еру псевдопсихологи не брали участі в інфополі, фокусуючись на сарафанному радіо та індивідуальній роботі. Утім інтернет дав їм доступ до кожної людини. Величезний попит сформував величезну пропозицію, а канали інформації цим скористалися і взялися його задовольняти. Згадайте, приміром, кількість сезонів «Шоу екстрасенсів» і його рейтинги.

У цифрову еру вони освоїли інструменти інфобізнесу і стали тиражувати свої «таблетки». Найуспішніші відкривають свої школи і вибудовують повноцінні інформаційні піраміди.

Внесок псевдопсихологів у вірусмейкерство простий: вони підживлюють середовище, отупляють мозок і, посилюючи депресію, дають помилкові надії.

Внесок псевдопсихологів у вірусмейкерство простий: вони підживлюють середовище, отупляють мозок і, посилюючи депресію, дають помилкові надії. Так, вони не ЗМІ. Та їхній вплив на інформаційне поле дуже потужний і співмірний із засобами масової інформації.

8. Створю свій бренд і монетизуватиму його

В Укрнеті працює близько 100 000 лідерів громадської думки. Тільки 10 000 реально впливають на інформаційне поле. З них не більше 3000 — суспільно-політичні.

Лідери громадської думки беруть свій початок з перших років розвитку блогінгу — тобто з нульових. Проте як інститут вони почали формуватися з моменту монетизації свого впливу — починаючи з 2010-х.

Першими їх для інфікування почали використовувати політики. Лідери громадської думки підкріплювали думки спікерів, тематика підтримки залежала від їхньої спеціалізації.

У перших лідерів громадської думки поєднувалися і професіоналізм, і вміння писати/говорити так, як потрібно замовнику і як почує аудиторія. З огляду на це і на той факт, що суспільство прагло орієнтуватися в інформпросторі, вони мали великий успіх. Утім кількість їх сягала десятків.

Дефіцит почали доповнювати «перші, хто зорієнтувався». До початку 2010-х на ринок вже почали стікатися експерти, у яких ключовою компетенцією було говорити зрозумілою для аудиторії мовою. Професіоналізму бракувало, його компенсували темники.

Як наслідок, дуже швидко стало зрозуміло, хто чий. Джерела стали «фарбуватися». У цьому разі вони й нівелювали би своє існування в інформаційному полі, якби не події 2013–2015 рр. Тоді їхні ряди поповнили представники громадянського суспільства — активні учасники війни, волонтери та інші. Це розбавило ситуацію, та й «забарвлення» у всіх було плюс-мінус одне.

Новий виток роботи з цим сегментом дала попередня українська влада, яка першою сформувала широкий пул постійно діючих лідерів громадської думки, які працювали за темниками. Це дало поштовх ринку консолідуватися в пули і довгостроково працювати з одним або кількома замовниками. При цьому приклад швидкої популярності блогерів на революції і війні стимулював багатьох молодих і/або старожилів цієї професії стати експертами у всьому.

До 2016 року інформаційне поле чітко формувалося зверху вниз. Спікери/експерти вкидали інформацію, далі вона тиражувалася і масштабувалася. Вони ж виконували функцію флагманів, працюючи за сценарієм захисту. Проте як учасники багатьох скандалів і з огляду на незграбність їхньої роботи (наприклад, шаблонність текстів), багато хто з них дискредитував і себе, і загалом інститут лідерів громадської думки.

До 2016 року інформаційне поле чітко формувалося зверху вниз. Спікери/експерти вкидали інформацію, далі вона тиражувалася і масштабувалася.

Наразі суспільно-політичні лідери громадської думки перебувають у періоді трансформації:

— мультиканальної;
— уваги до контенту;
— у середньому два формати — текст і відео;
— поглиблення реальної експертизи та фокусування на окремих темах.

 # 9. Зальотні

Мабуть, це найпоширеніший і один із найшкідливіших сегментів. Їхня суть проста — помста. Боротьба з конкурентами, колишніми коханцями, дружинами, чоловіками, партнерами. Цей список можна продовжувати безкінечно.

Як я вже неодноразово говорила, поріг входу на ринок інформаційних вірусів зараз украй низький. Кожен, у кого є 1000 доларів, а чи й менше, може зіпсувати життя іншому.

Цей сегмент продукує комічні, непрофесійні, неефективні віруси. Проте їх дуже багато, і вони завалюють інформаційний простір, посилюють інформаційний шум і тиснуть на імунітет. Боротися з ними вкрай важко. Як в анекдоті: «Який ворог найнебезпечніший? — Дурень. Його дії неможливо передбачити».

3.3. ХТО СТВОРЮЄ ІНФОРМАЦІЙНІ ВІРУСИ

Ринок Підрядників дуже неоднорідний і неструктурований, та найголовніше — немає стандартів. Цей ринок значимо відрізняється від рекламного.

Найорганізованіша частина ринку — класичні піар-агентства. Більшість з них вже адаптувалася до цифрової ери, взявши на озброєння всі інструменти. Однак і в них метрики і KPI тільки в процесі вироблення. Їхніми послугами користується переважно бізнес. З вірусмейкерами їм складно знаходити спільну мову — з кейсами глибокого кризового характеру «на вчора» не хочуть або не можуть зв'язуватися.

Частково задіяні в інформаційних вірусах класичні діджитал-агентства. Вони проводять рекламні кампанії для вірусмейкерів, але жодним чином не впливають на контент, працюючи тільки інструментами. Для них ці проекти радше виняток, ніж правило.

При цьому SMM-агентства повністю модифікувалися для ринку вірусмейкерів і є їхнім окремим сегментом.

Решта ринку сформувалася саме під вірусмейкерів і орієнтована на обслуговування їхніх специфічних завдань. Загалом можна виділити шість великих блоків.

Блок # 1: Консультанти

Стратеги, технологи, політологи, аналітики та інші індивідуальні чи групи фахівців, які надають інтелектуальні послуги. Власне, вони і є ідеологами суті та схеми вірусу.

Не потрібно плутати цей сегмент з «головами, що говорять» — лідерами громадської думки, які ходять від одного ефіру до іншого ефіру. Хоча консультанти теж з'являються в ефірах, проте у них все ж тіньова спеціалізація, а публічність — радше виняток.

Блок # 2: Результатоголіки

Блок робочих конячок, які, власне, і реалізують більшу частину всього, що задумали стратеги.

1) **Медіакілери** — це гіпертрофована форма лідерів громадської думки чи комунікаційників, які спеціалізуються тільки на знищенні конкретного об'єкта. Вони продукують скандальний і регулярний контент, який підкріплюють зливами і «розслідуваннями». Дуже емоційні і говорять максимально простими словами. Часто мімікрують і позиціонують себе як журналісти, хоча зазвичай ними не є. Харизма, системність і скандальний контент дають їм змогу збирати велику аудиторію і залучати її в кожне повідомлення. Багато хто з них по праву конкурують з основними ЗМІ.

2) **Інструменталісти** — найширший за спеціалізацією сегмент. У ньому зосереджені агентства і групи, які вузько спеціалізуються на одному-двох інструментах і надають тільки їх. Проте їхня робота складна і слабо копіюється іншими представниками ринку. Основні інструменти:

   - Ботруми — володіють і управляють віртуальними акаунтами різної якості. Зазвичай мають автоматичний інструментарій з управління акаунтами: постинг, прокачування (ведення сторінки бота), коментування, лайкінг тощо. Також надають послуги віртуальних лідерів громадської думки.
   - Бан акаунтів у соціальних мережах.
   - SEO — формують потрібну видачу в пошукових системах та інших каналах по всіх об'єктах маніпуляції.
   - Накрутки всіляких петицій і онлайн-голосувань, які продукують ЗМІ або соцмережі. Зазвичай це поодинокі фахівці або групи сірих айтішників, які розробляють спеціальний софт і ним же керують. Часто їхня робота ґрунтується на злитих в онлайн базах персональних даних: телефонах, паспортах, адресах тощо.

Блок # 3: «Дослідження і рейтинги»

Цей блок виділився з класичних дослідницьких компаній. Маніпуляція рейтингом і/або дослідженнями — одна з найпоширеніших. Існує безліч прямих і непрямих способів, як спотворити і подати в потрібному світлі справжні дослідження.

Шановані компанії на це або не йдуть зовсім, або йдуть частково і в дуже рідкісних випадках. Цей дефіцит перекривається безіменними дослідницькими компаніями, які на постійній основі або під конкретне замовлення роблять потрібні звіти. Ними вони діляться із найрізноманітнішими засобами масової інформації та їх же відстоюють як експерти на ефірах, у соцмережах тощо.

Texty.org.ua створили і ведуть базу псевдосоціологів.

Блок # 4: «Джинсовики»

Посередники, які розміщують потрібні матеріали у всіх видах засобів масової інформації. При цьому матеріал розміщують як редакційний, тобто без плашки «реклама/PR». Зазвичай джинсовики працюють як посередники з пулами лідерів громадської думки і представляють їхні інтереси перед кінцевим Замовником.

Бізнес-модель у них проста й перевірена часом: купити дешевше — продати дорожче. Хоча на ринку є орієнтовні правила й ціни на кожен вид рекламоносія, та це не заважає новачкам від них відхилятися.

Бізнес-модель у них проста й перевірена часом: купити дешевше — продати дорожче.

У цього сегмента досить вузька спеціалізація, але широкі зв'язки з усіма іншими сегментами. Це часто дає змогу працювати як комплексному агентству, тобто бути посередником для інших підрядників.

Texty.org.ua створили і ведуть базу псевдосоціологів.

Варто зазначити, що ця сфера повністю будується на довірі. Це один з основних чинників, що гальмує її розвиток, бо конкуренція дуже умовна. Зазвичай більше заробляє не той, хто професійніший, а той, у кого довірливіші відносини із Замовником. І вже, звісно, ні про які відкриті тендери йтися не може. А якщо їх і проводять, то тільки для ширми, і то держоргани.

Блок # 5: «Журналісти»

Український журналістський ринок дуже специфічний і дуже розшарований. Загальний рівень української журналістики вкрай низький. Це результат вихолощення професії. Профільних і досвідчених фахівців в окремих галузях можна полічити на пальцях руки. Основна ж маса — украй поверхова, політизована і «жовта».

Велика частина ринку — це сірі та чорні журналісти, які спеціалізуються на джинсі. Їхній внесок у руйнування інформаційного імунітету і запуск вірусів складно переоцінити.

РЕМАРКА

Цитата з резюме журналіста; мову, лексику й орфографію автора збережено. Це типовий, але зовсім не повний перелік функцій, які виконують чорні й сірі журналісти:
«Имеются способности писать в жанре черного пиара. [...] Разрабатывал положительные и отрицательные образы для публичных персон под заказ и еще: критиковал неоправданный пафос и псевдо-гламур, а также лже-кумиров созданных искусственным путем, т. е., раскрученных масс-медиа; выбирал наиболее расположенную к манипуляции с сознанием целевую аудиторию для агитации и пропаганды, мониторил соответствующие для этого СМИ, соц.сети; готовился и проводил интервью. Внедрялся в доверие к оппоненту, провоцировал агрессию или другую реакцию, в зависимости от ситуации [...]»

(За матеріалами Детектор Медіа)

Блок # 6: «Хапуги»

Саме «кумівство» і зумовлює те, що на ринку Підрядників особливо багато непрофесіоналів або й відвертих новачків-дилетантів. Часто це ще й посилює непрофесіоналізм самого Замовника. Він може не розуміти, як це робиться, але думає, що все дуже просто й легко. Як наслідок, навіть складні технічні блоки (наприклад, ботрум або моніторинг інфополя) він віддає секретарю або студентам-фрилансерам.

Джерело: Детектор Медіа

У цьому є один важливий плюс: такі дилетантські дії не впливають суттєво на інформаційне поле, проте зменшують фінансові ресурси у Замовника. Отож з погляду громадськості цей блок підрядників — «святі люди».

Можна виділити три основні типи хапуг:

1) вже згадувані студенти без профільного досвіду й секретарі — у прямому розумінні цього слова;

2) теоретики з 1990-х — уміють красиво говорити, але ні розуміння специфіки цифрової епохи, ні тим паче прикладних кейсів у них нема; часто є посередниками;

3) новачки, які зрозуміли, що є перспектива, і з запалом про це розповідають, але також не мають ні прикладних знань, ні досвіду; тобто від попереднього сегмента відрізняються тільки більш свіжим поглядом і модним сленгом.

Варто виокремити **блок моніторингових та аналітичних програм,** які є окремим інструментом для кожного блоку підрядників. Як я писала раніше, вони орієнтовані на те, щоб збирати, структурувати й акумулювати інформацію про всі складові інформаційного поля. Це один із сегментів, який не встигає розвиватися під запити індустрії, але у якого великий потенціал. Потрібно відзначити, що ці програми застосовує увесь ринок: і рекламний, і маніпулятори.

Також окремий блок — це **«виробники контенту»**: райтери, дизайнери, оператори, монтажери та ін. Зазвичай їхня кваліфікація на порядок нижча, ніж тих, хто працює на рекламному ринку. Це зумовлено «лінійністю роботи» — їм ставиться чітке і вузьке завдання, від якого краще не відхилятися, інакше замовник не зрозуміє. Завдання ставлять стратеги/технологи, вони ж приймають роботу і несуть кінцевому замовнику. Тобто тут не особливо покреативиш.

Ринок об'єднує конфіденційність. Діє правило: є що пригадати, але немає чого розповісти дітям. Це окремий світ, виходячи за межі якого, ти все починаєш спочатку, оскільки договори конфіденційності нівелюють увесь твій попередній досвід.

Ринок об'єднує конфіденційність. Діє правило: є що пригадати, але немає чого розповісти дітям.

Є на цьому ринку й хороша новина — його професійний рівень низький. У нього приходять заробити гроші, а не будувати кар'єру. На ньому немає ідейних людей, які вкладаються в стандарти, навчання Замовників та інші елементи цивілізованого ринку. Навіть ті, хто працює десятиліттями, працюють як останній день. Дуже часто, пропрацювавши кілька років і налагодивши зв'язки, люди йдуть у політику.

3.4. СКІЛЬКИ КОШТУЄ СТВОРИТИ ІНФОРМАЦІЙНИЙ ВІРУС

Для початку з'ясуймо, які завдання спонукають вірусмейкера до створення вірусу. Нижче я в довільній послідовності перелічу основні.

 # 1. Сформувати запит суспільства на потрібне замовнику рішення. Тобто вирішити завдання руками людей. Зазвичай для цього людей заводять у якийсь глухий кут, показують його жахіття і на цьому тлі дають людям рішення, яке потрібне Замовнику. Будь-які рішення, які бодай трохи відрізнятимуться від жахливого, люди підтримають.

Часто людям дають один варіант, позиціонуючи його як єдино можливий. Його наслідки для суспільства неприпустимі, тож воно його відторгає, навіть розуміючи жахіття ситуації. Тоді це рішення просто переносять у майбутнє. Набагато простіше погодитися на будь-які жертви в майбутньому, ніж сьогодні. По-перше, тому що це не відбудеться негайно. По-друге, тому, що народ загалом завжди схильний плекати наївні надії на те, що завтра все зміниться на краще. Що тих жертв, яких від нього вимагають, удасться уникнути.

Це надає людям більше часу для того, щоб звикнути до думки про зміни і смиренно прийняти їх, коли настане час. Саме під таке завдання виникла горезвісна «Формула Штайнмаєра» — як інструмент урегулювання конфлікту на Сході країни.

 # 2. Підготувати аудиторію до чогось правильним чином. Напередодні вкидання вірусу в інфополе починає з'являтися інформація, яка актуалізує проблематику і підводить до потрібного Замовнику рішення — суті вірусу. Мій улюблений приклад — старт виборчої кампанії Володимира Зеленського в листопаді 2018 року. Під виглядом реклами нового сезону серіалу «Слуга народу» популяризували платформу кампанії «Президент — слуга народу».

Часто одразу ж зливають очевидний компромат на Замовника — той, який зіллють насамперед, щойно виникне вірус, і опоненти почнуть від нього відбиватися. Тобто робиться все для того, щоб, коли виникне вірус, аудиторія його сприйняла так, як треба, а опоненти були роззброєні.

 # 3. Відвести увагу, змістити акцент. Коли вірус запущений, але дії опонентів і/або кон'юнктури інформаційного поля ворожі, піднімається буча зовсім в іншій стороні. Вона має бути максимально клейкою і гучною, аби досягти щонайбільшого залучення аудиторії, яка заважає поширенню вірусу. Тут прикладів безліч. Один з них — інформаційний скандал з «мастурбацією» депутата Іллі Ківи у Верховній Раді під час бурхливого обговорення формули Штайнмаєра. Щоправда, часто про цю обов'язкову умову забувають. Отож паралельну бучу хоч і піднято, проте в неї залучено зовсім іншу аудиторію. Як наслідок, паралельно діють два інформаційні поля і відсоток нівелювання мінімальний.

 # 4. Створити імітацію підтримки. Одне з найпоширеніших завдань. Вірус запускають зі слабкою аргументацією, і/або ця аргументація суперечить думці й бажанню цільової аудиторії. Для подальшого розвитку й аргументації потрібно створити підтримку в суспільстві. У цьому разі все вирішує масовість. Причому традиційно на реальні аудиторії ніхто не зважає. Головне — більше каналів залучити і більше репостів, лайків, коментарів.

 # 5. Сформувати першу думку. Тобто якнайширше донести свою думку про комплексну проблематику, у якій прогнозується багато різних векторів дискусії. Тут важливо не просто бути першим і всеохопним, а й правильно наводити свої аргументи, роблячи чіткі акценти. Застосовують ледь не в кожній кампанії. Проте хибить тією самою проблемою — цифри замість якості.

6. **Вкинути альтернативну думку**. Коли дискусія пішла в іншому форматі і/або її потрібно розгойдати / створити новий фронт.

7. **Відстояти певну думку**. Інакше кажучи, протокол захисту, коли маєш відбивати напади, наводячи контраргументи. Неймовірно бездарні кампанії. Бо воювати потрібно креативом, а не кількістю, що завжди переважає якість.

Тепер розгляньмо процес створення вірусу, точніше його початок — взаємодію Замовника і Підрядника. Процес створення інформаційного вірусу й бульбашки може бути дуже різним. Нижче я опишу два:

- *типовий процес* — найпоширеніший, але він радше плодить інформаційне сміття, ніж змінює мислення і поведінку людей;
- *професійний процес* — рідкісний вірус, від нього є реальна і довгострокова шкода.

Одразу зауважу: усі, хто стикався зі створенням і проведенням рекламних кампаній у бізнесі, побачать у цих процесах багато аналогій. Це справді так.

ТИПОВИЙ ПРОЦЕС

Є влучна приказка: «Який бріф, такий і креатив» — від того, як поставлено завдання, здебільшого залежить і результат самої дії.

У типовому процесі все «йде не так» саме з бріфа.

Замовник зустрічається з особою, якій він доручає питання створення і запуску вірусу. Це можуть бути абсолютно різні люди — від особистого адвоката чи політтехнолога до секретаря. Усе залежить від типу Замовника і складності питання. Варто зазначити: навіть якщо у Замовника є штатна піарслужба, формування інформаційних вірусів (тобто не білого і пухнастого контенту) пройде повз них. Віруси і піар здебільшого розводять по різні боки — і щодо людей, і щодо грошей. Утім, як і все на цьому ринку, це не системне правило, а просто найпоширеніше.

Отож зазвичай обговорювати завдання Замовник починає з людиною, яка не є професійним комунікатором і знає про те, як формується інфополе, тільки зі слів інших, минулих кейсів або взагалі з того, що сам читає в ЗМІ. Результатом такого обговорення і подальших завдань для Підрядника здебільшого є:

— або емоційні меседжі;
— або «зробіть те, не знаю що, але щоб все стало добре»;
— або гучні слова, які потрібно донести, але при цьому всі факти свідчать про інше.

Замовник формує завдання, орієнтуючись переважно на свої емоційні бажання.

Інакше кажучи, Замовник формує завдання, орієнтуючись переважно на свої емоційні бажання. Вони не підкріплені фактами і будь-якими іншими елементами, які давали б Підряднику змогу, виконуючи завдання, ґрунтуватися на чомусь реальному.

Як я вже наголошувала, основний критерій вибору Підрядника — довіра. Тобто за нього хтось має поручитися. Підрядник отримує перелік емоційних «хотілок», без жодної конкретики і з запевненням, що все сказане — правда, яка має взяти гору.

Насамперед після отримання «хотілок» Підрядник моніторить інфополе. Він збирає інформацію, щоб зрозуміти, як все є насправді й на скільки відсотків «правда» Замовника є такою. Здебільшого відсоток правди наближається до нуля.

Перед Підрядником постає завдання: переконати цільову аудиторію в тому, що брехня (або напівбрехня) — це і є правда.

Отож перед Підрядником постає завдання: переконати цільову аудиторію в тому, що брехня (або напівбрехня) — це і є правда. І зробити це потрібно так, щоб ніхто не запідозрив Замовника в тому, що це його робота. Для цього прописують комплексний план дій з продукування вірусу:

— розробка ідеї вірусу;
— продакшн контенту;

- найманння експертів, лідерів громадської думки, які завдяки своєму авторитету переконуватимуть аудиторію і поширюватимуть вірус;
- оплата публікацій у ЗМІ;
- поширення інформації через ботрум і рекламу;
- протокол захисту позиції Замовника;
- моніторинг інформаційного поля.

Зазвичай на виконання такого завдання Підрядник виставляє термін два-чотири тижні, бюджет — не менше 5000 доларів. І це все з розрахунком на те, що вірус буде максимально органічним, тобто без прямолінійних наїздів, підтверджений фактами, документами, інформацією в авторитетних джерелах тощо. Підрядник сподівається, що вірус запуститься, а люди повірять і самі почнуть його тиражувати. Усе логічно і зорієнтовано на конкретний результат.

Такий прописаний план дій несуть на затвердження Замовнику. І той ріже його за трьома основними векторами:

- меседжі недостатньо жорсткі, потрібно все транслювати пряміше і без документів, фактів (бо їх немає);
- бюджет зменшують удвічі — значить, жодних авторитетних ЗМІ, лише помийки і другосортні;
- терміни стискають — на все про все дають максимум п'ять днів.

Звісно, за таких умов Підрядник не може виконати завдання якісно. Тобто він розуміє, що результату не буде. Тож одразу вмикає режим «як завжди»:

- аналізує, по чому клієнт буде рахувати, що результат є, — здебільшого це кількісні показники лайків, посилань, переглядів тощо;
- демонструє бурхливу діяльність, економлячи на всьому, на чому можна заощадити: дешеві райтери, дизайнери, лідери громадської думки, ЗМІ тощо. Однак при цьому купує накрутку всіх показників, на які буде дивитися Замовник.

У результаті:

— Замовник задоволений: він отримав те, що хотів, — жорсткі тексти з великою кількістю лайків і переглядів;
— Підрядник задоволений: він без надзусиль зробив те, що задовольнило Замовника;
— в інформаційному полі завис ще один мертвий вірус.

Таких проектів переважна більшість. Вони плодяться сотнями за день і формують вірусне сміття, яке акумулюється і сиплеться на невеликі аудиторії. Звісно, якби всі учасники були професійніші й сумлінніші, ми б мали ще страшнішу картину, ніж наразі. Однак і те, що існує нині, — катастрофічно.

Є й інші віруси — ті, що реально працюють. Причин цьому дві. Або команда професіоналів отримала карт-бланш і бюджет. Або вкинутий вірус увійшов в синергію з інформаційним полем, і його «винесло в органіку», тобто люди підхопили його без додаткових зусиль з розкрутки, або він потрапив у чужу медіакарту (коли меседж почав розкручувати інший Підрядник).

Медіакарта — добірка меседжів і посилань, які поширюють задля запуску потрібного інформаційного вірусу.

РЕМАРКА

Найпоширеніший випадок — це потрапляння в чужу медіакарту. Річ у тім, що щільність запуску вірусів дуже висока. Тому існує велика ймовірність того, що в інформаційному просторі щодо потрібних для виконання замовлення меседжів уже є інформація потрібної тональності. Дуже рідко це органіка (спродукували прості люди), зазвичай — робота іншого вірусмейкера. Часто той самий матеріал розкручують для формування різних інформаційних вірусів.

ПРОФЕСІЙНИЙ ПРОЦЕС

Тепер детально розгляньмо професійний підхід до запуску вірусу. Таких небагато, але вони визначають наш порядок денний.

Початок процесу такий самий: нечіткі завдання, емоційні меседжі, немає документів і фактів. Утім команду беруть професійну, їй дають необхідний бюджет і час.

Команда також аналізує завдання та інформаційне поле. А потім розробляє план зі створення фактів і доказів, потрібних для формування і вкидання вірусу на умовах абсолютної органічності.

У процесі формування фактажу є обмеження, означені лише бюджетом і часом. Тож застосовують геть усе:

— фальсифікацію документів, фото, відео;
— збирання компромату через покупку інформації, стеження;
— підтасування фактів і видання їх за журналістське розслідування;
— вигадування віртуальних героїв і їхньої цілком реальної біографії;
— і багато іншого.

РЕМАРКА

Ви, мабуть, дивилися хрестоматійний фільм «Хвіст виляє собакою». Це аналогова версія того, що можна створити для реалістичності інформаційного вірусу. Для тих, хто не дивився,— дуже рекомендую. А поки коротко про суть.

У США наближаються президентські вибори, а чинного президента звинувачують у сексуальних домаганнях. Опитування громадської думки свідчать, що популярність президента стрімко падає. Команді глави держави треба терміново діяти, щоб відвернути увагу громадськості від адюльтеру в Білому домі. Потрібно виграти лише кілька днів, і радник президента Конрад Брін вирішує попросити допомоги професіонала — кінопродюсера Стенлі Мотса.

Швидко придумують загрозу албанської терористичної групи, якої насправді не існує. Таким чином обґрунтовують необхідність залучення США у війну. Мотсу в загальних рисах пояснюють, яке уявлення про події потрібно сформувати у звичайного американського громадянина. Далі той розігрує все, мов по нотах. Знімають постановочні патріотичні військові ролики, псевдоінтерв'ю і навіть пісні про солдатів вигаданої війни. Для протистояння терористичній загрозі албанського уряду американський президент стягує авіаугруповання; імітують висадку в Албанію американських диверсантів, одного з яких нібито захоплюють у полон.

Так, у цифрову еру створити можна значно більше, коштує це значно менше, а кейси минулих перемог і поразок з усього світу — значно доступніші. Одним словом, вже не потрібно бути генієм кінематографа, щоб створити ефективний вірус і запустити його. А з розвитком deepfake все буде ще веселіше.

Після появи рукотворного фактажу розробляють стратегію його органічного вкидання в інформаційний простір. Для цього використовують:

— зливи журналістам;
— пости від простих людей, які свідомо чи несвідомо їх пишуть;
— псевдодослідження і рейтинги;
— виступи авторитетних гуру, експертів;
— псевдопублічне обговорення.

Усе це обов'язково загорнуте в красиву і продуману словесну упаковку. Струнко, емоційно, психологічно. Тобто за людину все «прожують і допоможуть проковтнути».

Така кампанія зазвичай багаторівнева: паралельно відбувається вкидання, розкрутка, захист, напад на опонентів. А раптом реакція людей піде не туди — зі схову дістануть «перемикачі уваги». Тобто поширення вірусу і його результативність контролюють на всіх етапах. І завжди є запасний варіант.

Часто такі кампанії проводять на базі комплексного інструментарію. Не просто задіяна мультиканальна кампанія в ЗМІ і соцмережах, а й є продуманий офлайн: мітинги, петиції, листи, журналісти, які тролять жертву в публічних місцях, і багато іншого.

Усе виглядає органічно. Ніхто не здогадується, що це інформаційний вірус. Замовник отримує свій результат. У цьому разі є ще один важливий момент — професійні віруси живуть довго і в процесі свого життя обростають новими деталями, змінюють Замовника і цілі — мутують у всіх сенсах.

РЕМАРКА

Щоб визначити, який перед вами вірус — типовий чи професійний, є простий тест. Запитайте себе: «Це вірус?». При цьому орієнтуйтеся тільки на зміст. Якщо ваша відповідь буде: «Це вірус» або «Можливо, це вірус», — значить, це точно перший тип.
Зіткнувшись із професійним вірусом, людина не зрозуміє, що нею маніпулюють. Єдине слабке місце — це інструментальний

слід. Хоч яким буде креатив і сфабрикований фактаж, поширюватися вони будуть по тому самому кінцевому переліку інструментів. Сліди цього приховати складно.

Тепер ви точно захочете прикладів. Зачекайте зовсім трохи. У наступному розділі я типологізую всі основні віруси і проілюструю їх прикладами. А поки порозмовляймо про фінансове питання.

Розробити і запустити інформаційний вірус можна за дуже різні гроші. Для загального розуміння співвідношення ціна–якість змоделюю, що можна зробити за 1000, 10 000, 50 000, 100 000 доларів.

1000 доларів — це зона типових мертвонароджених вірусів

Завдання: переважно доскладове — вкинути інформацію, покошмарити окрему людину або компанію. Проте зовсім непрофесійні Замовники можуть ставити і комплексні завдання: «знищити репутацію», «відбілити репутацію», «відбитися від інформаційної атаки» тощо.

Період: один–три дні.

Приблизна конфігурація вірусу:

- з таким бюджетом не заморочуються з особливим креативом і продакшном;
- виконавець є і креатором, і розповсюджувачем;
- придумують матеріал для вкидання — ідею; здебільшого вона не підкріплена особливим фактажем, документами;
- вибирають точку вкидання і спосіб розкрутки;
- якщо матеріал конфліктний, обдумують ще й захист, але він буде радше символічним.

З чого переважно складатиметься кампанія:

- *варіант* #1: одна-дві новини в нормальних онлайн-ЗМІ, передрук цих новин трьома-чотирма ЗМІ калібром поменше;
- *варіант* #2: вкидання від одного-двох лідерів громадської думки, передрук двома-трьома інформаційними пабліками, лідерами громадської думки, розкрутка ботрумом і/або рекламою.

Звичайно, можуть бути і моно-кампанії — розміщення поста у топових лідерів громадської думки або статті в нормальному ЗМІ.

Що це дасть Замовнику: ілюзію кампанії:
— якщо це в Facebook, то можна прикупити дешевих лайків і проілюструвати бурхливу діяльність;
— якщо це ЗМІ, то бурхливої діяльності й зовсім не буде, утім аудиторія хоч якась та побачить.

Результат для інформаційного поля: ще один сміттєвий вірус поповнив інформаційний хаос.

Звісно, існують винятки. Наприклад, суть вірусу — «атака», а її об'єкт недосвідчений і не розуміє, що подібні кампанії не приносять йому шкоди. Він розгортає кампанію із захисту, внаслідок цього з'являється загроза мутації вірусу — шкода може стати суттєвішою.

РЕМАРКА

Мій улюблений приклад з категорії «1000-доларових вірусів» — це кейс з G.bar (жовтень 2019).
Коротка суть конфлікту: на сайтах-помийках з'явилося кілька матеріалів про те, що в G.bar сталося кілька заражень гепатитом і Держспоживслужба йде туди з перевіркою.
Звісно, усе це був вірус від початку і до кінця. Причому такий, який узагалі не шкодить нікому, крім його Замовника — вага його в інфополі та його влучання в аудиторію G.bar наближалися до нуля.
Та власниці G.bar розгорнули грамотну кампанію захисту, яка переросла в ефективну і безкоштовну PR-кампанію самого бренду. Зоряні й не дуже клієнтки написали десятки постів у соціальних мережах. Тим самим на особистому досвіді підтверджували якість роботи G.bar.
Як результат, ефект «відповіді» був у рази більшим за «напад». Не кажучи вже про джерела інформації: до поста Віри Брежнєвої на кілька порядків більше довіри, ніж до незрозумілого сайту «Головне».

10 000 доларів — тонка грань між мертвим і професійним вірусом.

Завдання: чітко зорієнтоване на конкретний результат — ввести тему в інформаційний порядок денний, змінити імідж, відбити атаку, виправити її наслідки тощо. Звичайно, не всі завдання здійсненні в межах цієї суми, але, оплачуючи її, Замовник вимагає саме таких результатів.

Період: два-три тижні.

Приблизна конфігурація вірусу:

- це вже продумана й комплексна кампанія;
- наявний креатив, але ще мінімальний продакшн;
- можуть бути документи, збір фактажу й побудова на цьому чогось на кшталт розслідування.

Загалом, цей бюджет вже дає змогу застосовувати найрізноманітніші форми — від мітингів до журналістських розслідувань, проте здебільшого обмежується одним інструментом. А вже навколо нього вибудовується інше.

З чого переважно складатиметься кампанія:

- *варіант* #1: мочити в ЗМІ і підтримувати в Facebook:
  - точкою вкидання може бути стаття або інтерв'ю в нормальному ЗМІ;
  - поширення матеріалу в новинах — п'ять-десять ЗМІ різного калібру;
  - підтримка лідерами громадської думки в Facebook — двітри людини;
  - розкрутка усіх цих матеріалів у Facebook з відбиттям атак опонентів.

- *варіант* #2: мочити в Facebook і підтримувати в ЗМІ:
  - зібрати пул з п'яти-семи хороших лідерів громадської думки і висвітлювати з їхньою допомогою тему в різних ракурсах протягом кампанії;
  - з гучних заяв лідерів громадської думки робити новини і розміщувати їх у ЗМІ середньої руки — п'ять-сім видань;
  - розкрутка всіх цих матеріалів у Facebook з відбиттям атак опонентів.

- *варіант* #3: зібрати мітинг і висвітлити його в Facebook:
  - організувати невеликий мітинг;

— взяти в учасників мітингу коментарі, а лідери громадської думки мають зробити з них новини і написати пости — загалом 10–15;
— є невеликий пул лідерів громадської думки, які висвітлюють цю тему під час усієї кампанії;
— розкрутка всіх цих матеріалів у Facebook з відбиттям атак опонентів.

Що це дасть Замовнику: об'єкт вірусу занервує, йому буде здаватися, що на нього все валиться і про це всі говорять. Проте значної шкоди не буде. Такий обсяг активності загубиться в загальному інформаційному шумі. Утім у цьому разі вже є великий шанс потрапити в чужу медіакарту і/або органіку.

Результат для інформаційного поля: таких кампаній десятки в день. Близько третини з них посилюються суміжними вірусами й істотно зростають. Саме ці кампанії вже беруть участь у руйнуванні інформаційного імунітету і зміні думки й поведінки людини.

РЕМАРКА

Зараз всі значущі віруси мають своє відображення в Facebook. Власне, помітність у Facebook і наявність обговорення або органічної реакції і є межею між мертвонародженим вірусом і ефективним вірусом.

50 000 і 100 000 доларів — професійні віруси з нескладних і, відповідно, складних завдань

Завдання: досягнення конкретної мети — не допустити призначення когось на посаду, кардинально змінити імідж когось (як в плюс, так і в мінус), відкоригувати динаміку виборчого процесу (не виграти вибори, а саме переломити хід подій) тощо.

Період: у середньому один місяць.

Приблизна конфігурація вірусу: це повноцінна комплексна кампанія — зі своїм креативом, продакшном, аналізом і всім, що потрібно для досягнення результату в короткій перспективі.

З чого переважно складатиметься кампанія: у цьому типі вірусів можуть бути десятки різних варіацій, нижче наведені найтиповіші.

- *варіант* #1: кампанію вибудовують на журналістському розслідуванні, спираючись на його результати розгортають побудову вірусу і його запуск;
- *варіант* #2: купують персонального і професійного хейтера, який регулярно зливає потрібні факти, інсайди та інше. Пресинг з його боку дуже інтенсивний. Його посилюють комплексною розкруткою інформації;
- *варіант* #3: комплексне обґрунтування своєї позиції з огляду на аналітику та вагомі експертні думки. Для цього замовляють «незалежне дослідження», збирають експертну раду чи круглий стіл, на якому «легалізують» результати дослідження. Далі, відштовхуючись від ключових висновків дослідження, переконують цільову аудиторію.

Щоб поширювати інформацію, використовують стандартний комплект для формування потрібного охоплення:

— сюжети на ТБ;
— статті в ЗМІ — аналітичні, оглядові, інтерв'ю;
— коментарі експертів у ТВ-програмах;
— новини в ЗМІ;
— робота пулу лідерів громадської думки;
— робота з пабліками і групами в соціальних мережах;
— рекламні кампанії в онлайні тощо.

Також можуть застосовувати: коригування видачі в пошукових системах, підписання петицій, блокування непотрібних акаунтів.

Що це дасть Замовнику: те, що він хотів. Звісно, є форс-мажори. Найтиповіший — поки вірус запускали, змінилася кон'юнктура інформаційного поля, тож усе потрібно переробляти.

Результат для інформаційного поля: ці віруси найтоксичніші й найруйнівніші для імунітету. Досягаючи своєї мети, вони змінюють і хід мислення, і поведінку людини. Також вони дуже живучі і тривалий період існують в інформаційному полі, постійно мутуючи.

РЕМАРКА

Є два основні чинники, що суттєво впливають на ціну, — це креатив і наявність потрібного фактажу.

Креативна ідея в правильному виконанні може досягти потрібного результату з мінімальним бюджетом. Наприклад, ролики-звернення Володимира Зеленського в листопаді 2017 року на захист серіалу «Свати» (тоді їх вирішили заборонити на ТБ). Із відео Зеленського провзаємодіяли понад 58 млн разів (за перші 2 тижні компанії) — сумарно на всіх платформах. Не кажучи вже про підняту хвилю підтримки в Facebook, у якому «Квартал-95» не мав особливої підтримки.

Так само сильну хвилю дає і вкидання фактів. Особливо, якщо вони прилітають у правильній упаковці в потрібний момент. Наприклад, Обороногейт від Bihus.info в розпал президентської кампанії — 2019.

Звісно, мікс креативу і фактажу унікальний. Він дає Замовнику величезну ефективність за символічні гроші. На щастя для нас з вами, це дуже рідкісне поєднання.

Важливо розрізняти віруси і широкомасштабні кампанії. Перші — це один ключовий меседж і його розкрутка в різних варіантах. Друге — це компіляція різних вірусів, які ґрунтуються на одній смисловій платформі (найзрозуміліший приклад — виборча кампанія).

Бюджети виборчих кампаній у місяць обчислюються сотнями тисяч доларів. Усе залежить від того, хто бере участь у перегонах і який рівень інформаційного шуму потрібно перебивати.

В реальності навколо нас циркулює безліч низькобюджетних кампаній. Здебільшого успішний вірус завжди замішаний на органічному, природному запиті від мас. Проте є безліч успішних кампаній зі штучного зміщення, перемикання уваги на другорядні теми. Створити тему зазвичай нічого не варто — її просто продукують, а всі бюджети спрямовують на введення її в інформаційний порядок денний.

3.5. ТИПОВІ ІНФОРМАЦІЙНІ ВІРУСИ

Розпізнавання інструментального патерна вірусу починається з розуміння того, які віруси взагалі можливі. Є кілька типових кейсів, які рідко використовують у чистому вигляді. Зазвичай їх комбінують або використовують фрагментарно.

Кейс — це хребет вірусу. Він обростає деталями залежно від тривалості кампанії та/або інструментів, які використовують.

Ось основні відмінні риси, побачивши які ви зможете розпізнати патерн вірусу.

 # 1. Дискредитація

- ***Типовий об'єкт***: активісти, політики-опозиціонери, громадські діячі, бізнесмени (у конкурентних війнах). Загалом, може бути будь-хто, хто обирає контроверсійну позицію, що суперечить загальній позиції можновладців.
- ***Типовий замовник***: можновладці — як в політиці, так і в бізнесі. Звісно, є винятки, і цю схему можуть застосовувати для розправи над членом своєї ж команди.
- ***Типова схема***: масове цькування. Тобто спочатку вкидають інфопривід, який часто є контроверсією позиції Об'єкта (наприклад, якщо атакують активного борця з корупцією, то проти нього зливають факт його корупції). Потім її посилюють обговореннями в різних форматах: експертні думки, засудження колег, розслідування, наведення аргументів, що це не цькування, а Об'єкт завжди таким був.
- ***Типові канали***: це мультиканальна атака, у якій задіяні всі охопні канали. Точно є ТБ, онлайн-ЗМІ, Facebook, лідери громадської думки.

✓ ***На що насамперед варто звертати увагу в разі викриття***:

— позиція самого обвинуваченого і його аргументи;

— природа масштабування інформації — чи є штучна складова (найпростіше — чи поширюється інформація в соціальних мережах).

ПРИКЛАД

Вище вже згадано кейс з цькування Сергія Лещенка. Він був народним депутатом України і традиційно обирав активну позицію, що не подобалося багатьом у політиці й бізнесі.

Суть: у вересні 2016 року з'явилася інформація, що Лещенко придбав квартиру площею 192 квадратні метри в новобудові в самому центрі Києва. Вартість такої квартири оцінено в 300 000 доларів. Квартиру не було зазначено в його декларації. Парадокс полягав у тому, що всі попередні 16 років своєї професійної діяльності як журналіст-розслідувач він боровся з корупцією.

Лещенку довелося виправдовуватися і пояснювати, що частину грошей він узяв у борг, частина його, а частина — його майбутньої дружини, відомої діджейки Анастасії Топольської.

Скандал розгорівся неабиякий. Його протримали на повістці денній увесь вересень. Опоненти донині згадують Лещенку його квартиру.

Це приклад добре спланованого, створеного і запущеного вірусу. Проте не всі віруси з дискредитації успішні. Приміром, у розпал Обороногейта (березень 2019 року) журналіста Дениса Бігуса, команда якого розслідувала корупцію в оборонній сфері, звинуватили в тісних зв'язках з Росією: брат його дружини був російським чиновником. Проте фактаж цього вірусу був надто слабкий, а момент його виникнення так прямо вказував на Замовника, що жодна масована кампанія з його розкрутки не змогла протримати його в інформаційній повістці й кількох днів.

2. Злив важливої інформації

- ***Типовий об'єкт***: без обмежень. Важливий не об'єкт, а скандальність або новизна інформації. Зазвичай цей метод використовують як доповнення до важливої і великої інформаційної події, щоб скерувати хід цієї події в потрібному напрямку.
- ***Типовий замовник***: особи, зацікавлені в коригуванні ходу подій — опоненти, конкуренти, вороги.
- ***Типова схема***: через одне-два джерела вкидають інформацію. Інфопростір її одразу підхоплює. Тут найважливіше — якість вкинутої інформації та органічність самого вкидання.
- ***Типові канали***: через відомих журналістів, видання або відомого і шанованого лідера громадської думки. Іноді інформацію вкидають через силовиків. Додаткової розкрутки вона здебільшого не потребує, бо одразу набуває ефекту інформаційної бомби. А ось спрямування меседжів і протоколу захисту — потребує. У цьому разі використовують ботрум і свій пул лідерів громадської думки, які ретранслюють потрібну позицію по всіх каналах, виступаючи «балакучими головами».

✓ ***На що насамперед варто звертати увагу в разі викриття***:

— з якими меседжами розкручують інформацію;
— кому це вигідно.

ПРИКЛАД

Найгучніший вірус останнього часу — Обороногейт.

У лютому 2019 року в розпал президентської кампанії журналісти Bihus.info випустили багатосерійне дослідження про те, як друзі Президента України (Петра Порошенка) розкрадали оборонку. Основним фігурантом був син заступника секретаря РНБО Олега Гладковського. Також у ньому фігурували сам Гладковський, керівники оборонних підприємств і правоохоронних органів.

Розслідування спиралося на анонімний лист з архівом листування фігурантів афери, який журналісти отримали восени 2018 року. Журналістська перевірка свідчила, що наведені в листуванні факти відповідають встановленим раніше.

За різними оцінками, скандал, що розгорівся, коштував Порошенкові 7% голосів на майбутніх виборах.

Не такий гучний, але важливий вірус: у період ключових переговорів зі звільнення українських заручників Кремля в ЗМІ було злито інформацію про те, що Україні поставлено ультиматум про звільнення Володимира Цемаха — важливого свідка на майбутньому судовому процесі в Нідерландах у справі про збитий над Донбасом малайзійський «Боїнг» MH17. Ця інформація з'явилася в дуже напружений момент у серпні 2019 року й зумовила бурхливі обговорення про ціну обміну.

 # 3. «Глас народу» — інформація, піднята з низів на-гора

- ***Типовий об'єкт***: може стосуватися будь-якої людини і об'єкта. Головне, щоб у об'єкта був масовий клієнт, споживач — супермаркети, дороги, кінофільми, тобто будь-що.
- ***Типовий замовник***: конкурент, опонент.
- ***Типова схема***: простий користувач пише душевний пост-історію, переважно в Facebook, у якому розповідає, як він постраждав від бренду, політика, компанії тощо. При цьому звинувачення завжди дуже буденні, тобто зрозумілі широкій аудиторії. Пост швидко починає поширювати ботрум і лідери громадської думки. Через невеликий період інформація потрапляє в медіа і далі, залежно від міри скандальності, поширюється усіма типами ЗМІ. Зазвичай є другий етап для утримання інтересу — нові деталі, заява в поліцію тощо.
- ***Типові канали***: вкидання через Facebook, підключення інституту лідерів громадської думки, потім ЗМІ.

✓ ***На що насамперед варто звертати увагу в разі викриття*:**

— хто розганяє сам пост: якщо це переважно боти — це найточніша ознака;

— далі дивитися на самі докази та їхню достовірність.

ПРИКЛАД

Найяскравіший приклад — скандал з подружжям Варченко в листопаді 2018 року. Ольга Варченко — перший заступник Державного бюро розслідувань, Олександр Варченко — заступник начальника відділу департаменту захисту економіки Національної поліції.

На початку листопада 2018 року в Facebook почав поширюватися пост студентки Наталії Бурейко зі скаргою на погрози з боку Олександра Варченка, з яким, за її словами, була знайома віртуально. Співрозмовник, який називав себе впливовим правоохоронцем, писав, що в разі відмови дівчини від інтиму вона і її родичі матимуть проблеми.

Варченко заявив, що на його сім'ю почалася інформаційна атака і що хакери створили підроблений акаунт з його фото. Ольга Варченко зробила заяву, що справжньою метою провокаторів є вона.

Нацполіція почала перевіряти, чи причетний її співробітник до сексуальних домагань, а прокуратура відкрила кримінальне провадження та передала його в СБУ.

Буквально через кілька днів Наталя Бурейко опублікувала пост з вибаченнями: «Я не мала жодних підстав вважати, що мені погрожував саме Олександр Варченко, а не хтось інший», — написала вона. Дівчина також повідомила, що за використання її облікового запису в Facebook організатори секс-скандалу обіцяли їй заплатити 1500 грн, але грошей вона не отримала.

Наприкінці листопада в межах цієї справи був затриманий політтехнолог Володимир Петров. У виробництві фігурують також блогери Василь Крутчак і Олександр Барабошко, у яких відбулися обшуки. Згодом Барабошка теж арештували.

На цьому гучна фаза скандалу закінчилася. На зміну їй прийшли камерні розслідування і тривалий процес зі звільнення затриманих.

 # 4. Розслідування

- ***Типовий об'єкт***: людина при владі — політичній чи бізнесовій.
- ***Типовий замовник***: будь-хто, кому він не догодив.
- ***Типова схема***: збирають інформацію, яка підтверджує потрібну позицію; максимально маскують під журналістську роботу, тобто залучають усі сторони, але підґрунтя завжди таке, що у споживача точно складеться одна думка.
- ***Типові канали***: ЗМІ або ТБ/YouTube — точка вкидання. Потім за стандартною схемою залежно від резонансу.

✓ ***На що насамперед варто звертати увагу в разі викриття***:

— хто здійснював розслідування — це незалежні журналісти-розслідувачі чи це ЗМІ, що належать олігархам або взагалі нікому не відомі.

ПРИКЛАД

Таких прикладів дуже багато. Ця форма вірусу стала однією з найпоширеніших. Клондайк таких розслідувань — у програмі «Гроші» на каналі «1+1». З крайніх гучних — будівництво моста в Дніпрі з розглядами про зловживання мерії під керівництвом Бориса Філатова. Ця програма вийшла в період активного обговорення дострокових виборів мерів у кількох великих містах.

 # 5. Включення інстинкту масового споживання

- ***Типовий об'єкт***: завжди використовують для створення позитивного іміджу продукту і/або послуги і демонстрації його/її популярності.
- ***Типовий замовник***: виробник товару або послуги.
- ***Типова схема***: у рекламі, на сайті або в піар-матеріалах усю комунікацію вибудовують, спираючись на позитивні відгуки, причетність відомих людей та ін. При цьому наголошують на їхній великій кількості, статусі. Зазвичай містить опис високих результатів від цього продукту.
- ***Типові канали***: без обмежень.

✓ ***На що насамперед варто звертати увагу в разі викриття***:

— що пишуть реальні користувачі не на ресурсах компанії, наприклад в Facebook, Instagram.

ПРИКЛАД

Улітку 2017 року директор PR-агентства PRavik Юлія Правик організувала фейкову конференцію Business-forum 2017. Усі заявлені імениті спікери, зокрема й міністр фінансів Олександр Данилюк, представники Google, Microsoft та інших великих компаній, навіть не знали про свою участь. Сайт заходу повністю копіював веб-сторінку iForum. Правик продавала квитки на івент за ціною від 800 грн і спонсорські контракти вартістю 2000–3000 доларів. Конференція очікувано не відбулася.

Цей факт шахрайства довго обговорювали в профільному співтоваристві, проте він так нічому і не навчив його організаторку. Згодом Юлія Правик ще кілька разів фігурувала в подібних історіях.

(За матеріалами MC Today)

Джерело: MC Today

 # 6. Дослідження

- ***Типовий об'єкт***: будь-хто. Також використовують для формування позитивного іміджу товару, послуги, людини; рідше —

для дискредитації конкурента, що здебільшого застосовують під час виборів.

- ***Типовий замовник***: будь-хто — як сам об'єкт, так і його конкурент.
- ***Типова схема***: невідома або маловідома компанія видає реліз з результатами проведеного дослідження, де чітко зрозумілі меседжі.
- ***Типові канали***: найрізноманітніші — усе залежить від змісту матеріалу.

✓ ***На що насамперед варто звертати увагу в разі викриття***:

— на вибірку дослідження — зазвичай, вона дуже мала;
— на дату дослідження — може бути застарілою;
— на саму компанію — переглянути її сайт і з'ясувати, хто її очолює.

ПРИКЛАД

Найчастіше цей тип вірусів використовують напередодні і під час виборів. У період написання цієї книги в інформаційному просторі циркулювала інформація про претендентів на крісло мера Києва і про дострокові його вибори. Зокрема, в жовтні була опублікована соціологія, яка давала Віталію Кличку 34% голосів, а Андрію Пальчевському — 32%. Пальчевський — ведучий, підприємець і людина, яка такою соціологією хотіла долучити себе до списку серйозних претендентів на мерське крісло.

 # 7. Власний приклад: «подивись, який я хлопець з народу; поглянь, який я крутий»

- ***Типовий об'єкт***: політик для формування свого позитивного іміджу.
- ***Типовий замовник***: той самий політик.
- ***Типова схема***: створюють перелік біографічних даних, що свідчать про народне походження. Під них вибудовують усю

лінію позиціонування і поведінки. Факти заможного життя приховують.

- ***Типові канали***: найрізноманітніші, але насамперед їх транслює сам політик.

✓ ***На що насамперед варто звертати увагу в разі викриття***:

— на ключові акценти в полеміці політика: якщо вони просто є і на них не наголошують — гаразд. Проте якщо про них кричать звідусіль — реальність точно інша.

ПРИКЛАД

Мій улюблений приклад — Олег Ляшко. Він старожил української політики, лідер Радикальної партії, народний депутат багатьох скликань і кандидат у Президенти. Десятиліттями він вибудовував образ свого хлопця, який бореться за все хороше проти всього поганого. Свій образ він активно підкріплював атрибутикою (вила, корови тощо) і манерою спілкування. При цьому за кадром залишалося мільйонне фінансування партії і геть не пролетарський стиль життя її лідера. Незважаючи на цей дисонанс, Ляшко багато років тримався в топі рейтингу українських політиків.

Нині Ляшко опинився за бортом політики, однак своє ремесло не кинув і продовжує експлуатувати образ вихідця з народу. Яскравий тому приклад — його бійка з народним депутатом Андрієм Герусом. Найімовірніше, у такий спосіб Ляшко хотів повернутися в заголовки ЗМІ та обговорення Facebook, а також підкреслити, що він продовжує боротися за права українців.

 # 8. Чарівна пігулка з відгуками про її ефективність

- ***Типовий об'єкт***: складна проблема, невиліковні хвороби — те, що породжує максимально розгублених клієнтів.
- ***Типовий замовник***: виробник.

- ***Типова схема***: лідер громадської думки інформує про чарівну таблетку, стверджуючи, що перевірив її на собі. Зазвичай підкріплює історію безліччю папірців, які, звісно, демонструють у рекламі.
- ***Типові канали***: масова рекламна кампанія, яку часто супроводжують акції «купи дві — отримай третю в подарунок», «спецціна тільки годину після реклами» тощо.

✓ ***На що насамперед варто звертати увагу в разі викриття***:

— поговоріть з незалежними професіоналами — переважно з лікарями. А якщо вам постійно кортить чарівних пігулок — зробіть татуювання: «чарівних пігулок немає».

ПРИКЛАД

Історія із золотими пірамідками Ю Шинсе — типовий приклад цього вірусу. Їх рекламували як чудодійний засіб, здатний вилікувати від багатьох, навіть тяжких, хвороб, а також допомогти в дрібницях, як-от унормувати тиск.

Одним із фронтменів рекламної кампанії виступав відомий журналіст Дмитро Гордон. Зокрема, поширювали інформацію, що він встановив збільшену копію пірамідки на даху свого будинку. Також Гордон наводив приклад, що ці пірамідки врятували його знайомого від раку. Ще одним аргументом, наведеним у рекламі, була наявність документів МОЗ України. Цей медичний прилад — «енергія форми» — був дуже популярний.

І лише влітку 2019 року після чергового гучного скандалу в ЗМІ щодо чудодійних пірамідок з посиланням на Гордона були дані офіційні роз'яснення Міністерства охорони здоров'я про те, що пірамідки не мають офіційної держліцензії і це — шарлатанство.

(За матеріалами Радіо Свобода)

Джерело: Радіо Свобода

9. Демонстрація всенародної любові та підтримки

- ***Типовий об'єкт***: найпоширеніший — політики чи громадські діячі, блогери.
- ***Типовий замовник***: вони самі.
- ***Типова схема***: розкрутка атрибутів популярності — лайків, переглядів, опитувань, рейтингів.
- ***Типові канали***: переважно всі онлайн, де є двосторонній формат спілкування. Проте часто підкріплюють лідери громадської думки на ТБ і в ЗМІ.

✓ ***На що насамперед варто звертати увагу в разі викриття***:

— швидкість і якість появи цих реакцій. За дві хвилини життя поста не може з'явитися 2000 лайків, 500 репостів і 100 коментарів — це нереально навіть для Марка Цукерберга. Проте у наших Президентів це трапляється дуже часто.

ПРИКЛАД

Це найпоширеніший кейс. Його можна спостерігати під постами майже всіх відомих політиків. Про цей феномен я детальніше розповім у наступному розділі. Тут наведу короткий приклад.

Пост з різдвяним привітанням у 2019 році на Facebook-сторінці Олександра Вілкула (кількість підписників близько 200 000). Звичайний формальний пост. Зазвичай такі пости отримують мінімум органічної реакції. Проте з цим постом сталася дивна метаморфоза. Він став дуже популярним: 40 000 лайків, 3800 репостів, 420 коментарів. Це аномальна динаміка — середній пост на цій сторінці набирає не більше 2000 взаємодій. Проаналізувавши профілі, що взаємодіяли з постом, з'ясували причину цієї аномалії — засилля ботів.

10. Розслідування фейків як різновид дискредитації.

- ***Типовий об'єкт***: публічна особа.
- ***Типовий замовник***: опонент.

- ***Типова схема***: пред'являють докази — найчастіше скріни — фейкової народної підтримки. На цьому ґрунтується атака з ключовим меседжем: вас підтримують боти, все, що ви говорите, — брехня.
- ***Типові канали***: соцмережі.

✓ ***На що насамперед варто звертати увагу в разі викриття***:

— одиничний це випадок чи повсюдний, оскільки опоненти самі можуть створити цю ситуацію, обробивши своїми ботами конкретний пост.

ПРИКЛАД

Під час президентської кампанії 2019 року штаб Володимира Зеленського неодноразово заявляв, що не використовує ботрум. Навіть після того, як було викрито листування керівника діджитал-напрямку штабу Михайла Федорова, де він вказував конкретні суми за «ботів, які будуть захищати від атак». Велика органічна народна підтримка була на користь версії відсутності ботів. Однак аналіз акаунтів, які взаємодіяли з постами штабу, давав причини сумніватися в повній органічності їхньої роботи в Facebook.

Підтвердження цьому знайшлося восени 2019 року, коли в своєму інтерв'ю the Бабель (25.10.2019) Дмитро Раїмов підтвердив, що його компанія була найнята окремими бізнесменами і вони працювали ботрумом на користь Зеленського.

 # 11. Приклеювання дивного ярлика

- ***Типовий об'єкт***: політик чи громадський діяч, робота може бути і в плюс, і в мінус.
- ***Типовий замовник***: він сам або опонент.
- ***Типова схема***: придумують епатажний образ і/або слоган, на якому потім вибудовують інформаційну атаку.
- ***Типові канали***: переважно соцмережі, рідше ТБ.

✓ ***На що насамперед варто звертати увагу в разі викриття***:

— наскільки сутність об'єкта порівнянна з реальною заявою.

ПРИКЛАД

Узимку 2019 року кандидат у президенти України Ігор Шевченко похвалився в Facebook тим, що на економічному форумі в Давосі взяв чотири безкоштовні шапки замість однієї. Традиційні в'язані сині шапки в Давосі можна вільно взяти зі спеціальних контейнерів.

Безкоштовні подарунки він назвав «давоські трофеї», а саме відео з «шапковою оборудкою», як назвав її сам політик, виклав на своїй сторінці в Facebook. Там само екс-міністр поскаржився, що під час «шапкової операції» його зупинив охоронець і порадив іти геть. Однак Шевченка це не зупинило.

Звісно, багато хто сприйняв цей факт і піар навколо нього як ганьбу, тож здійнялися бурхливі обговорення в ЗМІ й соціальних мережах. А втім, це лиш підвищило впізнаваність Шевченка. Згодом він використовував візуалізацію «сині шапки» у своїй рекламній кампанії.

(За матеріалами BBC)

 # 12. Демонстрація дива

- ***Типовий об'єкт***: переважно політик або релігійний діяч.
- ***Типовий замовник***: він сам.
- ***Типова схема***: робиться дуже бажане для людей, але таке, що суперечить будь-яким законам життя, економіки тощо.
- ***Типові канали***: здебільшого це інформаційна бомба.

Джерело: BBC

✓ ***На що насамперед варто звертати увагу в разі викриття***:

— масштабування і сама суть дива;

— думка незалежних експертів про його природу й наслідки.

ПРИКЛАД

Найяскравіші ілюстрації такого вірусу існують в офлайні і практикуються на заходах різноманітних сект. Кульмінація їхньої дії — «чудодійне» зцілення на сцені тяжко хворих і калік. Самі ці «факти» запускають механізм поширення вірусу.

Наприклад, навесні 2016 року в Криму став «мироточити» бюст імператора Миколи II, встановлений біля прокуратури. За «збігом» першою це побачила одіозна Наталія Поклонська. Це стало тривалим вірусом, який використовували з різною метою.

3.6. ЯК СТВОРЮЮТЬ КОНТЕНТ ДЛЯ ВІРУСУ

Як я вже зазначала, щоб розпізнати вірус, не потрібно детально вивчати його суть. Утім знання загальних шаблонів створення контенту для вірусу допоможе ефективніше доповнити роботу з інструментального патерну.

Нижче описано базові конструктори створення контенту для інформаційних вірусів.

***Тип 1*: моновідео. Це може бути документальний фільм, інтерв'ю, розслідування, новинний сюжет.**

Основна відмінна риса — емоційне висвітлення однієї думки. При цьому цю думку донесено в різних форматах:

- думка самого героя;
- думка його оточення;
- думка «незалежних» експертів;
- думка відомих людей (основний критерій — упізнаваність їх серед цільової аудиторії та лояльність цільової аудиторії до них, при цьому їхній рід заняття не має жодного значення);
- велика кількість цифр, фактів тощо.

Усе це упаковано в емоційну історію. Звісно, десь за сюжетом можна вставити одну-дві спроби отримати альтернативну думку, але без її розкриття (наприклад, «ми відправили запит, але нам не відповіли» або фрази з відповіді, вирвані з контексту).

Завдання: змусити вас емоційно включитися, співпереживати герою. Як наслідок, з недовірою, а то і відторгненням ставитися до будь-якої альтернативної інформації про нього.

РЕМАРКА

Матеріали, які формують вірус, зазвичай не мають автора і/або цей автор досі не був відомий. Якщо матеріал реальний, він одразу матиме посилання на профіль автора і/або його легко можна знайти в Facebook самостійно, а Google видає інші матеріали автора.

У всіх резонансних матеріалах потрібно перевіряти автора в Facebook. Якщо він реальний, то з імовірністю, близькою до 100%, він і його редактор запостили матеріали на своїх сторінках в соцмережах.

Звісно, завжди є ймовірність того, що резонансний матеріал зробив стажер. Та й у цьому разі його завжди супроводжує старший колега і/або редактор — його ім'я також вказано в авторстві.

***Тип 2*: аналітичний матеріал. Це може бути стаття, теле- або радіопрограма.**

Основна відмінна риса — невідомі джерела або компанії, які зробили дослідження, надали дані.

Зазвичай, коли дані надає шанована — або хоча б існуюча — компанія, завжди наявні такі елементи:

— коментар спікера компанії з інтерпретацією даних;
— опис методології дослідження;
— посилання на повну презентацію або розширений прес-реліз;
— посилання на сайт компанії.

Часто дані реальних досліджень, особливо якщо вони унікальні і/або резонансні, презентує сама дослідницька компанія на прес-конференції, а статті й новини з'являються після неї.

Звісно, завжди варто ґуґлити компанію і вивчати її сайт. Особливу увагу потрібно звертати на три моменти:

- хто засновник, власник, керівник компанії і чи є у нього відповідна компетенція. Переважно всі реальні аналітичні центри та дослідницькі компанії заснували й очолюють світочі своїх галузей;
- які дослідження компанія здійснювала до цього і чи йшлося про них у ЗМІ. Напевно, згадування про будь-які громадські проекти є на сайті компанії, а Google покаже, чи посилалися на них раніше.
- до яких асоціацій компанія входить.

Типовий формат вірусного матеріалу порушує більшість із перелічених вище критеріїв. До того ж усе упаковано в емоційну історію. А в самому матеріалі будуть наявні:

— емоційний і однобокий заголовок;
— однобокі коментарі експертів або коментарів не буде взагалі;
— дані подано однобоко, без огляду на загальну ситуацію і/або історичні факти.

Завдання: змусити вас емоційно включитися і сформувати однозначне й однобоке судження щодо певної теми або людини.

РЕМАРКА

Здебільшого подібні матеріали з'являються під час виборчих кампаній (рейтинги) або під час обговорення в суспільстві дражливих тем: мова, вступ до НАТО, формула Штайнмаєра тощо. Дослідження здійснюють кілька дослідницьких компаній. Їхні дані можуть відрізнятися. В об'єктивних матеріалах часто наведено дані всіх компаній, включно з ретроспективою. А представники компаній детально пояснюють, як варто тлумачити ці дослідження.

Є ще одне загальне, але доречне правило: соціолог завжди дасть професійне тлумачення, а журналіст і експерт завжди будуть суб'єктивніші.

***Тип 3:* новина або пост.**

Основні відмінні елементи:

— кричущий, емоційний заголовок;
— немає посилання на першоджерело, зокрема гіперпосилання;
— першоджерелом є лише чийсь пост, твіт, при цьому не зазначено, що інформацію підтвердили інші джерела;
— зміст заголовка відрізняється від решти тексту;
— емоційна подача;
— посилання на невідомих експертів, блогерів, невідомих політиків, бізнесменів;
— ілюстрація цифрами, без вказівки джерела і вихідного гіперпосилання.

Завдання традиційне: цей матеріал на конкретну тему мають побачити першим, щоб включилися в нього емоційно і вважали цю версію правильною.

РЕМАРКА

Перш ніж вирішувати, вірити інформації чи ні, дуже важливо проаналізувати ресурс, де її опубліковано. Насамперед зверніть увагу, чий це ресурс. Зауважте при цьому два моменти:

— чи є публічна редакція;
— хто власник і як його публічні інтереси перетинаються з темою опублікованого матеріалу.

Опишу два найтиповіші кейси.
Ви побачили матеріал в онлайн-ЗМІ. Далі дивіться, чи є на сайті інформаційний розділ з фізичною адресою редакції, чи зазначено головного редактора, редакторів розділів. Якщо всі відповіді «так», значить, частка об'єктивності в цьому матеріалі доволі висока. Звісно, такі ЗМІ теж грішать джинсою, але вони її перевіряють, консультуються з юристами і відверте сміття не друкують. Хоча акценти змістити можуть — і часто зміщують.
Другий типовий кейс — ТВ-матеріал. Усе починається з власника каналу. Вони періодично змінюються, але актуальну інформацію завжди можна знайти у відкритому доступі. Ґуґл, дивимося власника, дивимося, які зараз із ним пов'язані конфлікти. Якщо вони перетинаються з темою матеріалу, ймовірність, що саме цей матеріал формує вірус, близька до 100%. Якщо конфліктів немає, дивимося на всі інші складові матеріалу й аналізуємо.
Один з останніх хороших матеріалів на тему заангажованості ТВ-каналів вийшов на УП.

(За матеріалами Українська правда)

Тип 4: **експертна думка. Це може бути коментар, пост, блог, інтерв'ю тощо.**

Джерело: Українська правда

Основна відмінна риса — людина постійно щось коментує, висловлює свою думку, постійно виступає на ТБ і радіо, дає коментарі ЗМІ. При цьому людина не є журналістом і її точне місце роботи невідомо. Це достеменна ознака того, що її основне джерело доходу — саме всі ці пости і коментарі, за які вона отримує гроші.

Звісно, таким грішать і інші, але вони набагато перебірливіші, їх висловлювання об'єктивніші тощо. Тоді їх потрібно аналізувати за прописаними в попередньому блоці правилами.

Завдання переважно одне — узяти участь у формуванні інформаційного вірусу. У разі, якщо цей експерт має вагу в інформаційному просторі і/або авторитет в експертних колах, це ще може бути й основним каналом вкидання.

РЕМАРКА

Є святе правило журналістики — перевіряти інформацію за трьома джерелами. Тільки якщо три джерела підтвердили те саме — публікувати. Та нині це правило порушують найчастіше. Здебільшого це спровоковано динамікою часу. Проте це лише відмовки. Бо саме через порушення цього правила множиться інформаційне сміття і підживлюються віруси.

***Тип 5:* голос народу. Наприклад, пост у соціальній мережі з обуренням, закликами до справедливості, збір коштів тощо.**

Основні відмінні риси:

— пост написаний дуже емоційно і з мінімальним фактажем;
— дотепер цей акаунт ніколи не писав подібних постів;
— є сумніви в тому, що цей акаунт — жива людина (про ознаки детально напишу в наступних розділах);
— його попередні пости мали на кілька порядків меншу залученість аудиторії;
— динаміка зростання залученості під постом дуже висока. Критерій простий — якщо за кілька годин залученість перевищила середній показник залученості під попереднім постом удвічі й більше.

Такі пости можуть виконувати кілька завдань. Як варіант, розкрутити акаунт, який його запостив. Найяскравіший приклад — це пост про те, що хлопець виграв світову олімпіаду, а про це не написав жоден ЗМІ. Цей пост отримав десятки тисяч взаємодій, тим самим ця інформація була частково «легалізована», а деякі ЗМІ навіть зробили з цього новину, не обтяжуючись перевіркою.

Інший варіант — вкидання інформації для формування інформаційного вірусу. Тоді цей пост за лічені години стає джерелом для багатьох ЗМІ, його починають коментувати експерти та ін.

РЕМАРКА

Порівняно недавно Українська правда почала застосовувати дуже крутий формат новин. Він структурований і чіткий, одразу відповідає на всі перелічені вище питання і дає можливість читачеві сформувати свою думку. Нижче наведу одну з таких новин.

Луценко написала заяву про припинення повноважень нардепа — джерело

Неділя, 3 листопада 2019, 20:56

Нардеп від «Європейської солідарності» Ірина Луценко написала заяву про дострокове припинення повноважень нардепа за станом здоров'я.
Джерело: співрозмовник УП в апараті Верховної Ради.
Деталі: За даними джерела, Луценко написала заяву через стан здоров'я та планує працювати у парламенті найближчого пленарного тижня.
Документ до апарату ВР було подано у п'ятницю, 1 листопада.
Про рішення Луценко скласти мандат лідер партії «ЄП» Петро Порошенко поінформований, зазначив співрозмовник.
У разі, якщо заяву Ірини Луценко буде підтримано ВР, до складу парламенту увійде №24 списку «Європейської солідарності» Наталія Бойко, яка наразі є представником від держави в Наглядовій раді НАК «Нафтогаз України».
Раніше у новині повідомлялося, що замість Луценко у Раду може зайти 26-й номер «ЄС» Ірина Никорак.
Нагадаємо:

— 29 серпня новообрана Верховна Рада звільнила Юрія Луценка з посади генпрокурора і призначила замість нього екс-члена НАЗК Руслана Рябошапку.
— Наприкінці вересня стало відомо, що після звільнення з посади Луценко на тлі скандалу з імпічментом Трампа, який спровокував постачання дезінформації від Луценка на адресу Руді Джуліані, поїхав у Велику Британію на курси англійської мови.
— За даними прес-секретаря Луценка, курси англійської триватимуть півтора місяці.

Джерело: Українська правда

— Національне антикорупційне бюро України відкрило кримінальне провадження щодо екс-генпрокурора Юрія Луценка за зловживання владою чи службовим становищем.
— За словами Луценка, справа НАБУ присвячена нібито винесенню догани його заступнику.

(За матеріалами Української правди)

Тип 6: **халява. Розіграш небаченої щедрості.**

Цю механіку можна звести до добре відомих листів щастя. У таких постах є:

— хтось багатий вирішив поділитися своїм майном з простими людьми;
— великий об'єкт — будинок, квартира, дорога машина, велика сума грошей, які дістануться щасливчику. Як варіант, це може бути просто велика кількість хайпового товару, наприклад остання модель iPhone;
— інструкція, як стати щасливчиком. Для цього людині найчастіше потрібно виконати прості дії: підписатися на сторінку, репостнути матеріал, написати коментар — тобто зробити все те, завдяки чому соціальна мережа покаже цей матеріал максимальній кількості користувачів.

Звісно, жоден розіграш не проводиться.

Цю механіку використовували в тисячах різних інтерпретацій. Однак незмінними були цілі: розкрутити акаунт або паблік, на якому публікували інформацію (так із простих ботів робили ботів — лідерів громадської думки) і/або донести інформацію з поста до максимальної аудиторії, як це було у випадку з Дубинським.

Розповім про нього детальніше. Восени 2016 року розгорнулася кампанія щодо Олександра Дубинського (виходець з каналу «1+1», зараз депутат парламенту від партії «Слуга народу»). В основі її був меседж про те, що він володіє багатьма об'єктами нерухомості й автомобілями.

Для цього публікували пости від імені Дубинського, які обіцяли провести розіграш квартири серед людей, які провзаємодіяли з постом. Такий контент тиражували, механіку змінювали, але незмінним лишався результат — люди вірили в халяву і виконували вимоги, поширюючи інформацію.

Замовник досяг свого — громадськість дізнавалася про статки журналіста-розслідувача.

РЕМАРКА

Дуже часто вірусмейкери використовують неуважність аудиторії й апелюють до старої інформації або зовсім публікують інформацію без дат. Тому завжди потрібно звертати увагу на те, коли був опублікований матеріал, за який період у ньому наведено дані тощо.

Тип 7: **гумор. Меми, анекдоти, скетчі тощо.**

Основна відмінна риса одна, але дуже важлива: увесь гумор з'являється одразу з новиною або через кілька годин після неї — це достеменна ознака того, що це все заготовки.

Логічний ланцюжок у цьому разі простий: людям потрібно спочатку прочитати новину, обговорити її з іншими і, якщо матеріал резонансний, тільки тоді починають народжуватися меми, анекдоти тощо. Якщо новина абияка, народ не продукуватиме гумор. А ось вірусмейкери продукуватимуть заздалегідь — аби розгойдати вірус.

3.7. ЗВІДКИ УКРАЇНЦІ ОТРИМУЮТЬ ІНФОРМАЦІЮ

РЕМАРКА

Хочу зауважити, що інформацію про канали комунікації тут подано спрощено. Я наводжу лише основне, роблячи потрібні акценти і не вдаючись у професійні деталі. Таку форму обрано для того, щоб викладене було зрозумілим для широкої аудиторії. Звісно, медійники, піарники та інші представники професійної спільноти не побачать тут нічого нового.

Цей розділ я почну з даних нещодавнього дослідження про джерела, з яких українці черпають інформацію — дізнаються про ситуацію в країні, у світі і т.д. Вони є основними поширювачами інформаційних вірусів, про них і йтиметься в цьому і наступному розділах. Інтерпретації наводитиму далі. А наразі — сухі дані дослідження.

РЕМАРКА

Нижче наведено дані дослідження, виконаного соціологічною компанією InMind на замовлення міжнародної неприбуткової організації Internews. У червні–липні 2019 року було опитано 4056 респондентів. Похибка вибірки не перевищує 2,5%.
Основна мета дослідження — вивчити звички українців, що стосуються споживання медіа, а також їхню довіру до медіа, оцінити рівень медіаграмотності та обізнаність населення щодо впровадження реформ в Україні.

(За матеріалами Internews)

Джерело: Internews

Українці дедалі більше звертаються до інтернету як до «основного джерела» інформації і новин. У 2019 році вперше інтернет-медіа та соціальні мережі за популярністю обійшли телебачення.

Опитування показало, що 68% респондентів використовують соціальні мережі для отримання новин — зростання з 53% у минулому році. Популярність і охоплення аудиторії телеканалами

Використання медіа для отримання новин

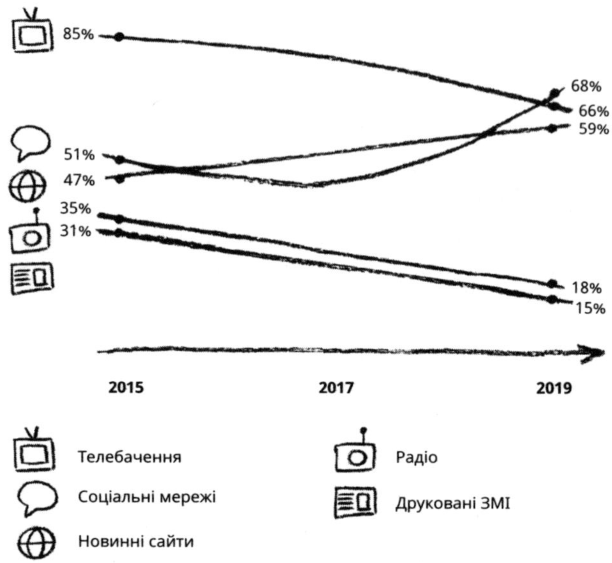

знизилися до 66% порівняно з 77% в минулому році. Ці дані підтверджують, що традиційні медіа невпинно трансформуються в *цифру*. Також це глобальний тренд у медіаіндустрії.

Соціальні мережі — найпопулярніший інформаційний канал для аудиторії навіть у невеликих містах.

Соціальні мережі — найпопулярніший інформаційний канал для аудиторії навіть у невеликих містах.

- Facebook є беззаперечним лідером отримання інформації. Головним чином через стрічку новин. Люди спеціально не шукають новини, не переглядають відповідні сторінки, а гортають власну стрічку і переходять на відповідні сайти, якщо новина їх зацікавила.
- YouTube не є першочерговим каналом пошуку інформації, але нарощує популярність як можливість перегляду ТВ-новин у зручний час і пошуку відеоконтенту для новини, яка цікавить респондента.
- Instagram продовжує бути популярною соцмережею для молоді, але її значно менше розглядають як інформаційне джерело. Насамперед, це розваги і самоствердження, демонстра-

ція власного lifestyle. Утім аудиторія відзначає збільшення політичного контенту, що дає змогу отримувати певні новини і спонукає до пошуку додаткової інформації з інших каналів.

- Найпомітніший тренд — зростає популярність отримання новин через Telegram-канали. Особливо активно це спостерігають у столиці й серед молоді. Фактично Telegram-канали дублюють переваги соціальних мереж як каналу інформації, але мають зручніший інтерфейс, логічно впорядкований. А також можливість перегляду всього контенту і незалежність від алгоритму виведення оновлень, як це відбувається в Facebook. У Telegram-каналах популярні місцеві новини різного характеру — від ДТП і кримінальної хроніки до культурних подій.

У 2019 українці стали набагато менше довіряти ЗМІ: довіра до всіх традиційних медіа знизилася в середньому на 11% порівняно з 2018 роком.

Опитування показало, що з 2015 року частка українських інтернет-користувачів збільшилася на 14%. Тепер онлайн присутні 85% українців.

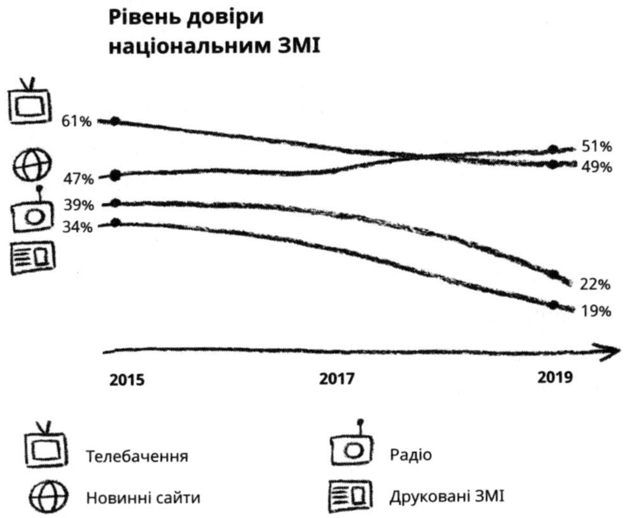

Користування інтернетом

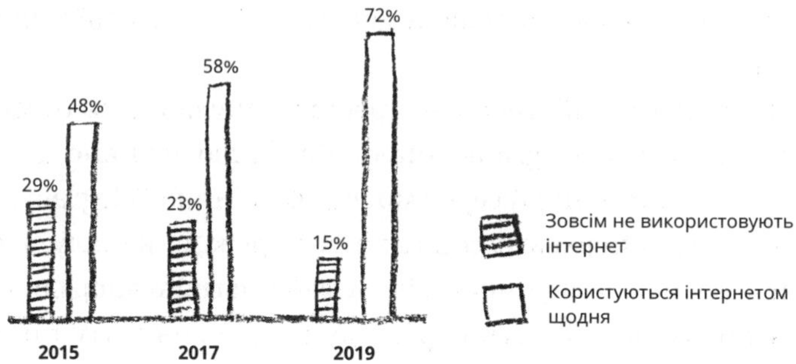

Інтернет — найпопулярніший канал отримання новин. Додатковим поштовхом для цього стає те, що мобільні оператори розширюють покриття мережі 4G. Респонденти відзначають, що через стійкий і швидкий інтернет-сигнал стає легше і зручніше користуватися мобільним телефоном майже в будь-яких ситуаціях.

Основними схемами пошуку в Інтернеті є:

— перегляд улюблених сайтів через «закладки» у браузері;
— служби і сервіси новин (як Ukr.net, УНІАН): респонденти пояснюють це зручністю при перегляді мейлів на цьому сайті і зручністю рубрик — люди читають заголовки і після першого враження приймають рішення, чи варто переходити на відповідний сайт;
— пошук новин на пошуковому сайті за ключовими словами і/або за категоріями («останні новини» та ін.) — трапляється часто, коли треба перевірити певну новину на її поширеність у ЗМІ.

Інтернет — найпопулярніший канал отримання новин.

Близько 80% читачів і глядачів говорять, що вони знають про замовні матеріали в ЗМІ, також відомі як джинса. Респонденти також відзначають, що вміють розрізняти такі матеріали. Так, із 74% тих, кому відомо про існування джинси, 68% (самооцінка) запевняють, що зможуть відрізнити замовний матеріал. Це на 12% більше, ніж той самий показник минулого року.

ПРОТЕ лише 11% респондентів змогли правильно визначити різницю між справжньою і неправдивою інформацією серед трьох представлених новин, а пересічно 10% не змогли навіть спробувати відповісти. Дві третини респондентів змогли правильно визначити лише один із трьох варіантів.

РЕМАРКА

Тобто попри загальний тренд недовіри інформації і супутню йому самовпевненість, що ми вміємо розрізняти фейкову інформацію, тільки 11% змогли впізнати її під час соцопитування.

І важливо розуміти, що насправді ця цифра ще менша. Адже в житті ми перебуваємо під постійними атаками інформаційних вірусів, а не в «глянцевих» умовах анкетування, де є ти, анкета й інтерв'юер.

Ситуація плачевна. Вірусмейкери ж п'ють шампанське.

3.8. СОЦІАЛЬНІ МЕРЕЖІ — ОСНОВНИЙ КАНАЛ ПОШИРЕННЯ ВІРУСІВ

Перш ніж вдатися до аналізу, давайте розберемося, що означає «соціальні мережі — основне джерело інформації».

Соціальні мережі — це не ЗМІ. Вони не мають ні редакційної політики, ні журналістських стандартів. Вони — інтегратор контенту і думок. Тобто ми бачимо в своїх стрічках ту інформацію, яку нам виводить їхній алгоритм. А в ній — посилання на матеріали, які читають наші друзі, та їхні думки про ці матеріали. Тобто фактично ми читаємо не новини, а думки і заголовки. Таке споживання інформації — це ще один інструмент поширення вірусів. Про нього важливо знати і пам'ятати.

РЕМАРКА

Основний тренд онлайнових каналів комунікації — боротьба за нашу увагу. Кількість каналів постійно зростає, але це не означає, що маси одразу переключаються з одного на інший.
Прокинувшись уранці, ми хапаємо телефон і ще сонними починаємо скролити стрічку Facebook/Instagram. У ванній кімнаті додаємо до неї новинну стрічку. За сніданком дивимося YouTube і ТБ. У машині слухаємо радіо. На роботі скролимо соціальні мережі, стрічки онлайн-ЗМІ і риємося в Google. За ланчем перегортаємо паперовий журнал або газету. Далі інформаційна картина дня повторюється в зворотному порядку: в машині радіо, дома ТБ/YouTube. І фільми-серіали — куди ж без них? Вони теж мають вагомий вплив на загальне інформаційне поле. Перед сном знову скролимо стрічки соцмереж і засинаємо.
Звісно, до цього додаються борди, аудіокниги, підкасти, влоги і ще багато всього, що не має масового впливу на загальне інформаційне поле, але коригує думку людей.
Усе зводилося б лише до інформаційного шуму, що кишить вірусами, якби за всім цим не стояли мільярди доларів. Увага — це нова світова валюта, яка стоїть на порозі. Вона вже працює і конвертується у валюту реальну. Схема проста: у людини

є 24 години на добу. Хто захопить більшу частину її часу, той і зможе показати більше реклами — прямої чи прихованої. Той і зможе запустити більше вірусів, більше вплинути на думку і поведінку. А значить — отримати більше грошей. Тому канали комунікації і воюють між собою за увагу аудиторії, поліпшуючи дизайн, концепції, контент і алгоритми.

У боротьбі за увагу соціальні мережі вивели універсальну формулу успіху — **контент**. Що більше цікавого контенту, то більше часу люди проводять у мережі. Звісно, немає якогось секретного відділу, який сортує контент на цікавий і нецікавий. Цю роль успішно і не дуже виконує штучний інтелект, який аналізує нашу поведінку, взаємодіє з контентом у мережі й виводить закономірності. Саме він і створює горезвісний алгоритм пріоритизації контенту.

Алгоритм — це вимушена необхідність. Контенту, який створюють наші друзі, стало так багато, що не вистачило б і 24 годин на перегляд усіх денних публікацій. Звісно, якби це все впало нам на голову, ми розвернулися б і пішли з соціальних мереж. Натомість алгоритм показує нам лише те, що, на його думку, може зацікавити нас найбільше, а решту не показує.

Принцип роботи алгоритму — це таємниця за сімома замками. Проте загальні принципи його роботи відомі, досить прості й логічні. Нижче опишу дуже спрощену модель роботи алгоритму соцмережі.

Кожній публікації присвоюють умовний рейтинг. На нього впливають:

- тип контенту — текст, відео, картинка тощо;
- розмір контенту — довжина тексту, тривалість відео;
- у Facebook для текстового контенту беруть до уваги наявність ілюстрації;
- наявність посилань на інші ресурси — якщо людина клікне на посилання, вона перейде на інший сайт, і соціальна мережа її втратить;
- динаміка реакцій на пости — як швидко пост лайкають, коментують, репостять, зберігають в обране;

- структура реакцій — це «формальні реакції» (лайк) або «складні» (коментар, репост);
- та інші моменти — зокрема, як близькі друзі користувача реагують на цей пост.

РЕМАРКА

Вище перелічені тільки складові-довгожителі рейтингу. Насправді кількість їх нескінченна. Алгоритм бере всю інформацію про нас і на її підставі виводить зв'язки.

Уся інформація — це буквально вся, а не лише та, яку ми самостійно вносили, заповнюючи свій профіль. Це інформація про те, з якого пристрою ми заходимо, коли і де; сторінки кого переглядаємо, як довго, у яких місцях зупиняємося; який контент читаємо, дивимося; з чим взаємодіємо, а з чим ні. Цей перелік можна продовжувати дуже довго.

Звісно, алгоритми в різних соціальних мережах відрізняються. У Facebook важливу роль відіграє тип акаунта: особистий, паблік, група. Наприклад, контент пабліка апріорі має рейтинг нижче і показується меншій аудиторії. Так Facebook «стимулює» його просування через рекламу.

Також алгоритм враховує історію облікового запису, який опублікував контент. Під історією мається на увазі популярність його попередніх публікацій. Тобто якщо попередні публікації мали маленьку популярність, то нова буде показуватися нечисленній аудиторії — адже алгоритм прогнозує, що вона буде нецікавою. І навпаки, якщо всі публікації були популярні, а зараз вийшла відверто нецікава, то вона все одно буде показана великій аудиторії.

РЕМАРКА

Важливо розуміти, що таке *аудиторія* в соціальній мережі. У Facebook існує міф, що якщо в акаунта є 5000 друзів і 100 000 підписників, то його аудиторія — це 105 000 осіб. Це не так. Реальна аудиторія — та, яка регулярно бачить контент.

Аудиторія формується так:

- людина створила акаунт, додала п'ять своїх близьких друзів — вони постійно бачать її пости і взаємодіють з ними;
- потім людина додала 10 малознайомих осіб. У перші кілька днів після їх додавання Facebook спостерігав і оцінював тіс-

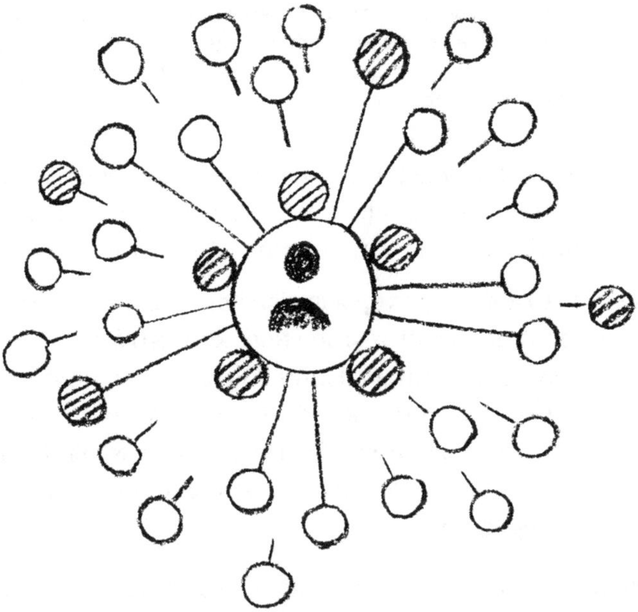

ноту зв'язку — контент показували всім. Три особи активно взаємодіяли, семеро — ні;

- на цьому етапі контент бачать п'ять друзів і три малознайомі людини, тобто аудиторія становить вісім осіб, а не 15;
- людина додала в друзі ще 30 осіб. Перші дні всі вони бачили весь контент, але тільки п'ять, хто взаємодіяв, залишилися в аудиторії;
- таким чином, активна аудиторія акаунта — 13 осіб (5 друзів + 3 малознайомі людини + 5 з крайніх доданих), а не 45 осіб.

Саме цим 13 особам Facebook показує контент. Якщо хтось із них певний час не реагує на контент, він випадає з цього пулу і не бачить інші публікації.

Саме тому в акаунта з кількістю друзів і підписників 105 000 кількість взаємодій під постом може бути 15. Це свідчить про те, що аудиторію було сформовано на хайпі або й зовсім куплено, тож постійної лояльності до акаунта в неї просто немає.

Типовий приклад — українські лідери громадської думки першої хвилі, які швидко сформували аудиторію на контенті Революції Гідності, підтримували її під час активної фази війни і розгубили в період відносного затишшя.

Схожим чином розраховується базова аудиторія в Instagram.

У YouTube поки діють інші принципи. Підписуючись на канал, людина має право вибрати, про який контент її будуть повідомляти — увесь, чи тільки популярний, чи той, який алгоритм підбирає саме для неї. Тобто активною аудиторією будуть вважатися ті, хто підписався і погодився отримувати повідомлення про весь контент.

Проте активна аудиторія — не єдина, кому соціальна мережа показує контент. Якщо він цікавий, аудиторія показу стрімко зростає і контент показують вторинній аудиторії. Це:

- менш активна аудиторія друзів і підписників — ті, хто рідко взаємодіють з акаунтом або його контентом;
- друзі друзів, які взаємодіяли з контентом (наприклад, у Facebook ви часто бачите контент не своїх друзів, а той, який лайкнула або прокоментувала ваша аудиторія; YouTube пропонує відео, які переглядала аудиторія тих каналів чи роликів, які переглядали ви).

Значну роль відіграє цитованість контенту. Якщо про нього багато пишуть, це виводить його в тренд і теж підвищує рейтинг. Наприклад, якщо весь Facebook зараз гуде про формулу Штайнмаєра, то ваш пост на цю тему буде показаний більшій аудиторії. Утім потрібно пам'ятати про ефект набридливої мухи: аудиторія може пересититися цією темою і ніяк не відреагувати на сотий пост щодо тієї самої інформації. Але побачити побачить.

Важливо розуміти, що контент показується тій аудиторії, яка активна в момент його публікації. І чи буде він показаний аудиторіям, які прийшли в соціальну мережу пізніше, безпосередньо залежить від масштабу і динаміки його популярності. Тобто якщо ви опублікували контент вночі й він отримав вибухову реакцію, а його динаміка була істотно вище середньої в цей період, то вранці його побачать інші аудиторії. Якщо ні — ніхто його більше не побачить.

РЕМАРКА

Важливі факти про поширення інформації в Facebook:

— Найвища швидкість оновлення інформації серед усіх медіа.
— Найнижчий період життя інформації: середній термін життя — 1 день, за найбільших скандалів — до 5 днів.

— У цьому інструменті найвищий рівень інформаційного шуму і найвищий рівень залученості аудиторії в контент.
— Аудиторія апріорі хейтить усе, що пов'язане з політикою, — у нас на кожній кухні свій президент, прем'єр і депутат.
— Велика доповнена реальність, яка здатна, з одного боку, швидко спотворювати дійсність, а з іншого, так само швидко забувати про це.

Алгоритм змінюється блискавично і реагує на будь-які зміни в споживчих настроях. Наприклад, хештеги добре працюють на розширення аудиторії в Instagram, але знижують охоплення в Facebook — свого часу вони просто в ньому не прижилися і отримали низький бал від штучного інтелекту.

А в період введення нових форматів — наприклад, постів-опитувань — соцмережа віддає перевагу їм, незважаючи на популярність опублікованого контенту.

Щойно зміна переваг і споживчих настроїв переростає в тренд, його закріплюють окремим великим вектором. Так свого часу сталося з відеоконтентом у Facebook — коли тривалий час всі пости з відео були пріоритетніші.

Якщо простіше, логіку роботи соцмереж можна пояснити на прикладі Facebook. Після нього набагато легше збагнути, як працюють інші соцмережі.

Отже, Facebook працює за моделлю простих людських відносин:

— у мене є думка;
— я повідомляю її своїй аудиторії;
— мене чує тільки близьке оточення — люди, з якими я постійно спілкуюся та які спілкуються зі мною, — і реагує на неї;
— моє оточення спотворює мою думку відповідно до своїх уявлень;

— оточення передає мою думку в модифікованому вигляді своєму оточенню — і так далі.

Тобто працює інформаційний ланцюжок: у мене є 100 знайомих — я підтримую регулярний зв'язок з десятьма з них — коли я повідомлю щось, відгукнеться максимум 20, а решта просто не побачать моє повідомлення.

Наше інформаційне поле складається з каналів комунікації (Facebook, Instagram, ЗМІ та ін.) і контенту. Канали комунікації вибираєте ви, а от контент вибирає вас сам. Отож те, що ви бачите, залежить здебільшого від того, ким ви оточені.

В онлайні контент показується вам не тільки тому, що ви ним цікавитеся, а й тому що таким контентом цікавиться ваше оточення. Якщо у вас в друзях багато конспірологів або відео, яке ви подивилися, дивляться багато конспірологів, то онлайн вам підсуне тексти про шапочки з фольги. Звісно, перші 10 разів ви можете над цим посміятися або проігнорувати. Проте на 11-й раз прочитаєте, подивитесь і, можливо, залучитесь.

Так само і в офлайні. Якщо ви ніколи не дивилися шоу «Холостяк», але всі мами у дворі його обговорюють, через тиждень ви його теж подивитесь.

Випадковостей не буває. Якщо ви бачите щось «випадкове», значить, якийсь ваш вчинок чи знайомство це спровокувало.

Випадковостей не буває. Якщо ви бачите щось «випадкове», значить, якийсь ваш вчинок чи знайомство це спровокувало.

Аналогічно і ви впливаєте на інформаційне поле свого оточення — вони теж бачать плоди ваших дій. Навіть якщо ви думаєте, що ви тихенько щось шукаєте і ніхто про це не дізнається, ви маєте пам'ятати, що, як мінімум, про це знають цифрові корпорації. А якщо ви не лише дивилися або читали, а ще й взаємодіяли, то кількість тих, хто володіє цією інформацією, зростає в геометричній прогресії.

У соціальних мережах наш порядок денний формують не так алгоритми чи наші дії, як те, хто **є нашим оточенням у соцмережах — друзі й ті, на кого ми підписані.** Тому дуже важливо розуміти, ким вони є і чи не закладена там міна уповільненої дії, яка детонує в момент запуску вірусів.

У соціальних мережах модно бути популярним, мати велику видиму аудиторію. Для цього ми готові на різне — від додавання в друзі тих, кого не знаємо, до купівлі підписників і ботів.

З іншого боку, ботам (свідомо і штучно створений акаунт) потрібно доводити, що вони не боти. Для цього вони постійно нарощують свої аудиторії, автоматично надсилаючи запити в друзі іншим акаунтам. Ось у цій точці й перетинаються інтереси живих і мертвих. Це загрожує тим, що, підтвердивши запит про дружбу, ми самі даємо згоду на майбутні багаторазові напади інформаційних вірусів.

Не всі боти однаково є переносниками вірусів. Більшість з них виконують формальну функцію і працюють на «лайкозалежність», про яку йтиметься трохи далі.

Щоб збагнути, хто є хто на просторах соціальних мереж, охарактеризуймо «типових» штучних мешканців Facebook і Instagram. Саме в цих мережах є пряма залежність від алгоритму: те, що публікують наші друзі, бачимо ми.

Соціальна мережа є моделлю звичайних людських відносин і зв'язків і якоюсь мірою відображає реальне життя. Істинної однаковості серед живих людей немає — усі ми чимось відрізняємося. За різними ознаками нас так чи інакше типологізують.

Бот — свідомо і штучно створений акаунт.

У ботів теж є своя ієрархія. Діляться вони на кілька великих кластерів — від класичних ботів, яких легко впізнати, до цілком серйозних віртуальних особистостей.

У ботів теж є своя ієрархія.

Перший кластер зазвичай дуже легко впізнати, зайшовши на сторінку акаунта. Їхні творці не особливо заморочуються зовнішністю «підопічних». Тому бот або не матиме фото профілю, або замість нього буде картинка з котиком, квіточкою чи прапором. Ім'я — або стандартний Іван Петренко, або, навпаки, дуже дивне. Інформація не заповнена, друзі найчастіше приховані. Своїх фотографій і постів немає зовсім — суцільні репости сумнівних матеріалів, причому з абсолютно різних тематик.

Нерідко в українських вірусних Facebook-баталіях серед лайків і репостів можна помітити тисячі небайдужих «іноземців» з важко вимовними іменами — арабів, африканців, азіатів. Це зарубіжні боти. Маніпулятори купують їх на іноземних ботофермах за копійки.

Такі акаунти часто створюють за допомогою простих скриптів, живуть вони недовго, охоплення не дають, аудиторію не збирають. Їхня основна місія — створювати видимість масової підтримки, але не сильно світити своєю неякісністю. Тобто нагнати лайків, репостів, підписників на сторінку.

Через часті автоматизовані дії та підозрілий вигляд акаунта Facebook зазвичай дуже швидко відловлює таких ботів і блокує. Найфартовіші живуть кілька місяців, багатьох видаляють уже через кілька годин. А втім, їм більше і не треба, адже їх, як штрафбат, кидають на найгарячіші і прості завдання. Наприклад, за кілька годин нагнати сотні тисяч підписників на сторінку політика.

Звісно, є й реальні люди, які свої сторінки ведуть не ліпше подібних ботів. Та це вже стосується культури поводження зі своїм персональним ЗМІ — це тема іншої дискусії.

З **другим кластером** усе не так очевидно. Це теж штучні акаунти, але їх вже ведуть реальні люди — вручну або через спеціальні програми. Якщо в них вкладають чимало зусиль, то відрізнити віртуальну особистість від реальної буде дуже складно.

До цього кластера, наприклад, належать біржі лайків. Це люди, які виконують горезвісний «простий заробіток в інтернеті». Вони ставлять під постами реакції, роблять репости, підписуються на сторінку. Однак через нерозбірливість у темах, які лайкають, вони теж практично не впливають на охоплення. До того ж можуть відкликати свою дію після отримання оплати, а під цільовим постом написати щось невигідне Підряднику. Ще за такими біржами нерідко стоять звичайні ботоферми.

Також до другого кластера можна віднести сторінки, які імітують прості дії живої людини. Від тупих побратимів з першого кластера їх точно відрізняє зовнішній вигляд.

Якщо не придивлятися, то тут все цілком адекватно. Є свої пости і фотографії (навіть з певною залученістю), відкритий список друзів. Проте, якщо уважно придивитися, помітно, що тексти мають різний стиль і стосуються або дуже різних, або нейтральних тематик. Фотографії дивно обрізані і пропущені через фільтр. Аудиторію вони акумулювати теж не можуть, як і дати охоплення. Але світити їх під постами Замовника вже не так страшно.

Останніми роками стає помітний і **третій кластер**. Це теж боти, теж створені й керовані програмним забезпеченням з тією різницею, що програма набагато розумніша. Вона так достовірно відображає поведінку реальної людини, що соцмережі, як і звичайному користувачеві, нема за що зачепитися.

Ці акаунти вже фокусуються на якихось тематиках, збирають у себе потрібну аудиторію. Їхні творці підбирають контент ретельніше, через що зростає залученість. І такі боти вже можуть впливати на охоплення. Розпізнати їх важко — хіба що планомірно поспостерігати за взаємодією цього бота з підписниками, проаналізувати, чи не крадені у нього фотографії тощо.

Нарешті, на вершині ієрархії перебувають боти — **лідери громадської думки**. Вони дорожчі за решту, тому що ведуть їх вручну, усвідомлено формують навколо них аудиторію за певними тематиками, пишуть пости і взагалі всіляко розвивають. Такі акаунти — хороший канал вкидання необхідної Замовнику інформації. Для Підрядників такі майданчики — на вагу золота.

Не меншою небезпекою, ніж боти, є звичайні люди. Особливо якщо у вашому оточенні багато людей-овочів. Тобто тих, хто втратив контроль над собою і своєю інформаційною стрічкою. Тоді їхній контент стане частиною вашої реальності і, як наслідок, буде руйнувати ваш інформаційний імунітет.

Не меншою небезпекою, ніж боти, є звичайні люди. Особливо якщо у вашому оточенні багато людей-овочів.

Ці люди публікують те, що коїться в їхній голові: конспірологію, відмову від вакцинації, котиків та інші принади світу Овочів. Розпізнати їх у соціальних мережах просто — достатньо вивчити їхню стрічку. А потім відповісти собі на запитання: «Чи хочу я бачити такий контент у себе в стрічці?».

Є і професійне співтовариство лідерів громадської думки — тих, хто прямо чи опосередковано заробляє гроші на своїй популярності в соціальних мережах. Їх самих і їхню роль у поширенні інформаційних вірусів я опишу трохи нижче.

РЕМАРКА

YouTube в поточному інформаційному полі — це суміш ТБ і Facebook. Поки його здебільшого використовують як ліберальну альтернативу ТБ — тут мінімальна фільтрація інформації, але вже підвищують бар'єри на створення і просування контенту.

Що, з погляду маніпуляції, містить зараз YouTube:

— акумулює матеріали традиційних ЗМІ — розширення аудиторії;
— трешове ТБ — те, що заборонено законодавством показувати на ТБ, потрапляє сюди, зокрема й неперевірена, однобока інформація, — рай для вірусів;
— засилля різномастого і часто низькопробного розважального контенту — підживлення ґрунту для вірусів;
— комфортна локація для конспірологів та інакодумців — масштабування хаосу;
— основний інструмент для інфобізнесменів — тиражування успішного успіху.

Порівняно з Facebook роль YouTube на ринку вірусмейкерства поки значно менша, але потенціал великий. Він починає реалізовуватися і з поліпшенням якості мобільного інтернету, і з масштабуванням знання про роботу з контентом в YouTube.

Ми загалом розібралися, як працюють соціальні мережі й що саме вони є основним каналом поширення інформаційних вірусів. Тепер погляньмо, як соцмережі використовують вірусмейкери.

Ключову роль виконує Facebook. Його популярність стала каталізатором небаченого масштабу вірусів і тиражування їхніх форм.

Ключову роль виконує Facebook. Його популярність стала каталізатором небаченого масштабу вірусів і тиражування їхніх форм.

- У період «до Facebook» поріг входу в вірусмейкерство був серйозний: потрібно було або володіти ЗМІ, або платити чималі гроші за матеріали. З появою і популяризацією Facebook запустити вірус може кожен, у кого є смартфон або комп'ютер з виходом в інтернет.
- На цьому майданчику з'явилися дзеркала ЗМІ і пабліки, акаунти з окремою редакційною політикою. Facebook сконцентрував гігантську кількість фейків і маніпулятивної інформації, яку до того ж подано у різних форматах — тексти, відео, картинки, цитати, мотиватори, лайфхак тощо.

- При цьому в Facebook немає дієвих інструментів фільтрації контенту і перевірки його джерел. Тут досі немає майже жодних обмежень. Кожен, хто навчився просувати свій контент, отримує аудиторію і каже їй все, що вважає за потрібне.
- Facebook дав зручний інструмент інтеграції інформації. Зі збільшенням глибини проникнення смартфонів і розвитком мобільного інтернету саме стрічка соцмережі для багатьох замінила традиційні ЗМІ. А акаунти стали повноцінним і повноправним джерелом інформації для ЗМІ.
- Facebook став основним підсилювачем інформаційного шуму. На цьому майданчику зашкалює швидкість появи нової інформації і зростає потік, який виливається на одного користувача.
- Facebook дав доступний і оперативний інструмент поширення інформації — реклама і ботруми. Платформа стала першою, на якій у промислових масштабах почали створювати віртуальних персонажів.
- Facebook обріс усілякими паразитарними технічними рішеннями. Вони стали збирати й одразу ж використовувати персональні дані. Або створювати ілюзію популярності — усілякі накрутки лайків, коментарів і репости ботів включають стадні інстинкти і сприяють маніпуляціям.
- Facebook дав можливість повноцінного двостороннього спілкування та оперативного висловлювання думки з будь-якого приводу і без нього. Це істотно збільшило хейтинг і булінг — як реальний, так і той, що продукується віртуальними персонажами.

Роль Facebook у створенні й поширенні інформаційних вірусів складно переоцінити. Вона починається з роботи горезвісного алгоритму. Як працює і що на нього впливає, не знає ніхто, крім самих цифрових гігантів. А отже, саме тут і криється перший базовий рівень маніпуляції нашим інформаційним полем.

Роль Facebook у створенні й поширенні інформаційних вірусів складно переоцінити.

Проте значно страшніше і руйнівніше на наш інформаційний імунітет впливають дії вірусмейкерів у соціальних мережах. Ось перелік їхніх найулюбленіших інструментів.

 # 1. Аудиторіоманія

Нарощування аудиторії заради самої аудиторії. Цьому є три пояснення:

- Розмір аудиторії — це інструмент у конкурентній боротьбі. Що більша аудиторія, то більша ймовірність, що в користувача складеться враження про популярність певної людини/бренду.
- Аудиторія потрібна для того, щоб продати себе якнайдорожче. Перегукується з попереднім. За допомогою облікового запису заробляти муть гроші, а отже, він має справляти враження вагомого в інфополі. Перше, на що дивляться недосвідчені вірусмейкери, — аудиторія. Її і нарощують.
- Замовник не розуміє, як працює Facebook, і думає, що всі друзі й підписники бачать увесь його контент. Отже, для нього суть просування — це нарощування аудиторії.

Є безліч способів збільшити аудиторію. Та зазвичай використовують два найнеправильніші: банальну накрутку (покупка підписників) або рекламний пост з хайповим повідомленням, який апріорі отримає велику кількість лайків (лайкаючи його, людина підписується на сторінку). Це призводить до того, що цифри на лічильниках збільшуються, а реальної аудиторії немає. Охоплення матеріалів збільшується мінімально або й зменшується, якщо соціальна мережа запідозрила недобре.

Небезпека цього інструмента — у легалізації контенту. Тобто більшість людей роблять висновки про правдивість або неправдивість інформації, спираючись на те, наскільки «серйозне» це джерело.

ПРИКЛАД

На початку президентської кампанії — 2019 Юлія Тимошенко «омолоджувала» свій електорат. Для цього їй потрібен був Facebook і Instagram. Та для них вона була «політиком з минулого». Це підтверджував і стиль контенту, який явно дисонував зі звичайним контентом соцмереж. Утім акаунти політика дуже швидко нарощували аудиторію, упевнено наближаючись до 1 млн підписників. Щоправда, уважно дослідивши нову аудиторію через доступні сервіси, з'ясували, що безліч підписників не з України.

Петро Порошенко теж включився в гонитву за аудиторією. Одним з його основних методів була реклама. Десятками запускали кампанії з рекламними повідомленнями на кшталт «Підтримуєш армію — тисни лайк». Натискаючи лайк, людина підписувалась на сторінку Порошенка, не розуміючи цього.

В обох випадках це давало кількість, але мало впливало на якість, тобто на охоплення аудиторії і її залученість у контент. Як наслідок, їм потрібно було використовувати і другий інструмент — «лайкозалежність».

 # 2. Лайкозалежність

Великі показники залученості в контент сторінки. Вони не мають залежати від типу контенту, його змісту, форми, часу виходу тощо. Тобто від алгоритмів соціальних мереж.

Причини — ті самі, що і в «аудиторіоманії». Виконання теж схоже. Для зростання залученості можуть використовувати:

— ботрум. Автоматизована програма, яка за допомогою описаних вище типів ботів; накручує показники. При цьому люди тільки пишуть тексти для коментарів і репостів;
— просування поста за допомогою реклами. Але тут є одна закономірність — якщо одного разу поставити пост на рекламу, органічні охоплення падають надовго. Так соціальна мережа «мотивує» не припиняти рекламної активності.

Варто нагадати, що в Facebook реклама можлива, тільки від пабліка, а не особистого профілю. Такого обмеження немає в Instagram або YouTube.

ПРИКЛАД

Мій улюблений приклад — це динаміка і показники залученості під постами Марка Цукерберга і Володимира Зеленського. Обидва не потребують представлення. Проте для довідки зазначу, що в період спостережень аудиторія Цукерберга становила 109 млн, а Зеленського — 1 млн. В обох випадках йдеться про персональні акаунти, а не публічні сторінки. Для аналізу я порівнювала актуальні і нові пости однакового типу: відео та відео, текст і текст тощо.

Виявилися дивні залежності:

— пост Марка за 7 хвилин після публікації набирає близько 3000 лайків, 600 коментарів, 250 поширень.
— аналогічний пост Зеленського набирає такі самі показники за 21 хвилину після публікації, але кількість шерів понад удвічі більша.

Уже заради сміху я додала в аналіз третю сторінку — паблік Офісу Президента (ОП) України — аудиторія якої налічувала менше півмільйона. І її показники також виявилися співставні з постами Марка. При цьому сторінка ОП — це паблік, до того ж політичний, а їм Facebook урізає охоплення. Отож на сторінці ОП усього за годину після публікації вже могли бути показники в понад 7000 лайків, понад 1900 коментарів, більше 4000 репостів.

Можна було б шукати секретні лайфхаки просування, якби не аналіз акаунтів, які це роблять. А вони кишать технічними ботами або просто ботами. Насправді незрозуміла така активність, адже аналіз зроблено в той час, коли підтримка Президента Зеленського була на рівні 65–70%. Тобто і без того цифри залученості були б значні, тільки повільніші.

Сподіваюся, така аномальна активність спричинена не лайкозалежністю Президента, а тим, що його команда знає про любов Facebook до динаміки активності в перші хвилини публікації поста і саме тому стимулює її, заміряючись отримати великі охоплення реальної аудиторії в майбутньому. Ось одні з прикладів:

Джерело: пост Марка Цукерберга.

Джерело: пост Володимира Зеленського.

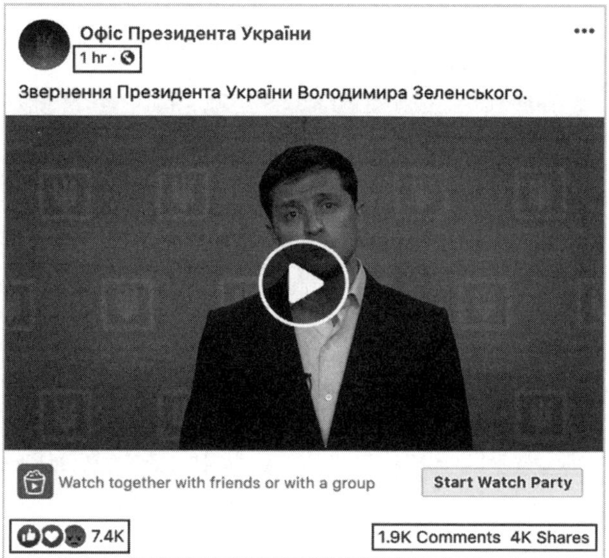

Джерело: пост Офісу Президента України

 # 3. Легкий вкид інформації, її тиражування та легалізація

Як я вже неодноразово писала, соціальні мережі — це швидкий і найдешевший спосіб вкинути будь-яку інформацію. Для вірусмейкерів вони цікаві ще й тим, що одразу ж її можна легалізувати — отримати відгук авторитетного лідера громадської думки. А також популяризувати, використавши «лайкозалежність», і тим самим включити стадний інстинкт.

ПРИКЛАД

Прикладів такої інформації — щодня сотні. Одна з найяскравіших робіт вірусмейкерів — наведений вище приклад з подружжям Варченко. Нагадаю, що тоді саме в Facebook з'явився пост скривдженої дівчини, тут його популяризували боти, легалізували лідери громадської думки, після чого він вже розкручений і готовий перейшов у ЗМІ.

4. Блокування неугодних акаунтів

Це один з популярних способів нівелювання каналів вкидання інформації опонентів. Найчастіше це здійснюють за допомогою автоматизованих функціональних блоків ботрумів, поскаржившись на характер контенту акаунта.

Ефективно працюють інструменти, що імітують дії звичайних людей, які шлють скарги на акаунт і контент, після чого соцмережа автоматично його блокує на певний час або видаляє. При цьому в заблокованого джерела інформації немає ефективних і оперативних інструментів відстояти свої права. Це часто використовують як дієвий інструмент «затикання рота».

РЕМАРКА

Ефективність роботи ботрумів сильно перебільшена. Переважна кількість з них оперують ботами поганої і дуже поганої якості. А це такі боти, яких легко візуально класифікувати як ботів; які не мають живої аудиторії, бо в друзях у них — інші боти; які не мають регулярної прокачки відповідно до алгоритмів соціальної мережі, тож їхні пости і дії ніхто не бачить. Отже, такі ботруми не є інструментом поширення інформації, а тільки інструментом «лайкозалежності» або «аудиторіоманії».

Звісно, є невелика кількість інших ботрумів, які оперують ботами формату «живі люди». Вони і є одним з основних розповсюджувачів вірусів.

5. Стадний інстинкт

Голосувальники, опитувальники, рейтинги — цей перелік можна продовжувати дуже довго. Ці інструменти стали доступні широким масам населення з настанням цифрової ери. Наразі вони почали істотно викривляти інформаційне поле, запускаючи стадний інстинкт. З їхньою допомогою демонструють народну любов і ненависть, вкидають інформацію і мобілізують виборців, формують інформаційні приводи та ін.

У цифрову еру ми можемо не лише сказати про щось, а ще й можемо підкріпити це цифрами. А всі ці цифри можна зімітувати, тобто створити штучно за допомогою окремих програм.

Окремо варто відзначити основний, але досить елітний інструмент вірусмейкерів у соціальних мережах — крадіжку персональних даних. Елітний він тим, що потребує комплексного підходу, зокрема креативу, спеціального програмного забезпечення, команди аналітиків, які вміють читати дані.

До того ж потрібна команда, яка вміє ці дані застосовувати на практиці. Здебільшого їх використовують для мікротаргетинга рекламних повідомлень — щоб кожен або майже кожен побачив потрібне повідомлення, у потрібний момент, у потрібній формі. Це дає суттєву фору перед звичайними рекламними інструментами.

Цей метод набув великої популярності завдяки розпіареній концепції перемоги Трампа на виборах 2016 року. Утім існує невелике *але*. Метод показав свою ефективність на ринку високого рекламного споживання у США. А там люди добре сприймають рекламні повідомлення, і вони є ефективним способом донесення інформації. Проте в українських реаліях ефективність реклами на порядок нижча. Тому в нас ще потрібно знайти відповідний спосіб використовувати здобуту для мікротаргетинга інформацію.

Звісно, привласнення персональних даних може бути банальним інструментом для шахраїв і хакерів, але зараз ідеться не про них.

РЕМАРКА

Компанія Cambridge Analytica за допомогою алгоритму аналізу політичних уподобань виборців змогла зібрати особисті дані користувачів соціальної мережі Facebook, охопивши загалом понад 50 млн осіб. Це було здійснено за допомогою додатка, який створив професор психології Кембриджського університету Олександр Коган.

У березні 2018-го британський телеканал Channel 4 випустив фільм-розслідування про компанію Cambridge Analytica, у якому було наведено докази того, що компанія причетна до втручання у перебіг понад 200 виборів по всьому світу.

Журналіст телеканалу видав себе за клієнта, який нібито прагне вплинути на підсумки виборів на Шрі-Ланці. Він провів у період з листопада 2017 року по січень 2018 року в готелях Лондона низку зустрічей зі співробітниками Cambridge Analytica. Під час однієї з бесід глава фірми Олександр Нікс зізнався, що його організація втручалася в проведення понад 200 виборів у різних куточках світу, зокрема й у таких країнах, як Аргентина, Кенія, Нігерія і Чехія.

Також з журналістом Channel 4 зустрічалися керуючий директор Марк Тернбулл і експерт з даних Алекс Тайлер. Тернбулл повідомив, що співробітники компанії розміщували в соціальних мережах і на окремих сайтах компромат на кандидатів. За бажанням клієнта для конспірації Cambridge Analytica могла проводити свої операції від імені нібито «туристів» або «студентів, які виконують навчальні роботи в університеті».

Скандал з Cambridge Analytica запустив маховик розбірок з Facebook про збереження персональних даних користувачів і їх подальше використання третіми особами. Інший, не менш гучний скандал, про втручання Росії у вибори 2016 року в США вивів у публічну площину питання ботрумів.

У травні 2019 року Facebook відзвітував, що за період з жовтня 2018 по березень 2019 року видалив понад 3 млрд фейкових акаунтів. Що вдвічі більше, ніж за попередні півроку. У цьому ж звіті говориться, що більшість ліквідованих акаунтів було виявлено і закрито протягом перших кількох хвилин, тобто до того, як інші користувачі могли побачити їх. При цьому Facebook визнав, що дедалі більше порушників долають встановлені перешкоди, тому компанія тепер оцінює кількість фейкових акаунтів уже не в три-чотири, а в п'ять відсотків від загальної кількості.

Джерело: Дзеркало тижня

А втім, чи то Facebook закриває очі на Україну, чи погано уявляє, як працює індустрія вірусмейкерів у соцмережі. Адже результатів роботи Facebook з очищення інфопростору не помітно: за останній період було видалено менше 500 шкідливих каналів.

РЕМАРКА

Компанія Facebook видалила кілька сотень українських сторінок у мережі, деякі з них мали мільйони підписників. Ідеться про 168 облікових записів, 149 сторінок і 79 груп, зокрема сторінки видань «Знай.ua» і «Politeka». За даними компанії SocialBakers, у «Знай.ua» було 2,8 млн підписників у Facebook, і в «Politeka» — 2,2 млн. Тепер вони не працюють.
«Ми заблокували ці сторінки, групи й акаунти з огляду на їхню поведінку, а не контент, який вони розмістили. У кожному з випадків люди, які стояли за цією діяльністю, координували один одного і використовували підроблені рахунки, щоб брехливо представити себе, і це було підставою для наших дій», — відзначили в компанії за підсумками перевірки Facebook і Instagram. Зокрема, певні сторінки постійно змінювали назви, використовували маніпулятивні способи поширення контенту та залучення осіб до своїх позаплатформних сайтів.
У компанії додали, що заблоковані сторінки витрачали на рекламу в Facebook і Instagram близько 1,6 млн доларів США.

(За матеріалами zn.ua)

Отож, порятунок потопаючих у морі інформаційних вірусів — справа рук самих потопаючих. Проте не варто вдаватися до крайнощів. Видаляти всі акаунти в соціальних мережах — це інфантильна позиція, що набирає популярності останніми роками. Протистояти прогресу безглуздо, тому потрібно вчитися його розуміти і виробляти правила, які забезпечать необхідний рівень безпеки і мінімізують ризики.

3.9. ІНШІ КАНАЛИ ПОШИРЕННЯ ВІРУСІВ

3.9.1.Телебачення

Найпоширеніша помилка — вважати, що ТБ померло або стрімко вмирає і не відіграє провідної ролі. Так, воно нині трансформується інструментально, проте, як і колись, має велику аудиторію. І так буде найближче десятиліття.

Причин тому кілька:

1) Старше покоління ввібрало ТБ з молоком матері й не відмовиться від нього ніколи. Воно може його сварити, але це було і буде їхнім основним джерелом інформації.
2) Середнє покоління, теж ввібравши ТБ з молоком матері, активно з ним бореться. А проте, хоч нині й у тренді відмова від ТБ, та насправді змінюється лише форма споживання. Ми перейшли в YouTube, Netflix та інші формати, які замінили нам ТБ.
3) Молоде покоління просто народилося з іншим ТБ — YouTube.

Відеоконтент — основний інструмент у спрощенні і «правильній» подачі інформації, щоб її «проковтнула» більшість. Будь-які експерименти з ускладнення контенту закінчувалися зниженням рейтингів і бюджетів, тому такі програми прибирали з ефірів. Основна тематика ТВ-програм: побут, політика, «успішний успіх», гумор, серіали і шоу. Комбінація і переваги залежать від конкретного каналу, як і рівень засміченості їх вірусами.

Як наслідок, людина отримує спрощену і спрямовану інформацію. Напрямок вибирає власник каналу — у цьому нічого не змінилося. Канали як були, так і залишилися поділені між олігархами.

Інакше кажучи, переважну масу контенту, який ми споживаємо з ТБ, інфіковано вірусами і спрямовано на руйнування інформаційного імунітету. Змінюються голоси і формати, але суть не змінюється.

За класикою маніпуляції, на каналі завжди є одна-дві програми, які різко ліберальні. Утім їх існування лише підсилює ефект. Вони — громовідвід, до якого апелюють у разі звинувачень у цензурі й використовують як аргумент у дискусіях про незаангажованість.

Важливо розуміти, що у вірусмейкерстві бере участь увесь контент — новинний, науковий, розважальний:

— серіали — отуплюють і відволікають;
— гумор — спрощує і розставляє акценти;
— науковий — підкріплює потрібні тези через думку вчених, більшості невідомих (а отже, не факт, що думки правильні);
— побутовий — або «успішний успіх», або насильство, кров (обидва вектори — у базисі маніпуляції);
— новини і політичні шоу — це рупори маніпуляцій (на цьому не потрібно навіть і наголошувати).

Джерело: American Economic Review

Усі існуючі формати виконують свої завдання, проте всі вони, свідомо чи ні, рухаються двома визначеними шляхами. Або власника, під чиї інтереси працює маніпуляція. Або всенародним — зміцнюють уже сформовані підвалини і підживлюють наявний ґрунт для маніпуляції. Адже чим живе народ, на те і є запит.

Джерело: Texty.org.ua

Про те, як телебачення системно і кардинально змінює нашу думку і поведінку, було опубліковано окреме дослідження в American Economic Review. Нижче наводжу його переклад — він добре формує цілісну картину роботи інформаційних вірусів і показує її наслідки.

РЕМАРКА

У цьому матеріалі троє економістів — Рубен Дуранте, Паоло Пінотті й Андреа Тесей — змогли обґрунтувати: якщо багато дивитися розважальне телебачення, це негативно вплине на ваші розумові здібності. Після чого, найімовірніше, ви почнете голосувати за популістські партії.

До кінця 1970-х італійське телебачення було серйозним. Усіма національними каналами керував RAI, державний мовник. Пересічно RAI транслював свої програми близько 10 годин на добу. Контент майже на дві третини складався з серйозних новинних або освітніх програм. Навіть реклама мала відповідати високим моральним стандартам: наприклад, реклама корму для тварин не могла містити рухомих зображень кішок або собак. Мабуть, боси RAI вважали, що компаніям недоречно піарити корм для тварин у той час, коли в країнах третього світу люди страждають від голоду.

Усе змінилося після того, як Сильвіо Берлусконі, один із найбагатших підприємців Італії, почав у 1980-ті скуповувати регіональні телеканали. Хоча італійські суди неодноразово визнавали його діяльність незаконною, тісні зв'язки Берлусконі з провідними політиками дали йому змогу побудувати першу приватну телемережу Італії — Mediaset.

Відмінність між RAI і Mediaset була приблизно так само великою, як між американськими телемережами 1960-х і кабельними шоу 2010-х. Новини або освітні програми становили менше десяти відсотків контенту Mediaset. Тимчасом як RAI виділяв години ефіру на серйозних політиків і професорів, які обговорювали нагальні питання дня, канали Берлусконі ставили планку на найнижчий рівень. В одному з найскандальніших шоу на Mediaset модель знімала частину одягу щоразу, коли учасник конкурсу правильно відповідав на питання чи вдало крутив колесо рулетки; коли вона роздягалася майже догола, він перемагав.

Поступове підключення мереж Берлусконі в різних регіонах Італії дало можливість досліджувати ефект, який розважальне телебачення мало на поведінку виборців. Так, Дуранте, Пінотті і Тесей виявили, що ті частини Італії, які раніше отримали доступ до Mediaset, зі значно більшою ймовірністю голосували за партію Берлусконі «Вперед, Італія», коли вона вперше з'явилася на політичній сцені 1994 року.

Цей ефект протримався протягом 1990-х і 2000-х. Регіони, які раніше потрапили під вплив Mediaset, давали більше голосів за Берлусконі. Щоб перевірити, що Mediaset дійсно був релевантним чинником, автори порівнювали міста і селища, де трансляція була якісною, з сусідніми, у яких спочатку сигнал був поганий через фізичні перешкоди на зразок гір. Вражаюче, але італійці, які мали хороший доступ до трансляції

Mediaset з суто географічних причин, голосували за популістів більше, ніж їхні сусіди, у яких такого доступу не було.

Автори дослідження стверджують, що серед старшого покоління італійців «велика підтримка партії "Вперед, Італія" може бути пов'язана з виразною упередженістю новинних ефірів Mediaset на користь Берлусконі». Що раніше вони почали дивитися програми Mediaset, то більше вони їх переглядали і тим легше піддавалися маніпуляціям, коли ведучі новин на Mediaset почали співати хвалу Берлусконі. Все дуже просто.

А як щодо молодших італійців? Автори доводять, що постійні глядачі розважального телебачення віддавали Берлусконі перевагу, тому що мали слабкі розумові здібності. Це звучить як невдалий жарт зі стін елітних університетів. Утім дослідження дійсно встановило, що італійці, які дивилися багато програм Mediaset у віці до 10 років, показували гірші результати в тестах на арифметику і грамотність. Що більше розважальних програм дивилися призовники в італійській армії, то вище була ймовірність, що їх не брали на службу через нездатність показати мінімально необхідні результати в тестах на розумові здібності.

Таке зниження рівня інтелекту було на користь Берлусконі. Як стверджує теорія, популістські партії здебільшого апелюють до виборців, менш поінформованих з політичних питань (до того, як Дональд Трамп став президентом, він зробив відому заяву: «Я люблю неосвічених»). На семінарах, що проводив Берлусконі для партійців, які вперше балотувалися (багато з них випадково раніше працювали у сфері послуг Mediaset), він наполягав на необхідності апеляції до простого народу. Середньостатистичний виборець, як зауважував Берлусконі, залишив школу задовго до 18-річного віку і ніколи не належав до найкращих учнів у класі.

Аналізуючи виступи Берлусконі на телебаченні, Дуранте, Пінотті й Тесей виявили, що він систематично «використовував значно простіший стиль комунікації, ніж інші партії і лідери». Як результат, його виступи ліпше сприймали менш освічені громадяни. Отже, можна дійти висновку, що «раннє потрапляння під вплив розважального телебачення позначається на політичних уподобаннях — унаслідок погіршення розумових здібностей».

Упродовж двох десятиліть Берлусконі був найбільшим майстром з обіцянок легко вирішити складні проблеми італійців. Коли його обіцянки так і не здійснилися, у його земляків, зрештою, терпець увірвався. Головним вигодонабувачем став рух «П'яти зірок» — нова популістська партія, яку заснував комік Беппе Грілло. Хоча вона тяжіла до лівих, а не до правих, і голосно опонувала, а не вихваляла Берлусконі, риторика «П'яти зірок» була так само популістською. Як показали Дуранте, Пінотті й Тесей, цей рух теж почав застосовувати дуже просту мову: обіцяв захистити народ від безкарних еліт.

Отже, раннє потрапляння під вплив розважального телебачення не просто підвищувало ймовірність голосування за Берлусконі серед італійських виборців у 1990-ті. Воно також робило їх більш схильними голосувати за рух Грілло в 2010-ті. Факт ворожнечі між Грілло і Берлусконі робить цей ефект ще більш вражаючим. Оскільки Mediaset ніколи не піарив Грілло, як піарив Берлусконі, пряма пропаганда не може пояснити шаблон голосування. Утім, ймовірно, Mediaset «запрограмував» виборців на схильність до спрощених, популістських закликів. Тобто перед нами доказ, що низькоякісне телебачення може зробити політичний дискурс дуже примітивним і працювати на користь популістських рухів навіть через десятиліття потому, як цей вплив зробили вперше.

(За матеріалами texty.org.ua)

3.9.2. Інформаційне мовлення

На ринку закріплюється новий гібридний сегмент — спеціалізовані мультиплатформні інформаційні канали. Цей сегмент концентрує в собі аудиторію, яка намагається розібратися в тому, що відбувається, і виявляє проактивну позицію. В основі такого каналу може бути ТВ- або радіомовлення, яке обов'язково транслюють на YouTube. Цей формат перебуває на перетині офлайн- і онлайн-ЗМІ — і обидві складові однаково значущі.

Зазвичай до традиційних новинних і аналітичних блоків додають ще й інші формати:

- **Політичні ток-шоу на ТБ і авторські програми на радіо.** Сценарій цього формату здебільшого розгортається навколо відомої постаті, яка модерує дискусію і/або транслює свою вагому думку щодо подій. Результат один: цей формат ідеальний для вкидання інформації та формування інформаційних приводів. Він міцно закріпився як обов'язковий інструмент усіх вірусів.
- **Розслідування.** Уже стандартний формат розкриття одіозних фактів на кшталт корупції влади або дискредитації ок-

ремих особистостей і органів. Це обов'язковий інструмент професійних вірусів і важливий інструмент в дискредитації.

- **Інтерактивне спілкування з аудиторією.** Дзвінки в студію і запитання на сторінках програми в соціальних мережах, оперативне голосування запитання, яке поставили в програмі. Цей елемент виконує споконвічно маніпулятивну роль і показує оперативний зріз настроїв мас. Зазвичай є обов'язковим доповненням до більшості програм.
- **Інтелектуальні розвивальні формати**, які популяризують найзатребуваніші тренди: техніка, інновації тощо. Їхня роль у вірусмейкерстві нульова. Вони радше розвивають аудиторію і вкладають свою частку у формування критичного мислення. Утім лише їхніх зусиль замало.

3.9.3. Новинні сайти

Реальні онлайн-ЗМІ впливають на інформаційне поле за старою доброю логікою аналогових. Єдине коригування — останніми роками почав зароджуватися тренд мультиформатності, як-от імплементування матеріалів паралельно в формати аудіо (підкасти) і відео (YouTube). Проте це вплинуло на розмір і залученість аудиторії, а їхня роль на ринку маніпуляції залишилася незмінною.

Джинса була, є і буде одним із ключових джерел виживання більшості онлайн-ЗМІ. Байдуже, якого саме вона формату: темники від власника чи проплачені статті. Суть залишається тією самою — це старий і перевірений інструмент запуску вірусів.

На цей момент битву за увагу мас виграють ЗМІ-помийки. Роблять вони це все за тим самим шаблоном: спрощуй, загортай в яскраву упаковку і володарюй. Як наслідок, питома маса маніпуляції і відвертої брехні в онлайн-ЗМІ стає дедалі більшою, ніж у їхніх аналогових попередників.

Джерело інформації про сайти-помийки: texty.org.ua

В інтернеті існує велика і розгалужена екосистема «помийних» сайтів. «Новини» цих видань часто дуже низької якості або навіть повністю вигадані. При цьому вони збирають понад 50 млн візитів у місяць. Для порівняння, «Українська правда» збирає 15 млн. Щодня новинне сміття читають сотні тисяч людей.

Здебільшого мета існування цих сайтів одна — заробити гроші, публікуючи замовні матеріали. Найпоширеніший спосіб — публікувати звинувачення проти багатіїв і можновладців, а потім за гроші знімати ці критичні публікації з сайту.

Схема проста. Об'єкт звинувачень, забиваючи в Google своє прізвище, має злякатися і захотіти «зачистити» негативну інформацію. Інструмент добре працює, якщо про людину взагалі нічого не писали: негатив одразу «виривається» наверх у списку пошуковика.

Характерна ознака таких текстів — винесення в заголовок імені та прізвища жертви, іноді навіть з по батькові. «Так краще для Google», — пояснюють SEO-оптимізатори замовнику. Натомість «нормальні» ЗМІ зазвичай уникають винесення маловідомих персонажів у заголовок, зазначаючи або посади, або родинні зв'язки. Не «[маловідомий] Іван Петренко попався на хабарі», а «кум, сват, брат [більш відомого] Петра Іваненка попався на хабарі».

Поки таких «клієнтів» немає, сайти, що імітують роботу «нормального ЗМІ», передруковують з мінімальними змінами або зовсім без них різний контент. Вони полюють на читача, який клацне на заголовок і збільшить показники відвідувань.

Подібні сайти генерують потік, який приносить трафік. У ньому перемішані вигадані новини, справжні новини, спотворені новини і неправильно інтерпретовані новини, екзотичні рецепти, фото знаменитостей в пікантних ситуаціях. Тут пишуть заголовки на кшталт «вулиці завалені трупами» у новини про те, що хтось у Бердянську отруїв шість собак.

Від типового «жовтого» сайту або газети їх відрізняє відсутність будь-яких контактів і фізичної редакції, тобто «живих» кореспондентів, які генерують оригінальний контент. Звісно ж, жодних натяків на стандарти, а також невибагливий дизайн, у зовсім «низових» — елементарні шаблони.

На відміну від багатьох рейтингових видань, де за гроші можна розмістити переважно тільки «позитивну» новину, «зливні бачки» не надто переймаються змістом інформації. Це з однаковою ймовірністю може бути як повністю вигадана, так і повністю правдива історія, якій не вистачає доказів, щоб віддати її в «чесне» ЗМІ. Звинувачення можуть ґрунтуватися на чутках, намальованих у фотошопі документах, фейкових сторінках іноземних ЗМІ або повідомленнях зі спеціально створених груп у Facebook.

«Видавця» неможливо зловити і фізично йому погрожувати — він сам і його сервери можуть бути розміщені за кордоном. Можливо лише зняти інформацію з сайту через спеціального посередника. Проте ніхто не приховує, що це — «гачок»: заплатиш раз — або платитимеш роками, або, відмовившись після першої «дози», отримаєш збільшення потоків нечистот удесятеро. Утім «досвідчені жертви» знають: побачивши, що «клієнт» більше не піддається на «розводки», флібустьєри від журналістики ставлять вітрила в пошуках нової жертви.

Ціни на «контракт мерця» залежать виключно від нахабства сайту і рівня стурбованості об'єкта публікації. Зазвичай вони стартують від 1000 доларів за малопомітний сайт у другій десятці видачі Google.

Основне завдання — тема має потрапити на перші шпальти респектабельних видань, а ще ліпше — на екрани топових телеканалів.

Основне завдання — тема має потрапити на перші шпальти респектабельних видань, а ще ліпше — на екрани топових телеканалів. Безпосередньо зайти туди з темами, від яких тхне, неможливо. Але є деякі прийоми. Наприклад, вигадане звинувачення публікується на «зливному» сайті, потім його постить у себе на Facebook хтось із «лідерів думок», відомий чи не дуже.

Іноді це взагалі може бути сплячий бот, тобто сторінка вигаданої людини несподівано починає цікавитися якоюсь темою і стає в ній «експертом». А далі вже з посиланням на цього «лідера думок» фейк потрапляє в новинні стрічки відоміших видань. Часто передрук у топових ЗМІ — результат лінощів або неуважності редактора, переважно нічного чи вихідного дня. Другий спосіб привернути увагу читача топового видання до своєї фейкової новини — розмістити банер.

3.9.4. Пошуковики

Google стоїть осторонь. Можна довго сперечатися про його питому масу в індустрії вірусмейкерства, але одне незаперечно: найстрашніше в Google — це акумулювання інформації. Усе, що з'являється в інтернеті, акумулюють і зберігають пошуковики. У них також працюють свої алгоритми видачі.

Матеріалу присвоюють рейтинг. Що він вищий, то більша ймовірність, що людина побачить матеріал на першій сторінці видачі, а отже, перейде на нього.

Грубо видачу можна розділити на два блоки:

— Актуальна — у топ одразу потрапляють матеріали, які популярні сьогодні. Якщо новина або відео мають велику залученість і трафік, вони гарантовано залишаються в топі на кілька днів.
— Історична — це вже робота SEO. Впливати на цей інструмент звичайна людина не може, тому я не буду детально на ньому зупинятися. Утім ми маємо розуміти одне: те, що ми бачимо у видачі Google, — це те, що нам показує його алгоритм (пам'ятаймо, що на нього може впливати його творець), і те, що поверх нього створили вірусмейкери.

Найстрашніше в Google — це акумулювання інформації.

Також потрібно пам'ятати, що хоча пошуковик і всмоктує в себе всю інформацію, але її можна з нього видаляти. Офіційна процедура дуже тривала і складна, зате процвітають неофіційні. Одним з інструментів є той самий SEO, який «очорнює» сайт або матеріал для Google, і той перестає його показувати.

РЕМАРКА

Припустімо, ви набрали в пошуковому рядку словосполучення «купити автомобіль». Штучний інтелект Google, який є своєрідним набором фільтрів, одразу оцінить ваші шанси на покупку автомобіля певної марки і запропонує сотні варіантів. Навіть якщо ви не збираєтеся купувати автомобіль зараз, Google не дасть вам забути про своє бажання. Через певний час ви з подивом помітите, що смаки ваші змінилися. Ви вже дивитесь на іншу марку, доводячи друзям її переваги. На пошту, у стрічку новин у соціальних мережах пачками сиплються

Джерело: Newtonew

вигідні пропозиції, акції та відгуки щасливих володарів якоїсь китайської моделі. Спочатку ви чините опір — «тільки не Китай». Потім придивляєтеся — «китайські машини не гірше». Потім погоджуєтеся — «весь світ на них їздить».

В ехокамері можна сидіти роками, навіть не підозрюючи про її існування. Будь-який найзвичайніший контакт із пошуковиком — і ви в контекстній пастці. Результат пошукової видачі для вас сформований задовго до того, як ви ввели запит. Ви ідентифіковані, за ключовими словами проаналізовані алгоритмами і прогнозовані, як погода на найближчу добу. Виходить, для машини ми нудні своєю передбачуваністю. Ехокамера в теорії ЗМІ більше схожа на палату для душевнохворих, де хворий не чує нічого, крім себе і голосів у себе в голові.

(За матеріалами Newtonew)

РЕМАРКА

Google завжди запевняв, що не втручається в роботу свого пошукового алгоритму. Виявилося, що це не так.

Щохвилини користувачі вводять близько 3,8 млн запитів у пошуковий рядок Google. Покладаючись на його алгоритми, вони сподіваються отримати релевантні результати про ціни на готелі, лікування від раку або про останні новини політики. Вплив цих рядків коду на глобальну економіку справді величезний: мільйони людей звертаються до інформації, знайденої в інтернеті, і саме вона є відправною точкою для грошових потоків у мільярди доларів.

Керівники Google неодноразово заявляли, зокрема в показах свідків у Конгресі, що алгоритми об'єктивні і, по суті, автономні, вони не зазнають впливу людських забобонів чи комерційних міркувань.

Компанія заявляє, що люди не впливають на пошукову видачу і ранжирування результатів. Утім журналісти WSJ з'ясували, що останнім часом Google дедалі більше втручається в результати пошуку — і набагато більше, ніж компанія визнає публічно. Часто це відбувається під тиском з боку великого бізнесу та урядів різних країн. Google став частіше вдаватися до подібних дій після виборів 2016 року в США і скандалів про дезінформацію в інтернеті.

За словами одного з керівників Google, який займається пошуком, внутрішнє розслідування 2016 року в Google показало, що близько чверті пошукових запитів повертають якусь дезінформацію. Відсотково це не так вже й багато, але з огляду на величезний обсяг пошукових запитів у Google це становило

Джерело: Telegram-канал «Цифрова тінь»

б майже два мільярди пошукових запитів на рік. Для порівняння: роль Facebook виявилася предметом слухань Конгресу після скандалу з російською дезінформацією, яку переглянули 126 мільйонів користувачів.
Коротко про те, що з'ясували журналісти видання:

- Алгоритми пошуку віддають перевагу великим компаніям порівняно з дрібнішими, підтримуючи деякі великі вебсайти, як-от Amazon.com, Inc. і Facebook Inc.
- Інженери Google регулярно вносять приховані корективи в інформацію, яку компанія дедалі частіше розміщує паралельно з основним результатом пошуку: у пропозиції з автозаповнення, у так звані панелі знань і вибрані фрагменти, у результати новин.
- Існують чорні списки для видалення з результатів пошуку деяких сайтів. Це не стосується випадків, коли сайти блокують через порушення законодавства США або інших країн.
- У режимі автозаповнення — функції, яка передбачає слова по мірі того, як користувач уводить запит, — інженери Google створили алгоритми і чорні списки, щоб відсіяти сумнівні, з погляду компанії пропозиції щодо спірних питань.
- Співробітники і керівники Google, включно зі співзасновниками Ларрі Пейджем і Сергієм Бріном, не дійшли єдиної думки про те, якою мірою варто втручатися в результати пошуку.
- Для оцінки результатів пошуку в Google працюють тисячі низькооплачуваних підрядників, мета яких, за словами компанії, полягає в оцінці якості алгоритмів ранжирування. Підрядники стверджують: компанія дає їм зрозуміти, що саме вона вважає правильним ранжируванням результатів.

*(За матеріалами
Telegram-каналу «Цифрова тінь»)*

3.9.5. Друковані ЗМІ

Що стосується традиційних друкованих ЗМІ, то вони остаточно і безповоротно померли. Ті одиниці, що все ще виходять друком, набули статусу раритету і є доповненням до онлайн-аналогів. Окремо стоять тільки регіональні газети і спеціалізовані журнали. Проте ні перші, ні другі істотного впливу на загальне інформаційне поле не мають.

3.9.6. Месенджери

Серед месенджерів найбільший вплив на інформаційне поле має Telegram. Кількість його користувачів в Україні досягла позначки 4,5 млн (за даними Data Magic за 30.04.2019) і продовжує зростати щодня. Так, з 2017 до 2018 року аудиторія українського Telegram виросла в 600 разів.

Понад 95% аудиторії використовують месенджер не тільки для особистих листувань, а й для читання цікавих каналів. Основна причина полягає в зручності отримання інформації. Не потрібно переходити на сторонні ресурси, довантажуючи їх у браузері, не потрібно відкривати інші додатки, навіть більше, підвантажені повідомлення каналів можна читати, навіть перебуваючи без інтернету. На цей момент лідирують канали новинної, освітньої та політичної спрямованості.

Основна роль Telegram-каналів у поширенні вірусів — точка вкидання. Вона коштує ще дешевше, ніж у соціальних мережах, але, з огляду на дедалі більшу популярність каналів, легітимізувати її значно простіше і швидше.

Джерело: ВОТ: Все о Telegram в Украине

Вірусмейкери зазвичай формують ряд сіток (пулів) Telegram-каналів. Мати один канал не дуже розумно, адже його «відкриття» практично нічого не коштує. Тобто вклавши трохи більше грошей, можна мати два або три (або п'ять-десять) мікромедіа. Кожне з них буде просувати тонкі аспекти меседжів або новин, чітко потрапляючи в якусь дуже конкретну аудиторію.

Джерело: блог Дмитра Золотухіна

Первинний набір підписників виконують здебільшого за рахунок ботів для того, щоб досягти вражаючої цифри. Згодом, коли користувач потрапляв на такий Telegram-канал і бачив велику кількість читачів, він зазвичай підписувався «за компанію»: якщо багато читають, значить, цікаво. Далі анонімне мікромедіа починає публікувати політичні «інсайди», зображуючи «глибоке занурення в тему». Хто, як і з ким, проти кого дружить. Хто чий ставленик. Хто кому винен і не повертає. Класична жовта преса, яка не наводить доказів і навіть не дає змоги перевірити викладені факти через нібито ексклюзивність.

Telegram має дуже шкідливу і поки непереможну традицію. Украй рідкісні випадки, коли медіа публікували заяви і новини, посилаючись на анонімні сторінки на Facebook або Twitter. Якщо таке і траплялося, найчастіше це були сатиричні матеріали, коли журналісти просто копіювали гуморні реакції соцмереж на будь-які події. Якщо ж йшлося про серйозну політичну інформацію, то цитували або офіційні сторінки держорганів, або іменні профілі політиків і експертів. Зараз же ЗМІ стали масово посилатися і на анонімні Telegram-канали.

РЕМАРКА

З 30 жовтня 2019 року в українському інформаційному полі з'явився новий персонаж — «пранкер Джокер», який листується з депутатами від імені генерального прокурора Руслана Рябошапки. Про нього нічого невідомо, крім того, що у нього є Telegram-канал з аномальним приростом підписників — 10–15 тисяч на добу. Там він викладає листування — з депутатами Богданом Яременко, Михайлом Радуцьким і Миколою Тищенко (всі вони від «Слуги народу»).

Тридцятого жовтня інтернет-видання «Страна.ua» опублікувало листування Богдана Яременка з «пранкером Джокером». У листуванні цей чоловік представився генеральним прокурором Русланом Рябошапкою. У той же день Яременко потрапив у скандал — журналісти видання «Букви» сфотографували його листування з секс-працівницею. Яременко сказав журналістам, що це була провокація — за його словами, він знав, що за ним стежать, і вирішив спеціально показати таку переписку. Після повідомлень Джокера-Рябошапки Яременко написав в Facebook пост з вибаченнями. Першого листопада Яременко повідомив, що залишає посаду голови комітету Верховної Ради з питань зовнішньої політики і міжпарламентського співробітництва.

Наступного дня Джокер відкрив Telegram-канал. У коментарі theБабелю він сказав, що «з'явився 31 жовтня на Хелловін». Шостого листопада 2019 на його каналі було вже 35 000 підписників. «Усі підписники приходять органічно, завдяки вашій увазі і цікавості ваших колег-журналістів. Хоча, чесно зізнаюся, на старті я купив 1000 підписників», — каже Джокер.

Джерело: TheБабель

За кілька днів у Telegram-каналі пранкера і на сайті «Страна.ua» вийшли кілька листувань Джокера з депутатами «Слуги народу». З усіма він листувався від імені Руслана Рябошапки. «Мені здається, у нашій країні багато хто б хотіли мати довірчі відносини з генпрокурором. Я це легко довів», — пояснив Джокер theБабелю. У листуванні з Радуцьким він обговорював доплати депутатам «Слуги народу» у конвертах. За словами Радуцького, йому почали надходити повідомлення з номера, який був записаний у його телефоні як «хз», він вирішив, що це якийсь знайомий чоловік, і тому почав підтримувати з ним листування.

(За матеріалами theБабель)

3.9.7. Піраміда лідерів громадської думки

Це мультиканальний інструмент поширення вірусів, що спирається на пул експертів і який формує вірусмейкер. Зазвичай перед пулом експертів ставлять кілька завдань:

— вкинути інформацію;
— легалізувати інформацію;
— дати альтернативну думку;
— підтримати потрібну думку;
— атакувати.

До пулу залучають найрізноманітніших експертів як за вагою в інфополі, так і за спеціалізацією. Що різноманітніший пул, то складніше його виявити, а отже, створений ним контент будуть сприймати як органічний. В основному в пул беруть експертів, які можуть транслювати інформацію з різних каналів: їх регулярно запрошують до програм і політичних шоу на ТВ-канали і радіо, вони мають розкручені сторінки в соціальних мережах, ведуть блоги в топових ЗМІ.

Схема роботи пулу експертів перегукується з темниками ЗМІ:

— їм видають меседж-бокс — тези, згідно з якими потрібно висвітлювати ту чи іншу тему;
— за кожним закріплюють роль — вкидання інформації, експертна оцінка, розвиток теми;
— вказують, з якою інтенсивністю потрібно відпрацювати;
— погоджують ціну, вилка цін досить велика: від кількох десятків доларів до тисяч за один пост — усе залежить від авторитетності експерта і змісту вірусу;
— експерт відпрацьовує за всіма доступними йому каналами.

В українських реаліях на роботу в пулі погоджуються переважно політтехнологи, політконсультанти та інші навколополітичні фахівці, які вбивають двох зайців — піаряться і заробляють гроші. Залучити лідерів громадської думки з неполітичних сфер для роботи з вірусами вкрай складно. Зазвичай вони не погоджуються ризикувати репутацією в обмін на кілька сотень доларів.

Пули почали активно використовувати з 2014 року. Одним з перших їх сформувала і поставила на потік команда попередньої влади. Але оскільки задіяні в ньому лідери громадської думки працювали переважно на одного Замовника, вони були швидко дискредитовані й істотно втратили в ефективності. Нині один лідер громадської думки працює зазвичай на багатьох Замовників і в рамках короткострокових проектів. Нерідкі випадки, коли в рамках короткого періоду один і той самий експерт відстоює різні погляди на одну проблему.

Останніми роками почали з'являтися пули, сформовані з «простих людей». Це прокачані боти формату «живі люди», які працюють за тією самою механікою вкидання інформації і також є центрами її розгону.

В українських реаліях на роботу в пулі погоджуються переважно політтехнологи, політконсультанти та інші навколополітичні фахівці, які вбивають двох зайців — піаряться і заробляють гроші.

РЕМАРКА

Важливу роль у вірусмейкерстві в інформаційному полі відіграє моніторинг. Саме він дає змогу зібрати цілісну картину того, що відбувається, і показати її виконавцю і Замовнику. Що це дає вірусмейкеру:

- дізнаватися про публікацію в перші хвилини;
- бачити залученість;
- спостерігати динаміку зростання інформаційного поля.

На щастя, на цей момент моніторингові системи дуже погано визначають тональність матеріалів, що подовжує процес обробки масиву інформації, а отже, і процес реагування. Що, звісно, хоч і не критично, але позначається на ефективності. Проте усунення цього недоліку — питання кількох років. Потім це також стане додатковим мультиплікатором ефективності вірусів.

Звісно, традиційними каналами вірусмейкери не обмежуються, постійно вигадуючи і знаходячи нові. Нижче наведу приклади тих, які використовують найчастіше.

- **Мітинги** — старий і перевірений інструмент створення інформаційного приводу.
- **Тролінг журналістів у громадських місцях**, на прес-конференціях, біля будинку. Основне завдання — поставити потрібному об'єкту потрібне питання і спровокувати його на емоційну реакцію. Потім за допомогою монтажу формують потрібний сюжет, який вкидають в інформаційне поле.
- **Тролінгові борди.** На рекламних площах розміщують тизерні провокаційні фрази, які психологічно тиснуть на об'єкт нападок. Так, 2015 року під час кампанії зі зміщення Арсенія Яценюка з посади прем'єр-міністра по Києву розмістили борди «Біжи, кролик! Біжи!».
- **Машини з мегафонами**, які курсують потрібним маршрутом і транслюють записи з компрометуючою інформацією про об'єкт нападок. Наприклад, така машина з інформацією про Сергія Пашинського курсувала урядовим кварталом у Києві.

3.10. ЯК ЗАПУСКАЮТЬ ІНФОРМАЦІЙНІ ВІРУСИ

Коли є замовлення на вірус, сформовано концепцію його запуску і створено контент, потрібно зібрати піраміду запуску вірусу. Її мета — спровокувати необхідну дію. Дія може бути найрізноманітнішою — від виходу на мітинг до просто коментаря або перепосту інформації.

РЕМАРКА

Один з наочних прикладів піраміди — демонстрація Володимиром Зеленським народовладдя на початку своєї каденції. Він публікував пости з кандидатурами губернаторів і закликав дати щодо них зворотний зв'язок. Тоді запускали маховик тисяч коментарів ботів, що вихваляли потрібних кандидатів і обливали брудом опонентів. Це було підкріплено кампанією в інших каналах комунікації.

Нижче наведено типовий каркас інформаційної піраміди. Він розширюється залежно від завдань. Канали завжди вибирають індивідуально. Часто вся комунікація може відбуватися в одному каналі, наприклад тільки в Facebook або тільки на ТБ.

 # 1. Інформаційний привід і його точки вкидання. В ідеалі кількість точок вкидання максимізують — велика кількість різноманітних точок вкидання, що мають знання і довіру до них аудиторії. Важливо розуміти, яка чисельність цільової аудиторії, стільки і має бути точок вкидання їхньою мовою. Типові:

1) Той, хто спровокував інфопривід, транслює базовий фактаж, розрахований на максимально широку аудиторію. Завдання просте — виступити.

2) Його спікери деталізують позицію, адаптуючи під свої аудиторії. Дотримуються офіційної лінії інфоприводу.

3) Його послідовники, не пов'язані очевидними зв'язками з інфоприводом або спікерами, дають свою реакцію, але дотримуються загальної лінії. Вони теж працюють для своїх аудиторій.

2. **Розжовування, деталізація** — завдання незалежних експертів і лідерів громадської думки, ЗМІ. Вони висловлюють «незалежну» думку, підводячи читача до потрібного висновку. Механіка: цей пул формується на регіональному та всеукраїнському рівні й функціонує на постійній платній або безкоштовній основі (зокрема, і ситуативно).

3. **Підтримка** — ніби прості люди або дійсно прості люди, активісти, які є лідерами думки для окремих аудиторій і транслюють офіційну позицію мовою цих аудиторій. Механіка: пул формується на регіональному та всеукраїнському рівні і функціонує на постійній платній або безкоштовній основі (зокрема, і ситуативно).

4. **Вихід в народ**, де йде обростання зворотним, народним контентом. Те, що повертається від народу, — тільки в онлайні, де є варіанти зворотного зв'язку.

5. **Масштабування** — усіма доступними інструментами і каналами, зокрема рекламою і накруткою.

Паралельно з інформаційною пірамідою запускають протокол захисту. Тобто працює ботрум або чітко скоординований фанклуб. Також застосовують контрольовану критику. Це «незалежні» акаунти і паблік, які критикують Замовника мовою соцмереж — максимально просто і зрозуміло для пересічних користувачів. При цьому їх модерують, спрямовуючи в потрібне русло. Цей інструмент успішний, тільки якщо він максимально природний і актуальний. Із його допомогою замовники самі породжують той негатив, який вивалили б на них конкуренти, але при цьому контролюють його градус і структуру.

Протягом усього періоду роботи піраміди триває моніторинг її результативності та коригування результатів, які працюють за такою самою схемою.

На щастя, тільки поодинокі віруси запускають за класичною інформаційною пірамідою.

3.11. «БОРОТЬБА» З ВІРУСМЕЙКЕРАМИ

Початок «війни» з вірусмейкерами можна датувати 2014 роком — публічним початком гібридної війни Росії з Україною. Саме тоді вголос заговорили про фейки, ботів, Ольгино, RT і інші інструменти індустрії.

Другий виток — президентська кампанія 2016 року в США і втручання в неї Росії, з тролями, атаками, зломами пошт тощо.

Третій виток — згадуваний вище скандал з Cambridge Analytica.

Усе це винесло «темну індустрію» на світло і вписало її в світову інформаційну повістку. За цей час було написано, знято тисячі матеріалів різних форматів, від маленьких постів до повнометражних фільмів. Цифрові гіганти публічно впроваджували нові правила захисту персональних даних, протоколи визначення фейків і маніпуляцій. Нам навіть показали багатосерійне реаліті-шоу «Марк Цукерберг проти Чиновників топ-країн». Одним словом, усі — від урядів і цифрових гігантів до журналістів і блогерів — переконували нас у тому, що проблема є і з нею борються.

А які ж реальні результати цієї боротьби на цей момент для української індустрії вірусмейкерів? Приклад з українською індустрією вірусмейкерів важливий не тільки тому, що це основна тема цієї книжки, а ще й тому, що волею історії ми стали основним полігоном для апробації ключових технологій і одним з лідерів з їх продукування для всього світу.

Український приклад — хороша ілюстрація ефективності «боротьби» з вірусмейкерами.

Отже, український приклад — хороша ілюстрація ефективності «боротьби» з вірусмейкерами хоча б тому, що:

1) У нас триває гібридна війна.

2) Ми стали частиною американської політичної гри.

3) За останній рік, тобто в умовах вже впроваджених обмежень з боку цифрових корпорацій, у нас відбулися дві серії виборів і змінилася влада.

Інакше кажучи, є всі передумови, щоб заміряти ефективність заходів, які були впроваджені за результатами глобальної і локальних «воєн» з вірусмейкерами. Ми на своїй шкурі могли оцінити ефективність нововведень.

У цьому разі не працює улюблена відмовка цифрових гігантів про те, що Україна для них — second market (вторинний ринок) і тому тут не працює частина функцій або нижча ефективність низки заходів. Ми — один з ключових ринків, на якому і відбуваються інформаційні битви із застосуванням новітніх технологій.

Також у нас сконцентрована індустрія творців широкого спектра інструментів для вірусмейкерів. До того ж, вони досить оперативно розробляють «нейтралізатори» для новацій цифрових гігантів.

Тобто за всіма законами логіки ми для борців з вірусмейкерами — хороший полігон для відпрацювання інструментів цієї «боротьби».

РЕМАРКА

В Україні тільки починають планувати роботу, спрямовану на системну боротьбу з окремими сегментами індустрії вірусмейкерства. Так, у листопаді 2019 року міністр культури, молоді і спорту України Володимир Бородянський представив концепцію нового закону про медіа. Очікується, що закон буде прийнятий на початку 2020 року. Поки ця концепція рамкова і тільки відображає побажання відомства — боротися з дезінформацією, ввести індекс достовірності новин і Офіс інформаційного омбудсмена.

Мінкультури пропонує ввести новий орган — Офіс інформаційного омбудсмена, завдання якого — моніторити інформаційний простір, шукати дезінформацію, розглядати скарги на дезінформацію, звертатися до суду «для захисту інтересів суспільства».

Для цього хочуть ввести індекс достовірності новин. За задумом Мінкультури, контент ЗМІ повинен маркуватися як досто-

Джерело: theБабель

вірний або недостовірний. Критерії розробить спеціальний незалежний орган з журналістів. Кожне медіа зобов'яжуть надати реальні вхідні дані, щоб швидко реагувати на скарги. Як приклади Мінкультури наводить два інструменти — глобальний індекс дезінформації і розширення для браузера NewsGuard.

Глобальний індекс дезінформації розробили 2018 року вісім незалежних експертів з різних організацій, зокрема й члени «Репортерів без кордонів» і «Міжнародної мережі перевірки фактів». Індекс визначає достовірність будь-якого новинного домену за такими критеріями:

- структура сайту — штучний інтелект вивчає й аналізує метадані сайтів;
- контент — фахівці вручну вивчають зміст сайту, враховують достовірність статті, її сенсаційність, перевіряють на мову ворожнечі; для аналізу беруть десять найпопулярніших статей;
- прозорість і контекст — кому належить сайт, яка у нього репутація, чи є конфлікт інтересів.

NewsGuard — це безкоштовне розширення для браузера, яке позначає новинні сайти червоним кольором, якщо вони недостовірні, і зеленим, якщо їм можна довіряти. Розширення підтримують Google Chrome, Microsoft Edge, Firefox і Safari. Сайти вивчає команда з журналістів і редакторів. Критерії достовірності такі:

— як часто публікують неточну інформацію;
— відокремлені новини від думок чи ні;
— чи є клікбейт у заголовках;
— прозорість даних про власника сайту і його політичні погляди.

Мінкультури хоче створити незалежну організацію журналістів, яку буде частково або повністю фінансувати держава. Такий орган має стежити за дотриманням «етичних стандартів» у медіа і захищати журналістів. Він же буде визначати, кого називати журналістом і кому видавати посвідчення.

(За матеріалами theБабель)

Щоб зовсім не вийти з формату цієї книжки і не впасти в професійний дискурс, зупинюся тут на п'яти найбільш розпіарених інструментах боротьби з вірусмейкерами. Порядок викладу — від найефективніших до менш дієвих.

1. Неправомірна реклама

Суть: регулювання реклами, яка вводить в оману користувачів. Індустрії вірусмейкерів стосується переважно в частині обмежень щодо політичної реклами.

Що робиться:

Знову найдієвіший інструмент боротьби з вірусмейкерами запустив Facebook. З 15 березня 2019 року компанія почала вимагати від усіх, хто купує політичну рекламу, підтверджувати свою особу і місцезнаходження. Також їм доведеться надавати докази того, що вони є частиною організації, яку, за їхніми словами, вони представляють.

З 25 червня 2019 року Україну включили в особливий список Facebook. Тепер вся політична реклама буде систематично піддаватися перевірці — як автоматично, так і вручну.

З жовтня 2019 року комерційні підприємства, некомерційні організації та неурядові організації надають ідентифікаційний номер, зареєстрований у податковому органі. Урядові та військові рекламодавці надають веб-домен та адресу електронної пошти, що закінчується на .gov або .mil. Політичні партії надають ідентифікаційні номери Виборчої комісії.

Значок «і» у верхньому правому кутку оголошення буде означати, що вони є «підтвердженою організацією». Якщо клацнути цей значок, з'явиться додаткова інформація про рекламодавця, включаючи його державний ідентифікаційний номер.

Facebook також дозволяє невеликим організаціям і місцевим політикам купувати рекламу. Їх просять надати назву, адресу, веб-сайт, адресу електронної пошти та номер телефону організації, яку Facebook перевірить.

На додаток до нових вимог до реклами Facebook також оновив категорії реклами, які він вважає політичною. Те, що раніше було 20 предметними областями, тепер об'єднано в 10 категорій, які, за словами Facebook, є більш інклюзивними.

Яка ефективність: наразі це найефективніший інструмент, хоча повною мірою він стосується тільки одного цифрового гіганта.

РЕМАРКА

У жовтні 2019 року співробітники Facebook написали лист керівництву компанії, зокрема й Марку Цукербергу. Вони виступили проти політики соцмережі, яка дозволяє розміщувати недостовірну політичну рекламу.

Лист підписали понад 250 співробітників. Працівники Facebook виступили проти брехні з боку політиків і розміщення недостовірної інформації — вони вважають, що така політика компанії загрожує цінностям Facebook.

Берті Томсон, представник Facebook, повідомила, що в Facebook зважають на думку працівників. Незважаючи на це, компанія не буде піддавати цензурі висловлювання політиків. До цього Цукерберг говорив, що Facebook розглядала можливість заборони всієї політичної реклами. У підсумку від цієї ідеї вирішили відмовитися — це пояснили тим, що у людей має залишатися свобода висловлювання думок.

Нижче наведу частину листа з пропозиціями співробітників щодо поліпшення:

«...Усі ці пропозиції стосуються змісту реклами.

1) Привести політичні оголошення до того самого стандарту, що й решту оголошень. Дезінформація, яку поширюють політичні рекламодавці, дуже негативно впливає на наше співтовариство. Ми не маємо брати гроші за політичну рекламу без застосування стандартів, яких мусять дотримуватися інші наші оголошення.
2) Строгіший візуальний дизайн для політичної реклами. Люди тяжко відрізняють політичну рекламу від звичайних постів. До політичної реклами ми маємо застосувати строгіший дизайн, щоб людям було легше її розпізнати.
3) Обмежити таргетинг для політичної реклами. Наразі політики і політичні кампанії можуть використовувати наші передові інструменти таргетингу, як-от аудиторії користувачів. Політичним рекламодавцям властиво завантажувати списки виборців (які є загальнодоступними для того, щоб охопити виборців), а потім використовувати інструменти відстеження поведінки і взаємодії з рекламою для подальшого поліпшення реклами. Ризик, пов'язаний з цим, полягає в тому, що електорату важко брати участь у «громадському контролі», який, як ми говоримо, супроводжується політичною промовою. Ці оголошення часто мають таку мікроцільову спрямованість, що розмови на наших платформах набагато більш розрізнені, ніж на інших платформах. Наразі ми обмежуємо таргетування житла

Джерело:
tech.informator.ua

й освіти, а також кредитні вертикалі через історію дискримінації. Ми маємо поширити подібні обмеження на політичну рекламу.

4) Ширше дотримання періодів мовчання на виборах. Дотримуйтесь мовчання на виборах відповідно до місцевих законів і правил. Вивчіть добровільне передвиборне мовчання, щоб усі виборці і політики в усьому світі діяли сумлінно і як добропорядні громадяни.
5) Обмеження щодо показу для політиків. Facebook заявив, що одним з переваг показу політичної реклами є те, що можна почути більше голосів. Проте впливові політики можуть перегравати нові голоси і заглушити конкуренцію. Щоб вирішити цю проблему, якщо у вас є політична кампанія і політик, які рекламуються, існує обмеження, яке буде застосовано до обох разом, а не до кожного рекламодавця окремо.
6) Чіткіші правила для політичної реклами. Якщо FB не змінює політики для політичної реклами, нам необхідно оновити спосіб її відображення. Для користувачів і рекламодавців не одразу ясно, що політична реклама звільнена від перевірки фактів, тимчасом як інші оголошення перевіряють. Будь-хто має легко зрозуміти, що наша рекламна політика щодо дезінформації не поширюється на оригінальний політичний контент або рекламу, тим паче що політична дезінформація є шкідливішою, ніж інші види дезінформації...».

(За матеріалами tech.informator.ua)

 # 2. Персональні дані

Суть: захист конфіденційності персональних даних.

Що робиться:

Facebook в 2019 році відзвітував про припинення десятків тисяч додатків, підключених до його платформи, які, як він підозрює, можуть збирати великі обсяги даних профілю користувача. Це різке зростання порівняно з 400 додатками, зазначеними рік тому в результаті розслідування, проведеного компанією услід за Cambridge Analytica.

Багато з додатків було заборонено через низку причин, як-от видалення даних з профілю користувача Facebook або оприлюднення персональних даних без їхнього захисту, або інші порушення політики компанії. Найпоширеніших збирачів даних у вигляді соцопитувань стало менше на порядок. Проте процвітають просунутіші форми у вигляді «фото в старості».

Що не робиться:

Регулярно з'являється інформація про витік великих баз персональних даних з різних цифрових компаній. Це призвело до того, що в даркнеті продають мільйони даних — від паролів до копій паспортів. Паралельно процвітає індустрія хакерів, які під точкові завдання вірусмейкерів добувають потрібні дані.

Яка ефективність: нижча за середню.

3. Фейкові новини

Суть: маркування або видалення контенту, який містить брехливу або викривлену інформацію.

Що робиться:

На вістрі боротьби з фейками стоїть Facebook. Це пояснюється як тим, що він є основним масштабувальником фейків, так і інтенсивністю звинувачень його в цьому. На тепер в Україні діють такі рішення від Facebook.

1) Модерація з подальшим видаленням інформації. За контентом у соцмережі стежить величезна кількість рецензентів з усього світу. Головні принципи їх відбору — знання мови і контексту місцевої громади. Вони переглядають контент і приймають рішення. Якщо рецензент №1 визначив контент невідповідним стандартам соцмережі, то його заявка йде до рецензента №2. У разі його підтвердження контент видаляють. У разі розбіжностей підключають рецензента №3, який і приймає рішення.

2) Погіршення видачі (зниження появи в стрічці), зокрема це стосується:
   - клікбейтних новин, коли хтось прагне отримати за це гроші;
   - постів про продукти або послуги на підставі інформації, пов'язаної зі здоров'ям (наприклад, засоби для схуднення). Для визначення такого контенту соцмережа буде

знаходити в постах фрази, які зазвичай використовують спеціально для залучення уваги. Таким чином, вона спробує передбачити ті, які можуть містити «сенсаційні заяви» про здоров'я або просувати пов'язані з ними продукти і товари. Такі пости будуть показувати в стрічці якнайнижче.

3) Крім цього, в Україні функціонують десятки різних програм з медіаграмотності. Мета їх — навчити людей розпізнавати фейки завдяки аналізу змісту новини і джерела, яке її опублікувало. Також з перших днів війни функціонують фактчекінгові ресурси. Проте масовість їхньої роботи непорівнянна з обсягом фейків. Наразі це нагадує боротьбу з вітряками.

РЕМАРКА

Тринадцятого грудня 2019 року менеджерка з публічної політики в Україні від Facebook Катерина Крук під час форуму «Основні виклики свободи слова в інтернеті: український і світовий контекст» заявила:

«Ми зараз готуємося до розширення глобальної програми протидії дезінформації в Україні. У нас є система, яка відпрацьована у світі, — це програма під назвою Third-party fact-checker. Ми співпрацюємо із локальними фактчекінговими організаціями, які допомагають нам перевіряти контент. Це працює за кількома принципами — звісно, ми використовуємо machine learning і просимо фактчекерів перевірити наші внутрішні передбачення щодо того, яка інформація або з яких сайтів може бути маніпулятивною. Також вони самі можуть моніторити і надсилати інформацію нам».

За її словами, Facebook має 46 глобальних партнерів, які перевіряють інформацію сьогодні, але партнерів в Україні поки нема.

«У нас є потенційна співпраця, але ще не підписаний контракт і, відповідно, ми готуємося на 2020 рік, щоб запустити цю програму в Україні», — сказала Крук.

Перевірку інформації компанія довіряє іншим організаціям, бо не має технічної можливості набрати штат експертів, щоб робити це самостійно. Катерина Крук зазначила, що Facebook не втручатиметься у роботу локальних фактчекерів. Facebook також візуально виділятиме у стрічці інформацію, яка має ознаки маніпуляцій.

Джерело: Детектор Медіа

«Інший рівень, над яким ми зараз працюємо, — це технічне позначення того, як люди можуть бачити у своїй стрічці новин потенційну маніпулятивну інформацію. Коли в нас буде локальний фактчекінг, який зможе перевіряти інформацію, ми відповідним чином будемо графічно виділяти її і попереджати людей, що вона може бути маніпулятивною, давати їм контекстну інформацію або посилання на статтю, яка розвінчує певний міф», — зауважила Катерина Крук.

(За матеріалами Детектор Медіа)

Що не робиться:

Переважну увагу і зусилля цифрових гігантів спрямовано на викриття інформації по її суті і структурі. Злочинно мало уваги звертають на патерн її поширення.

Яка ефективність: на цей момент — низька, яка прямує до «нульової». Глобальні заходи дають поодинокі результати, а локальні тільки починають розробляти.

Показники ефективності просвітницьких робіт з медіаграмотності було наведено вище: не більше 11% можуть розрізнити фейкову новину.

РЕМАРКА

У жовтні 2019 року, напередодні президентської кампанії в США, Facebook випустив ряд оновлень:

- Запуск Facebook Protect, набір функцій, призначених для захисту облікових записів політиків. Учасникам потрібно включити двоступеневу автентифікацію, а їхні облікові записи будуть перевіряти на предмет злому, як-от спроби входу в систему з незвичайних місць або з неперевірених пристроїв.
- Додавання інформації про власника сторінки Facebook через нову вкладку з написом «Організації, які керують цією сторінкою», яка включає юридичну назву організації, місто, номер телефону або веб-сайт.
- З листопада 2019 року видавці, які «повністю або частково перебувають під редакторським контролем свого уряду», будуть позначені як «контрольовані державою ЗМІ». Це будуть такі видавці, як Russia Today, яка інтенсивно висвітлює новини США.

Джерело:
tech.informator.ua

- Впровадження інструмента відстеження, що дає змогу користувачам бачити, скільки кандидати витрачають на рекламу в Facebook, включно з державними і регіональними витратами. Компанія також додає інструменти API, щоб допомогти дослідникам сортувати рекламні дані.
- Додавання ярликів на помилкові фотографії та відео, зокрема в Instagram, разом з посиланням на пояснення з перевірки фактів. Якщо люди намагаються поділитися постами в Instagram, які були оцінені як хибні, Facebook тепер покаже спливаюче вікно із зазначенням рейтингу.
- Виділення $ 2 млн доларів на медіаграмотність. Проекти варіюють від навчальних програм, щоб допомогти забезпечити найбільші облікові записи Instagram ресурсами, необхідними для зменшення поширення дезінформації, до розширення пілотної програми, яка об'єднує людей похилого віку й учнів старших класів, щоб дізнатися про онлайн-безпеку та медійну грамотність, заходи в публічних місцях, як-от книжкові магазини, громадські центри та бібліотеки в містах по всій країні.

(За матеріалами tech.informator.ua)

 # 4. Ботоферми

Суть: автоматичне масове створення акаунтів і забезпечення їх довгострокового функціонування з метою вкидання і поширення інформації. А також забезпечення захисту від інформаційних атак.

Що робиться:

Переважну більшість зусиль соціальних мереж спрямовано на те, щоб ускладнити створення фейкового акаунта. Вони зосереджуються на першому періоді його життя. Якщо вірусмейкеру вдалося створити обліковий запис і він прожив місяць, його можна експлуатувати фактично роками. При цьому не особливо заморочуватися з його:

— зовнішнім виглядом — заповненням профілю (зокрема, наповнення його фотографіями і постами з «життя» фейкової особистості);
— прокачуванням — нарощуванням реальної аудиторії та збільшенням охоплення, яке формує дію облікового запису (скільки людей бачать пост та ін.).

Вище я розповідала про типи ботів. Тут зупинюсь на найтиповіших причинах, за якими бота може забанити соціальна мережа. Як не дивно, їх всього три:

— накрутка підписників — коли за короткий проміжок часу (годину, день) приходить аномально велика для акаунта кількість підписників. При цьому ці акаунти ніяк не контактували з контентом сторінки раніше і після підписки;
— накрутка лайків — схожа з попереднім пунктом, тільки лайки, репости, коментарі йдуть на конкретний пост, а ці акаунти також раніше ніяк не взаємодіяли з акаунтом або не є його аудиторією;
— типові дії — акаунт переважну більшість своїх дій здійснює на одній/кількох сторінках.

Проте найчастіше акаунти банять через «старість». Тобто за своє довге ботівське життя (від одного року) вони потроху порушували різні правила соціальної мережі. Кожен такий факт знижував довіру до них. Через багато місяців своєї інтенсивної роботи на благо вірусмейкерів вони нарешті стали досить підозрілі для соціальної мережі, тож вона вирішила їх заблокувати. А втім, «добрі» соціальні мережі не блокують акаунти одразу і назавжди, а спочатку роблять попереджувальне блокування, після якого акаунт може ще якийсь час працювати в менш інтенсивному режимі й тільки після цього буде заблокований повністю.

Поточні технології ботрумів дають змогу досить добре імітувати дії «типового користувача мережі» та мінімізувати ризики блокування за типовими діями, тим самим продовжуючи життя бота на роки.

Що не робиться:

У гонитві за блокуванням фейкових акаунтів і з роботою «толерантного» штучного інтелекту поза увагою соціальних мереж залишаються точки концентрації ботів — контент, який вони розганяють.

Виявити його дуже просто. Найтиповіші — це або суспільно-політичний контент, або пости з аномальною, значно вище середньої, залученістю. Усі профілі, які взаємодіють з таким контентом, з імовірністю, близькою до 100%, — боти. Далі вже справа простих функцій — відстежити їхню іншу активність і за кілька днів набрати аналогічних «гріхів» для нівелювання їхніх трастів і блокування акаунтів.

Яка ефективність: низька, яка прямує до нульової. Усі дії соціальних мереж зумовили те, що з ринку пішли аматори, а професіонали істотно доопрацювали своє програмне забезпечення і продовжують працювати на благо вірусмейкерів.

 # 5. Блокування осередків поширення вірусів

Що робиться:

У соціальних мережах існує функція поскаржитися на контент акаунта. Утім для того, щоб джерело було заблоковане, потрібна велика кількість скарг. Як наслідок, ця функція працює навпаки — у переважній більшості випадків блокує не ресурси, які поширюють віруси, а акаунти і сторінки активістів, які борються з вірусмейкерами. Причина проста — в останніх є великий автоматизований ресурс здійснювати блокування, а першим потрібно щоразу проводити кампанії і мобілізувати людей.

Ця проблема триває з початку війни з Росією, коли у Facebook почали масово блокувати акаунти українських активістів. Проте жодні обурення і логічні аргументи не змогли переконати Facebook і інші мережі в необхідності поміняти процедуру блокування.

Що не робиться:

Ніяк не регулюють канали в Telegram. Як я писала вище, вони стали ефективним осередком анонімного вкидання інформації.

Украй мало, фактично зовсім не регулюють сайти. Також існують роками описані вище мережі «інформаційних помийок».

Яка ефективність: низька, яка прямує до нульової.

Загальний висновок напрошується сам собою — чи то українська індустрія вірусмейкерства могутніша від усіх цифрових корпорацій разом узятих, чи то спроби з нею боротися більше для камер, ніж для результату.

Мені дуже хочеться вірити, що цьому є просте пояснення — запущено глобальні процеси, які ще не мають очевидних результатів, і найближчим часом нас чекає сплеск ефективності. І навпаки, не хочеться вірити в те, що цифровим корпораціям не дають спокою лаври вірусмейкерів і вони просто шукають компроміс між «створенням видимості боротьби» і «залишити все як є».

ЧАСТИНА 4

ЯК ВІРУСИ ЗРУЙНУВАЛИ НАС

4.1. ЧОГО ДОСЯГЛИ ВІРУСИ І ЯК МИ МОЖЕМО ЇМ ПРОТИДІЯТИ

У попередній частині ми познайомилися з індустрією вірусмейкерства. В її нетрях створюють віруси. Їхня мета одна — підпорядкувати нас собі. Проте завдання — різні, часом суперечливі й часто мінливі. Ця індустрія плодить хаос і сама існує в хаосі.

Упевнена, що, прочитавши третю частину книги, читачі розділяться на дві радикальні групи: ті, хто почує про це вперше, і ті, для кого там усе зрозуміло й давно відомо. Проте і перші, і другі однаково схильні до зараження вірусами. Щоправда, одні через незнання, а інші через звичку все ускладнювати.

Кожен із нас живе в своїй інформаційній бульбашці. Вона виникла не з настанням цифрової ери, а була завжди. Ми є те, чим є наше оточення. Ми живемо тими самими захопленнями, читаємо ті самі книги, дивимося однакові фільми. При зміні епох цей перелік просто істотно розширився, як і коло нашого спілкування. Власне, саме спілкування розділилося на віртуальне й реальне. Перше впевнено лідирує.

Кожен із нас живе в своїй інформаційній бульбашці.

Як люди поінформовані — а зараз я саме про тих, для кого третя частина книги не стала відкриттям, — ми підсвідомо виробляємо для себе правила інформаційної гігієни. Так, вони стихійно-інтуїтивні, але існують:

- одні — найвідчайдушніші — видаляють свої акаунти з соціальних мереж;
- інші обмежують свій час в інтернеті;
- ще інші влаштовують періодичні діджитал-детокси;
- іще інші вивчають усі деталі угод із цифровими гігантами й роботу алгоритмів;
- хтось стає цифровим, політичним чи іншим гуру, купуючи необхідні професійні навички, щоб «не наступити на вірусні граблі»;

- ще хтось подасться в психологію, нормуватиме себе, учитиметься розуміти інших і залишати за ними право бути собою;
- дехто береться до йоги чи інших духовних практик, також вивчаючи себе й інших і заразом залишаючи право кожному на свої помилки.

Перелік невичерпний. До того ж багато хто поєднує одразу кілька способів. Проте для всього цього потрібно бути людиною з широким світоглядом, прокачаною силою волі, відносно психологічно здоровою і мати вдосталь часу для всього, що зазначено вище. Одначе навіть і така людина має значний ризик випасти з цих правил у разі, якщо щось «зламається» (втратить роботу, розлучиться, серйозно занедужає). Адже на дотримання й розширення правил гігієни енергії бракуватиме.

Звісно, навички йоги або напрацювання психоаналізу просто не минуться, але інформаційна оборона знизиться. Скажімо, варто нам злягти із застудою, як одразу тягне на прості примітивні серіальчики, шоу, ігри, глянцеві журнали й інші розсадники вірусів. Звісно, як і застуда не руйнує наш імунітет за один раз, так само за один раз не зруйнувати й наш інформаційний імунітет. А якщо ситуація ускладниться?

Яскравий приклад трапився в одному фільмі-розслідуванні про індустрію екстрасенсів. Там показана історія абсолютно нормальної жінки — з хорошою роботою, сім’єю, друзями. Цілком собі міцна людина-борець у житті й на інформаційному фронті. Проте зненацька її спіткає нещастя: сильно занедужує матір. Медицина не може нічим зарадити. Жінка кидається, шукає варіанти, виснажується фізично й морально.

Одного разу вона механічно вмикає телевізор, перемикає канали та потрапляє на рекламу мага й чарівника, який лікує все й усіх. Жінка набирає номер телефону, потрапляє в «магічний контактний центр». У ньому спеціально навчений «маг-знахар-екстрасенс» запевняє, що на ній прокляття, часу на його зняття обмаль, та якщо поквапитися, то все можливо. Звісно, це буде коштувати грошей, але результат того вартий.

Упродовж місяця жінка віддає всі свої гроші. Продає квартиру, випозичує кошти в кредит і все теж віддає «магам». Згодом її мама помирає. А жінка залишається жити сама, в орендованій квартирі, працюючи на трьох роботах, щоб виплатити кредити.

Так само працює й інформаційний вірус. Він знаходить слабке місце в момент, коли ми втратили пильність, і руйнує нашу оборону. А якби ми жили в інформаційно здоровому суспільстві, воно нас підтримало б і не дало занепасти духом.

Є ще одне велике *АЛЕ*. Існуючи в своїй комфортній і просунутій інформаційній бульбашці, ми майже не замислюємося про тих, хто перебуває за її межами. До прикладу, візьмімо батьків. Скажіть чесно, кому вистачає терпіння дискутувати з батьками про політику? А з бабусями й дідусями? А з тестями/свекрами? А з далекими родичами? З майстром манікюру або тренером?

Ми креативно уникаємо цих розмов. Прикриваємося тим, що в кожного своє життя, кожен має право на свої помилки, думку тощо. Може, воно й так. Проте чому тоді ми охоче провадимо розмови, дискусії про глобальне потепління? Чому так просто підтримати бесіду з будь-яким співрозмовником про необхідність відмови від пластику? Ба більше, ми вже знаходимо аргументи навіть для бабусі, чому не споживаємо м'яса, цукру, жирного, чому обмежуємо себе в тому чи тому. Чи не здається це трохи дивним? Адже й питання інформаційної гігієни, і питання глобального потепління однаково важливі. І там, і там особисте благополуччя залежить від колективного.

Інформаційний вірус знаходить слабке місце в момент, коли ми втратили пильність, і руйнує нашу оборону.

Якщо ви дочитали до цього місця, я майже на 100% упевнена, що ви за вакцинацію. Відповідно, добре розумієте і приймаєте інформацію, яку викладено в подальшій ремарці.

РЕМАРКА

Високий рівень охоплення населення вакцинацією (близько 95%) є основою для формування колективного імунітету, який унеможливлює поширення інфекції навіть у разі завезення її з іншої країни.

Колективний імунітет дуже важливий для людей, які не можуть бути вакциновані за станом здоров'я і мають протипоказання до щеплень. У суспільстві з високим рівнем охоплення

Джерело: Український медичний журнал

щепленнями такі люди можуть бути спокійні, адже їх захищає колективний імунітет, більшість людей є вакцинованими і не можуть інфікувати їх небезпечною інфекцією.
Саме тому ми маємо розуміти, що вакцинація забезпечує не лише персональний захист від інфекційних захворювань. Це і захист людей, які цього потребують найбільше, однак не можуть отримати щеплення з огляду на протипоказання.

(За матеріалами «Українського медичного журналу»)

І якщо ви це розумієте і приймаєте, тоді точно маєте розуміти важливість вакцинації інформаційної. Вона працює за тим самим принципом: вакциновані люди формують колективний імунітет, колективний імунітет рятує тих, хто невакцинований.

Звісно, це ідеальна картина. Вона добре спрацьовує тоді, коли все починається спочатку: спершу з'являються правила й вакцини, потім їх прищеплюють людям, і лише потому нападають віруси.

Наша реальність геть інакша. Усе складніше й у жахливому стані. Правила є в концентрованої меншості — передусім за географічним принципом. Правила ці хаотичні й не доповнюють одне одного — кожен рятується як може. З цієї причини правила не надто поширені або не кожного в них втаємничують. Усе це відбувається при цілковитій втраті інформаційного імунітету й під безперервним бомбардуванням інформаційних вірусів.

Вирішення будь-якої ситуації починається з розбору вхідних даних. У наступних підрозділах я запропоную свою версію типологізації українців за стійкістю до інформаційних вірусів. Вона потрібна, щоб зрозуміти, хто вже союзник, а кого необхідно видерти з лабет овочизму.

4.2. ЛЮДИ, ЯКІ ВЖЕ НІЯК НЕ МОЖУТЬ ПРОТИСТОЯТИ ВІРУСАМ

РЕМАРКА

У цьому й наступному підрозділах сегменти ранжовано за стійкістю до вірусів від найпіддатливіших до найстійкіших. Приміром, найбільше піддається сегмент «Залежні й утомлені», найменше — «Нова інтелігенція».
Наведені нижче прив'язки до віку — умовні та відображають більше вектор, аніж є беззаперечною істиною. Бо в кожному із сегментів можуть бути дуже молоді або доволі літні люди.
Я аналізую лише ті сегменти, які мають істотний вплив на інфополе в Україні або прийняття колективних рішень. Тут не враховано сегменти професійного ком'юніті, яке одночасно і об'єкт, і суб'єкт: Замовники, Підрядники, ЗМІ, медійники. Вони є об'єктами, що все сприймають крізь призму своєї професійної трансформації.
До цієї сегментації не долучено заробітчан. Позаяк їхній вплив на наше інформаційне поле, на мою думку, мінімальний.

1. Залежні й втомлені

Їм добряче дісталося від життя. Вони чесно шукали різні варіанти вирулити й знайшли їх у тренінгах особистісного зростання, геймінгу, езотериці, йозі, наркотиках тощо. Ідеться не про тих, для кого це частина повсякдення, а про тих, для кого це релігія, без якої вони не можуть жити. Вони не бачать нічого, крім цього, не розуміють жодних інших правил, уникають людей, крім «одновірців».

Це найстомленіший і найдепресивніший сегмент із найсильнішими захистами. Звісно, вони це заперечують і для свого захисту застосовують відмовки, які формували роками. Та правди ніде діти: вони залежні від своїх гуру і в повсякденному світі почуваються чужими.

Так, зазвичай у них є свій гуру, наставник — авторитет, від якого вони цілком залежать і настановам якого максимально слідують. Він для них — єдиний вірусмейкер. Свідомо чи несвідомо він підпорядковує їх життя собі та бере за них одноосібну відповідальність.

Вступивши в «релігію», *залежні й втомлені* безповоротно розпрощалися зі своїм інформаційним імунітетом. Вони схильні до навіювань і піддатливі всім вірусам за будь-якого контакту з реальним світом. Одначе їхній контакт із зовнішнім світом дуже обмежений, а з інформаційним полем — тим паче. Для них інфополе зводиться лише до переліку джерел, які рекомендував гуру.

Такі люди абсолютно пасивні члени суспільства, мінімально з ним взаємодіють і залежать від нього хіба що в побутовому плані. Їхній гуру має монопольне право на маніпуляцію ними. Відновити їхній імунітет украй складно. І це вже не завдання суспільних правил інформаційної гігієни, а питання до психотерапевтів, психіатрів тощо.

 # 2. Релігійні фанатики

Цей сегмент перегукується з попереднім. Проте у них є важлива відмінність — вони дотримуються своєї релігії, цілком у неї вірять і підпорядковують їй своє життя.

Сюди належать представники всіх нових і старих релігій — їхнє активне ядро. Вони чітко дотримуються заповідей і правил, регулярно навідують свої святині, беззаперечно вірять своєму священнослужителю і неухильно дотримуються його рекомендацій.

Це найдавніша й ефективна форма маніпуляції. Вона існувала століттями й не особливо змінилася, обростаючи лише новими цифровими інструментами.

Крім загальновизнаних релігій, сюди належать усі релігійні секти, які виникли з нізвідки і які очолюють самопроголошені Апостоли й Месії. Секти будують за принципом звичайної піраміди, що є успішним бізнес-проектом.

РЕМАРКА

Передбачаючи обурення вірян, деталізую свою позицію. Я вірю в Бога, але розділяю Бога і Церкву. Це різні святості не лише за суттю, а й за своєю мотивацією.

Мотивація церкви — об'єднати щонайбільше вірян, які стануть її регулярною паствою і сліпо дотримуватимуться її правил. Як наслідок — збагачення цієї церкви під прикриттям дарів Богу.
Звісно, є винятки і в окремих релігіях, і серед окремих священнослужителів. Проте загальна канва не змінюється століттями.

Старі церкви застрягли у своєму розвитку вірусних технологій у минулому та змінюють щось нечасто. Нові релігії і секти — не лише активні імплементатори найновітніших технологій, а й їхні розробники. Вони розробляють і впроваджують добре продумані психологічні інструменти рекрутингу, утримання і стимулювання до подальшого залучення нових членів. Інформаційне поле їм так само важливо, як і ідеологічна й психологічна взаємодія.

Одне з їхніх завдань — сформувати альтернативні й якісні офлайн- і онлайн- канали комунікацій, які займуть значне місце в загальному інформаційному полі пастви, а отже, виконуватимуть основну роль у підведенні вірян до певних рішень. Пастор на них лише наштовхне.

Боротися з *релігійними фанатиками* в їхньому інформаційному полі та середовищі марно. Це лише підвищить ризик бути самому втягнутим в одну із найефективніших сект. Єдиний, хоч і маленький шанс висмикнути людину з-під впливу релігійних вірусмейкерів — працювати з нею в площині її світського життя. Щоправда, і в цьому разі шанси незначні.

 # 3. Ті, хто виживає

Міське населення, яке виживає. Це той сегмент, який на собі відчуває всі тяготи кожної епохи. У СРСР вони жили від зарплати до зарплати, у них не вистачало кмітливості щось «намутити». Вони відкладали копійки на ощадкнижку, яку втратили в 1990-ті. А потім іще не один раз після кожної наступної банківської кризи.

Це колишні «вчителі та бібліотекарі», яких, зокрема, й 1990-ті змусили кардинально змінити професію. Проте дивом вони залишилися в країні. Вони виживали радше всупереч, аніж завдяки. Ці люди ненавидять владу, позаяк ніколи нічого доброго від неї не бачили. Проте всі ті, хто виживає, є заручниками «стокгольмського синдрому», будь-яка подачка і добре слово від керівників країни стимулюють їх до скороминущої любові й демонстрації відданості.

Ці люди вже втомилися очікувати на позитивні зміни. Зараз вони чекають їх лише для дітей і онуків, у яких вбачають продовження свого життя. Проте й у багатьох їхніх дітей життя теж склалося не найліпше, і вони подалися на заробітки за кордон. На заробітки їздили й самі ті, хто виживає, та з огляду на різні причини повернулися. Незначні кошти, які вони заробили, допомогли вивчити дітей і дати лад у домі.

Нині вони продовжують виживати на мізерні зарплати й пенсії, тішаться субсидіям і, як і перше, страждають від браку хватки, яка допомогла б їм поліпшити умови.

Вони мають вищу радянську освіту, уміють мислити системно і вибудовувати зв'язки. Проте загальна депресивність їхнього життя блокує цю навичку. Як і всі представники аналогової епохи, ті, хто виживає, прагнуть отримати максимум інформації. Умови життя їх дуже обізлили, тож вони підтримують усе радикальне й те, що обіцяє різке поліпшення. Вони вірять у диво та лишень на нього і сподіваються.

Основний канал інформації — це ТБ. Одначе щороку ті, хто виживає, стають дедалі впевненішими споживачами інтернету. Лідирують YouTube і Facebook. Проте інтернет — це додаткове джерело інформації, яке їх лише дужче плутає. Тобто вони приходять туди за відповідями на питання, а на них ллється інформаційний шум у красивих обгортках.

Ті, хто виживає, як і перший сегмент, тяжіють до контенту про красиве життя, та з огляду на свою загальну ненависть споживають багато «кривавого» контенту. Чужий біль засвідчує, що не лише в них усе кепсько і є хтось, кому ще гірше. Звісно, це дедалі поглиблює їхню ситуацію і формує благодатний ґрунт для популістів і маніпуляторів.

Цей сегмент мало піддається коригуванню. Проблема тих, хто виживає, глибоко психологічна, і коригувальні методи виправлять її незначно. Проте спілкування дітей з батьками з метою їх освічення можуть дати незначні результати.

 # 4. Сільські мешканці

Не фермери, а саме ті, хто працює на землі поколіннями. Зазвичай у них є вузька робоча спеціальність і професійна освіта. Вони рідко виїжджають за межі свого району. Їх годує земля і господарство. Вони звикли покладатися лише на себе. Проте все, що вони накопичили впродовж складного трудового життя, згоріло в радянському Ощадбанку. Спроби сформувати запас на чорний день закінчувалися вкладеннями в сумнівні банки, які з'їла криза 2008 і 2014 років. А те, що заробляли між тим, ішло або на допомогу дітям, або на мінімальне поліпшення побуту: встановити пластикові вікна, зробити ремонт, провести воду/газ тощо.

Сільські мешканці мінімально соціалізовані із зовнішнім світом. Коло їхнього спілкування замикається на сільському співтоваристві й сім'ї. Винятки — вилазки на ринок. Там вони бачать інших людей і розуміють, що проблеми в усіх однакові.

Вони — діти Радянського Союзу, тож добре пам'ятають розповіді про Голодомор і репресії. Вони й досі ретельно обмірковують, що говорити, а що ні.

Це люди моноканалів інформації: спочатку розкішшю для них була радіоточка, потім ТБ. Із останньою минало все їхнє свідоме життя. Новини були і залишаються обов'язковою програмою дня. *Сільські мешканці* ніколи не бачили хорошого і красивого життя, тому з радістю дивляться все, що про нього показують по ТБ. Добре, що весь контент там про це. І навпаки, уникають усього поганого — цього їм і так вистачає. Заразом їх не обходять усі катастрофи і війни, вони співпереживають і, за потреби, віддають останнє постраждалим. Таку поведінку вони теж всмоктали з молоком матері.

Останніми роками діти провели *сільським мешканцям* інтернет. І вони освоюють YouTube, істотно прогресуючи в цьому інструменті. Проте їхній інформаційний імунітет у цифрову епоху — нульовий. Вони були і залишаються людьми з аналоговим мисленням. З одного боку, їхній імунітет убивав інформаційний порядок денний ТБ, з іншого, він просто ніяк не адаптований до цифрових реалій. В інформаційному просторі *сільські мешканці* нагадують малих дітей — вірять усьому, що добре звучить.

Звісно, вони — найдисципліновані виборці, але одночасно й самі мало поінформовані й піддаються вірусам. Вони все життя працювали руками, їх мало вчили системності та причинно-наслідковим зв'язкам. Тому вони все сприймають на віру. Єдиний фільтр — історичний: на заході «на ура» і без особливого розбору сприймають усіх націоналістів, на сході — навпаки. А вже ці уподобання шліфує ТБ. Про що там більше й яскравіше говорять, те зрештою і стається.

Звісно, *сільські мешканці* прислухаються до думки дітей і онуків. Та варто розуміти, що лише незначна їх кількість вирвалася з сіл і маленьких містечок і сама отримала інформаційний імунітет, тобто може давати очищену від вірусів інформацію.

Найчастіше від людей, які йдуть на виборчі дільниці, можна було почути: «За кого ти голосуєш?». А потім: «І я тоді за нього голосуватиму». І це не вигадка. Адже в їхньому інформаційному полі домінують дві-три людини, різниці між ними вони не розуміють і орієнтуються або на авторитетну думку сусіда, або на харизму і зовнішність кандидата.

Цей сегмент дуже численний. Перепис покаже реальну кількість сільських мешканців, однак уже й зараз можна стверджувати, що вони формують більшість, яка голосує на виборах. Тим часом вони максимально схильні до інфікування з ТБ.

До *сільських мешканців* потрібно їхати і говорити. Освічувати. Оптимально, щоб це робили діти й онуки. Звісно, відсоток, якому вдасться сформувати інформаційний імунітет, буде дуже невеликим. Та якщо навіть 10% від цього сегмента робитиме свідомий вибір, це вже буде істотний внесок у мінімізацію маніпуляції.

Пам'ятаймо, що мінуси цифрової епохи на *сільських мешканцях* відображаються мінімально, і вони не живуть у тому інформаційному хаосі, що ми.

 # 5. Самолюби

Цей сегмент найближчий до вірусмейкерів, але їхні цілі дещо інші. Вони люди-оркестри, їм потрібно постійно бути в центрі подій і оточувати себе натовпами шанувальників. Це сенс їхнього життя і їхня зона комфорту. Коли вони з неї випадають, то стають дуже вразливі й депресивні.

Вони завжди прагнуть до популярності і слави, але не для того, щоб зробити щось хороше й велике, а заради самого факту. Зазвичай самолюби рідко досягають реальних результатів і власне реальної слави. Їхня доля — прямувати за останніми трендами, наслідувати успішних трендсетерів, копіювати блогерів і завдяки цьому формувати свій містечковий фанклуб, який супроводжує їх у житті.

Самолюби — майстри локальної маніпуляції. Для них це основний інструмент формування і збереження комфортних умов життя. Проте для цього вони використовують виключно побутові психологічні маніпуляції, доповнені яскравими уявленнями, вечірками, сторітелінгом тощо.

Тож вони доволі піддатливі вірусам. Їхні емоційність і вразливість сприяли швидкому руйнуванню інформаційного імунітету. Їхнє основне вразливе місце — потреба завжди бути в тренді й лишатися яскравими. Відповідно, *самолюби* стають затятими прихильниками, адвокатами і трансляторами будь-яких яскравих і строкатих вірусів.

 # 6. Остапи Бендери

Вони вміють виживати в будь-яких умовах. Вони звикли ризикувати і брати на себе відповідальність за ризик.

Цей сегмент формувався і розширювався двоетапно. Перший етап — челночники («човники»), які вижили і трансформувалися у складніші форми. Другий етап — виробники, бум яких почався 2014 року і триває донині.

Це дуже різношерстий сегмент щодо капіталів, але вони творили самі — досягатори, результатоголіки, візіонери від бізнесу. Упродовж років діяльності вони могли переживати різні трансформації, побувавши і найманими працівниками, і управлінцями, і дауншифтерами. Проте всі вони зрештою стали малими або середніми підприємцями (великих я виношу за дужки Об'єктів, позаяк у них уже домінує єство вірусмейкерів).

За ставленням до держави *Остапів Бендерів* можна розділити на дві великі течії.

1. *Радикали.* Вони ненавидять державу і багато в чому не безпідставно вважають, що від неї лише зло і палиці в колеса. Вони постійно шукають лазівки, як обійти несправедливі норми й отримати зиск. І знаходять. Вони активісти своїх шкурних інтересів, багато в чому коштом інтересів інших. Вони засновують суперечливі рухи євробляхерів і 5.10. Багато проголошують себе лібертаріанцями, достеменно не розуміючи, що це і які наслідки може спричинити.

2. *Нонконформісти.* Ця течія намагається досягти змін еволюційним шляхом, прагне до напрацювання правил. Так, вони не проти їх порушити, якщо іншого вибору немає, але розуміють, що такі випадки поодинокі. Усюди ж має панувати система, бо саме вона — двигун розвитку.

Попри те, що *Остапів Бендерів* сформував аналоговий світ, вони стали активними учасниками світу цифрового. Багато в чому через обслуговування потреби свого бізнесу. Вони активні користувачі інтернету й цілком схильні до всіх його негативних проявів. Заразом вони віддаляються від офлайн-каналів комунікації, хтось через брак часу, хтось свідомо. Проте радіо вони слухають регулярно, до того ж інформаційне, — що зумовлено кількістю часу, який вони проводять у машині.

Серед найпоширеніших «оборонних технік» — не читати новин. Тому, попри проактивну позицію, у *Бендерів* зруйнований імунітет, тож більшість вірусів досягають своєї мети. Заразившись вірусом, ці люди стають його активними розповсюджувачами — цьому сприяє їхня одвічна проактивна позиція і віра в те, що всі їхні знання і рішення правильні.

Проте це пограничний сегмент — у ньому чимало і людей-борців. Вони знають про існування вірусів, розуміють їх шкоду.

Більшість у сегменті *Остапів Бендерів* має активний запит на те, щоб виробити правила захисту від вірусів.

Ці люди дуже важливі в боротьбі з вірусами, бо самі є лідерами думок для десятків осіб, які їх оточують і готові їх слухати й чути. Вони можуть бути ефективними мультиплікаторами потрібних ідей, правил, системи. Та лише в тому разі, якщо самі зрозуміють і погодяться, що це важливо і впливає на їхнє майбутнє й майбутнє їхніх дітей.

4.3. БОРЦІ ЗА ІМУНІТЕТ, БОРЦІ ПРОТИ ВІРУСІВ

Решта сегментів — це цільове ядро моєї книги. Саме в них найбільша концентрація людей, у яких є дві найважливіші риси: вони розуміють або можуть зрозуміти цифрову епоху й уміють критично, системно мислити, вибудовуючи причинно-наслідкові зв'язки.

Більшість із них сформувала аналогова епоха, одначе вони щільно задіяні в багатьох комунікаційних процесах і добряче інтегровані в інформаційне поле.

Звісно, кожен із них по-різному піддатливий вірусам. Проте всі вони є рушійною силою, яка керує вектором розвитку країни, бізнесу, науки тощо. У цих сегментах їх сконцентровано найбільше, але всі вони діють наосліп, керуючись суб'єктивними відчуттями, досвідом і знаннями. Більшість із них іще до пуття й не жила. Тому вони дуже хочуть, щоб хороші часи застали і їх — і вже точно, щоб їхні діти жили в ліпших умовах. Це їхні потужні мотиватори.

 # 7. Мами

Широке, однорідне та об'єднане спільними інтересами ком'юніті. З огляду на специфіку свого статусу дуже багато часу проводить в інформаційному полі, особливо соціальних мережах. Цей сегмент споживає найширше коло каналів комунікації, і в нього найглибше споживання інформації. Також у *мам* одна з найглибших офлайнових комунікацій, хоча і обмежена кількома десятками людей.

Цей сегмент сильно піддатливий вірусам. Тут найвища швидкість поширення інформації та її викривлення. У *мам* є свої непорушні авторитети, думці яких у всіх сферах вони вірять беззастережно. Зазвичай це лідери громадської думки, які працюють у сфері здоров'я, психології, краси, освіти — усього, що прямо або опосередковано стосується поточних інтересів, тобто дітей і сім'ї.

Звісно, цей сегмент дуже неоднорідний, і в ньому є представники з щонайрізноманітнішим бекграундом. Проте наразі йдеться саме про тих, хто під час догляду за дитиною максимально віддалився від минулого життя й асимілювався в нові реалії.

Попри високу піддатливість вірусам і свідоме чи несвідоме транслювання їх на інші сегменти, цей сегмент доволі легко можна навчити жити в правильній системі координат. Основна причина — діти. Саме страх за майбутнє дітей є найдужчим і найзначимішим мотиватором. Якщо представники сегмента *мам* збагнуть рівень загрози, то доволі швидко стануть затятими апологетами правил інформаційної гігієни, відновлять свій імунітет і сформують його дітям.

 # 8. Стара міська інтелігенція

Мешканці великих міст із хорошою класичною освітою і широким світоглядом. Це колишні вчителі, викладачі, наукові діячі тощо. Ті, хто зумів пронести через 1990-ті свою професію і заробляти на ній гроші в нових реаліях. Це високоінтелектуальні люди, виховані радянською освітою і системою, які, втім, зуміли адаптуватися в ринкових умовах. Зазвичай у них є джерело доходу — незначне, але на життя вистачає (зокрема, як доповнення до пенсії). До того ж, у них є діти, які їм допомагають. Можливо, вони й досі заробляють своєю професією.

Це люди, які звикли вчитися й аналізувати. Вони добре і глибоко вивчили стару систему й усе, що в ній було. З відкриттям інформації про Захід вони вивчили і його. Проте теж у режимі аналогової епохи. Можна сказати, що вони фахівці та євангелісти аналогової ери. Там для них усе зрозуміле і знайоме. І навпаки, нині вони цілком дезорієнтовані в усіх цих інтернетах і ґаджетах.

Стара міська інтелігенція подорожує за кордон, бачить користь від ґаджетів і широту їх застосування, цінує це, одначе мінімізує свої контакти з ними. Звісно, ці люди користуватимуться смартфоном, який подарували діти, але це будуть кілька базових функцій, більшість з яких крутитимуться навколо функціоналу кнопкового телефона. З інтернету для них найзрозуміліші YouTube і Facebook. Проте перший — доповнення до ТБ, а другий — до газет. Звісно, вони читають онлайн-ЗМІ, які поряд із ТБ для них — важливе джерело інформації.

Загалом до них пробивається інформаційний шум, але він не має колосального обсягу і загрожує не сильно. Вони добре аналізують те, що відбувається, і мінімально піддаються вірусам старого зразка. Утім абсолютно не орієнтуються в нових.

Стара міська інтелігенція розуміє, що все життя існуватиме в цифровій реальності, і також усвідомлює, що нічого про неї не знає. У представників цього сегмента є чітко сформований запит на правила життя в цій реальності, які допоможуть їм бути ефективними, але при цьому мінімально залучатися в усі «ці ваші інтернети». Це одна з найблагодатніших аудиторій на освіту в цифрову епоху.

 # 9. Бізнесмени старого ґатунку

Сегмент дуже перегукується з попереднім і багато в чому його дублює. За винятком того, що в цих людей украй вольовий і нетерпимий характер, а з усіх джерел інформації вони довіряють лише своїм особистим зв'язкам і думці «поінформованих людей».

Знання про цифрову епоху їм потрібні для розуміння нових можливостей. Запит на знання у *бізнесменів старого ґатунку* сформований. Проте вони не знаходять доступної, простої та ефективної форми цієї інформації.

 # 10. Молодь

Вона виросла і сформувалася в цифрову епоху. Розуміє її інтуїтивно. Проте *молодь* — вихованці зруйнованої системи освіти, яка не вчить мислити системно і вибудовувати зв'язки. Як наслідок, ці люди все розуміють, але також схильні до маніпуляції, як і суто аналогові люди.

Це вільні люди, для яких немає кордонів і перешкод. У них вже вбудовані фільтри, які сортують на купки те інформаційне сміття, що на них валиться щомиті. Проте сортування відбувається аж ніяк не за наявністю вірусів, а за індивідуальними інтересами.

Молодь не цікавиться політикою і включається в неї лише за фаном. Для *молоді* політика, імовірно, — аналог іще однієї віртуальної гри або серіалу на кшталт «Гри престолів».

Представники цього сегмента ведуться на все барвисте і зроблене власноруч. Для них це круто і правильно за замовчуванням. Віруси на них тільки апробуються, позаяк вони ще неповноцінні й дуже пасивні споживачі й виборці.

Звісно, серед *молоді* формується проактивний сегмент, якому до всього є діло. У нього розвинене критичне мислення й існує шкала координат «добре–погано». Саме нею молодь і керується, відбиваючись від довколишніх вірусів. Зауважу, що віруси до *молоді* поки прилипають мінімально, але й імунітет у неї мізерний. Він складається з розуміння цифрової реальности, а не небезпеки вірусів. Тому будь-який професіональний вірус безперешкодно досягне своєї мети.

Молодь — наше майбутнє. Прищепити їй правила інформаційної гігієни доволі важливо. Особливо з огляду на слабку системну освіту цього сегмента і загальне «отуплення» всіма спрощеннями й узагальненнями, у яких вони народились і зростають.

Наразі у нас є хороші шанси для виховання грамотного й інформаційно обізнаного нового покоління з хорошим базисом і імунітетом проти маніпуляцій.

 # 11. Фрилансери й представники творчих професій

Цей сегмент дистанційований від інформаційного поля і стикається з ним лише в частині своїх професійних інтересів. Це один із тих сегментів, який свідомо ігнорує новини й політику.

Фрилансери й представники творчих професій максимально розрізнені й слабо координовані. До цього сегмента належать люди найрізноманітніших професій, багато в чому творчих. Вони обрали шлях жити самі по собі й успішно втілюють його в життя. Увесь їхній досвід доводить, що сподіватися можна лише на себе, а такі інститути, як держава, для них глибоко вторинні. З огляду на специфіку роботи більшість із них може працювати з будь-якої точки світу. Вони обмежені лише своїми навичками і звичайною людською лінню.

Фрилансери й представники творчих професій — найпасивніші виборці. На вибори ходять одиниці — і це радше виняток, аніж правило. Вони нічого ні від кого не чекають і хочуть, щоб це було взаємно.

Звісно, ці люди багато читають і добре інтегровані в глобальний ринок, але все це здебільшого виключно їхні професійні або навколопрофесійні інтереси. Вони інтелектуальні, начитані, з широким світоглядом і великим бекграундом подорожей. Це розвинуло в них пацифізм у судженнях і любов до всього живого. Вони хапають усі нові тренди й тестують їх на собі.

Такі люди мають інформаційний імунітет і слабо піддатливі більшості вірусів. Проте вони дотримуватимуться правил інформаційної гігієни для відновлення загального імунітету й нормалізації суспільства. Антивірусний рух вони поставлять поряд із боротьбою зі сміттям і за права тварин.

4.4. НАЙСТІЙКІШІ — ЛЮДИ, ЯКІ ЗБЕРЕГЛИ ІМУНІТЕТ

У всіх наступних сегментів є і непоганий інформаційний імунітет, і свої вироблені правила захисту від вірусів. Вони найменше піддаються їхньому впливу:

— вони мають інструменти і знання, як фільтрувати інфополе, і роблять це;
— вони мають доступ до глобальних дискусій про маніпуляції і розуміють масштаб і наслідки цієї проблеми;
— вони звикли до системного мислення і здатні розглядати патерни маніпуляції.

Одначе це вкрай ізольовані ком'юніті, сконцентровані у великих містах. Вони варяться в своєму соку, маючи мінімальний вплив на інші сегменти, багато з яких їм заздрять через якість життя, не особливо розбираючись, що за цим стоїть.

Ці сегменти можуть стати першим ефективним рупором проблематики і правил дій.

 # 12. Блогери

Один із сегментів, що зростає найдинамічніше. Вони спіймали свій інформаційний тренд і освоїли інструменти просування.

Найчастіше методом проб і помилок *блогери* збудували своє позиціонування і цілком сконцентрувалися на ньому. Зазвичай вони несуть в суспільство щось велике і добре, щедро діляться своїми лайфхаками. Вони націлені на те, щоб спрощувати життя людей. *Блогери* — інформаційні пилососи: вони поглинають і переварюють значну кількість контенту, щоб розвиватися самим і розвивати свою аудиторію.

Тут є представники всіх сегментів, але об'єднує їх одне — на певному етапі блогінг став їхньою основною професією. На відміну від інфобізнесменів, вони не формують свої секти і не хочуть ними цілком управляти. Часто вони їх просто ненавидять і всіляко викривають.

Попри те, що чимало з них створюють доволі нонконформістський і жорсткий контент, мета в них одна: вони — своєрідна модифікація дітей квітів, які несуть у цей світ добро і радість. Одначе, попри своє бажання, *блогери* підживлюють загальне згубне середовище «успішного успіху», барвистих обгорток і спрощень. Багато з них уже зрозуміли цей негативний наслідок своєї діяльності й почали боротися з цим трендом, показуючи життя, яким воно є.

РЕМАРКА

До цього сегмента не належать представники ком'юніті професіональних лідерів громадської думки, які є суб'єктами маніпуляцій.

 # 13. Стартапери, інноватори, технарі, IT-шники

Найінтегрованіший у міжнародний інформаційний простір сегмент. З огляду на професії і сфери спілкування ці люди найбільше розуміють і цифрову епоху, і те, на що вона здатна. Особливо щодо трансформації та маніпуляції інформаційним простором. Багато з представників цього сегмента прямо чи опосередковано є інструментами в цих процесах, створюючи відповідні технології.

Стартапери, інноватори, технарі й IT-шники як ніхто інший розуміють взаємозалежність світу й те, що ми піддаємося вірусам не лише всередині країни, а й схильні до всіх глобальних процесів. Вони дуже хочуть самі застати хороші часи і того ж бажають своїм дітям. Вони люблять свою країну, але розглядають різні варіанти і, якщо не складеться тут, з легкістю переїдуть до іншої країни в пошуках ліпшого життя або великих перспектив для себе і своїх починань. Проте всі вони — патріоти своєї країни, мислячі патріоти.

Також ці люди мають усі сучасні навички, щоб країну міняти. І ладні це робити. У них удосталь вільного часу, який вони звикли витрачати на подорожі й саморозвиток. Та якщо вони зрозуміють, що можуть бути корисними країні й на них не впливатиме бюрократія і невігласи-чиновники, то першими стануть волонтерами і витратять увесь вільний час на благо країни. Що вони демонстрували неодноразово.

В інформаційному полі ці люди живуть за всіма канонами цифрової епохи:

— нівелюють аналогові канали; зазвичай у них уже давно немає вдома ТБ, але радіо в машині вони слухають поряд із підкастами й аудіокнижками;
— професіонально використовують цифрові канали, жадібно хапаючись за новинки й освоюючи їх.

Це сегмент активних геймерів. Вони звикли жити частину життя у віртуальній реальності й давно вважають це нормою життя.

 # 14. Нова інтелігенція

Це сегмент, для якого патріотизм стоїть на чолі всього. Ці люди свідомо залишилися в країні, свідомо працюють на її перспективу, свідомо відмовилися від теплих місць і часто піддають себе ризику.

Цей сегмент розділяють на дві течії. Перша — **мислителі**, які аналізують, виробляють візії і пишуть про це. Часто показують зворотний бік медалі. Друга — **активісти**, які розкривають усе, що шкодить країні та її громадянам. Вони використовують усі доступні їм інструменти й форми.

Течії активно взаємодіють, підсилюючи одна одну. Тут об'єднані люди найрізноманітніших професій і вікових груп. Усі вони поставили на чільне місце пряме або опосередковане, але точно активне й системне служіння інтересам країни.

Інформаційний простір — це їхнє середовище життя. Вони — найсистемніші викривачі вірусів і борці з ними. *Нова інтелігенція* сумнівається в усьому й усе перевіряє. Ці люди оперативно об'єднуються й формують рішення в разі виникнення загрози.

Саме представники цього сегмента і є основними об'єктами цькування для вірусмейкерів. Проти них ведуть кампанії з дискредитації, їх намагаються знищити фізично, їх переслідують силовики. Проте кожна така спроба і кампанія чимраз підсилює їх і мобілізує.

У них є один великий мінус — це значне, але закрите ком'юніті. Більшість ставиться до активістів настороженo. Як наслідок, їхній вплив на загальне інформаційне поле незначний, за винятком гучних випадків, коли самі інфоприводи рясніють на перших шпальтах.

Звісно, це найпідготовленіший і найефективніший сегмент у боротьбі з вірусами, але його дії потрібно адаптувати до масштабування на широкий загал.

4.5. ЯК МАСИ ЗАХИЩАЮТЬСЯ ВІД ВІРУСІВ

Зазвичай маси не відчувають себе об'єктами вірусів. Вони міцно «залипають» у живильному вірусному ґрунті й почуваються там так, як наказує вірусмейкер, — переважно «комфортно».

Єдиний відчутний прояв вірусів, що постійно пресує людей, — це інформаційний шум. Із ним вони ладні боротися і борються. Для цього вони обирають одну з моделей поведінки, яка здається їм найприйнятнішою:

— я лише в онлайні;
— я лише в офлайні;
— я лише в тому, з чим згоден, — і обмежую канали, де переважають полярні або інші думки;
— я лише в розважальному контенті;
— я лише в професійному контенті.

Ці моделі доповнює те, що з появою двосторонніх каналів кожен виробив певну модель поведінки з інформацією:

— просто слухаю, читаю, дивлюся — і мовчу;
— слухаю, читаю, дивлюсь і транслюю, але без особистої думки — саме ці люди продукують нескінченну кількість репостів без особистої думки, тим самим дискредитуючи саму суть каналу інформації, тобто трансляцію своєї позиції;
— залучаюсь і коментую — рідкісна проактивна позиція, коли людина щиро висловлює свою думку з певного приводу, щодо певного автора тощо. Сам факт залучення — не панацея, і важливо, *що саме* людина транслює в цих повідомленнях, але комплексна проактивна позиція — це вже добре;
— хейчу — ставлю під сумнів все написане або ж навіть долучаюся до цькування — це найдостеменніший спосіб прямо чи опосередковано допомогти маніпуляторам, адже це часто

викликає емоції, але блокує проходження раціональних аргументів;

— погоджуюся з усім без розбору — чи з розбором, але дуже поверховим.

Кожному сегменту притаманні певні моделі поведінки.

Для загального розуміння наведу основні **патерни, які домінують в інформаційному полі.**

 # 1. Дитяча позиція — заперечую все погане і незрозуміле.

Зазвичай поганим називають не лише реально загрозливі речі, а й ті, які просто складні для сприйняття. Тож людина сама себе робить жертвою вірусів, бо протиотрута зберігається саме в комплексній, складній картині.

Це не означає, що щодня потрібно вимотувати себе новинами про військові дії на Донбасі або читати історії онкохворих дітей. Та насправді достатньо бути в курсі всіх основних подій довкола хоча б на рівні загальних тез. Саме із загальної, релевантної і мінімально викривленої картини починається розуміння причинно-наслідкових зв'язків. А це — ефективний базис проти маніпуляції.

 # 2. Усеїдність. Це інша крайність — споживати все підряд і в цьому загубитися.

Звісно, потрібно фільтрувати, але так, щоб у фокусі залишалася стрічка основного онлайн-ЗМІ і стрічка Facebook для розуміння сприйняття новин людьми. Лише після цього можна долучити суб'єктивні думки — від друзів до ТБ-каналів. Проте базис має бути цілісним, максимально фактажним (без суб'єктивізму). При цьому тримати руку на пульсі й читати думки в мережі.

 # 3. Я сам по собі, усе в моїх руках — я роблю те, що потрібно мені й моїй родині, щоб жити, заробляти гроші.

За цією, на позір, правильною істиною криється цілковите відрізання себе від новин. Тобто якщо в першому випадку людина відрізає все погане, то тут — усе новинне. Найстрашніше, що цю позицію після 2014 року обрало багато бізнесменів — тямущих і проактивних людей. Звісно, такий підхід рятував багатьох у ті страшні дні. Проте одна справа, коли ти включаєш такий режим на тиждень або навіть місяць, і геть інша — коли живеш у ньому постійно. Ці люди керуються принципом «про все важливе я все одно довідаюся». Безумовно. Щоправда, це буде чиясь інтерпретація. Вона спотворює думку й маніпулює навіть найбільш мислячими з людей.

 # 4. Є лише моя позиція і неправильна. Іще одна крайність — вузьколобість і шори.

Зазвичай це теж відбувається з тими, хто вижив, знайшов вихід і прийняв його як єдино правильний. Звісно, під таку картину світу підтасовуються всі факти, вона стає фільтром інформаційного поля. Усе спрощується, і розвивається тунельне мислення, яке знову-таки урізує інформаційне поле.

 # 5. Піддаю сумніву все, але критикую, не аналізуючи. Це чудове правило — у всьому сумніватися.

Одначе, сумніваючись, варто розуміти, що відбувається загалом, і мати принаймні базові фільтри для відсіву явного сміття. Я багато разів говорила, що правил інформаційної безпеки немає. Зрештою ті, хто сумнівався, просто сумніваються, але жодного результату не доходять і лишень продовжують розгойдувати хаос своїми риторичними питаннями.

 # 6. Я найрозумніший, усіх перехитрю і навчу розуму. У цій групі сконцентровані «народні експерти». Вони знають все і про все.

«Успішний успіх» і мавпування в соцмережах підштовхують таких людей. І вони, угледівши, що сусід коментує зустріч G7, беруться коментувати Brexit, адже хіба вони гірші? Така псевдоекспертність безпосередньо допомагає вірусмейкерам. Вкидаючи певний меседж, вони прогнозують базові реакції людей і «програмують» для них необхідні версії. Звісно, доморощені експерти далі них не йдуть. Найчастіше саме з цих людей формують конспірологів, які самі є маніпуляторами, отупляють суспільство і скеровують його на манівці.

 # 7. Гарне — отже, правда. Це папуги, які кидаються на всі красиві форми та яскраві слогани.

Їхнє інформаційне поле становить «успішний успіх» і глянцевий глянець. В їхньому світі співають райські птахи на білому пляжі з блакитною водою. А в реальному житті вибухають бомби і гинуть люди. Звісно, вони чимдуж тікають до своєї віртуальної реальності. Схожий патерн — геймінг і наркозалежність.

ЧАСТИНА 5

ПРАВИЛА ІНФОРМАЦІЙНОЇ ГІГІЄНИ

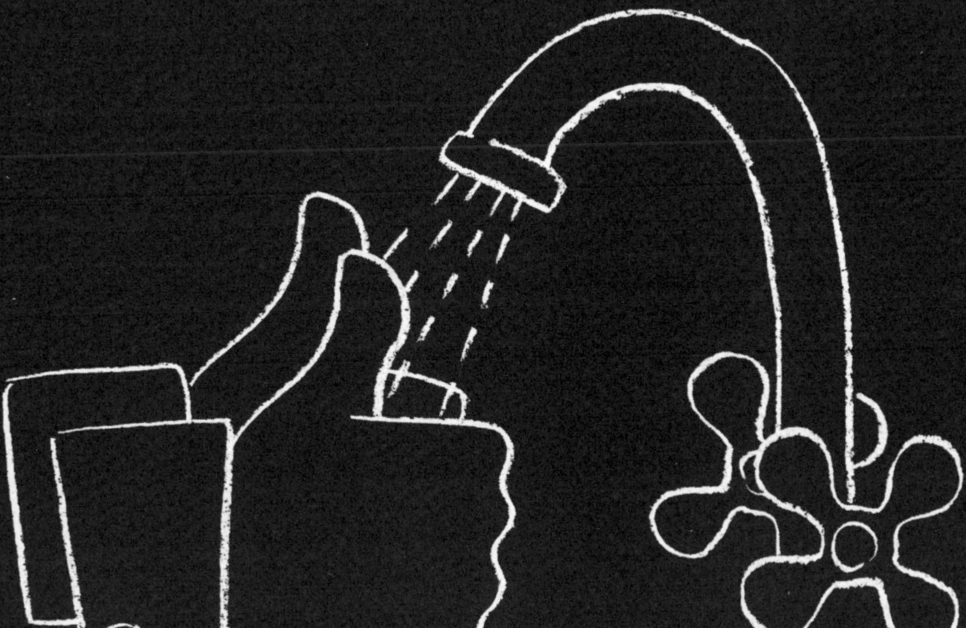

5.1. ЯК ХАКНУТИ ВІРУСИ

За своє професійне життя я прочитала тисячі різних матеріалів на тему маніпуляцій загалом і маніпуляції суспільною свідомістю зокрема. У книжках, доповідях, статтях, аналітичних записках — різного рівня закритості й публічності — завжди йшлося спершу про «смисли», а вже потім про «інструменти» їх поширення. При цьому першим приділяли 70–80% уваги.

Якщо ти вірусмейкер, то, звісно, така послідовність і акценти логічні. Одначе вони завдають шкоди, якщо ти — борець із вірусами. Причина проста. Розвиток науки, відкритість інших кейсів, вир людської креативності та ще безліч інших чинників роблять усе, щоб кожен новий вірус був витонченішим і креативнішим. Звісно, усе це зроблено за однаковим шаблоном. Проте в 99% вірусів ці схеми не розгледіти за товстим шаром креативу, підґрунтям для якого є хороше розуміння людської психології, групової динаміки, соціологічні дослідження тощо.

Іншими словами, намагаючись розпізнати інформаційний вірус, женучись за розгадкою його сенсу, ви апріорі воюєте з усіма досягненнями сучасної науки і креативністю людства. А це дослідження про роботу мозку, соціальні експерименти, мільйони успішних і провальних кейсів створення і запуску інформаційних вірусів у різних куточках Землі.

РЕМАРКА

Нині людям притаманна сильна нечутливість до інформації. Вона спричиняє те, що за правду приймають усе, що просто і красиво, — хоч новину про космонавтику або прохання про допомогу маленькій дівчинці. У людей просто не напрацьоване правило замислитися: «А чи правда це?».

Ніхто нічого не робить, щоб людина збагнула логічний ланцюжок появи вірусів і змогла розрізняти їхні патерни. Як наслідок, якщо в людини навіть зародилася підозра в зараженості інформації, вона не збагне, як це перевірити.

1. Людина береться самотужки шукати причини. З напрацювань у неї лише старі патерни, які нині не працюють. Отож у неї нічого не виходить.
2. У момент, коли людина щиро намагається розібратися, вона натрапляє на прості пояснення, які радісно проковтує. Вірусмейкер виконав своє завдання.
3. Вірусмейкер знає про те, що простій людині розібратися складно, тож свідомо й завбачливо опрацьовує сценарій «сумніви». У цей момент до людини «приходить» хтось, хто говорить її ж словами і відповідає на всі нагальні питання. Стомлена людина, замучена самоосвітою і самостійним пошуком інформації, починає йому вірити. Вірусмейкер знову виконав своє завдання.
4. Ланцюжок не переривається і стає масштабнішим.

Безліч моїх знайомих і друзів — розумних, освічених, ініціативних — уже роками не читають новини. Їм так простіше, вони прибирають негатив, концентруються на головному і просто заробляють гроші. Та заразом вони вбивають своє майбутнє і майбутнє своїх дітей. Усі вони читали «1984» й інші антиутопії, переглядали «Чорне дзеркало» і «Роки», сортують сміття і відмовляються від пластику, дотримуються здорового способу життя і планують дожити до 100+ років. Велика ймовірність, що їхнє тіло таки доживе. А ось що станеться зі свідомістю і яким буде їхнє оточення — це дуже непросте питання.

За кадром аналізу вірусів залишається їхній інструментарний патерн.

При цьому за кадром аналізу вірусів залишається їхній інструментарний патерн. А якщо про нього і згадують, то лише мимохіть або з акцентом на окремих складових. Два найпопулярніші патерни вірусів — фейки і боти.

Тут криється основна помилка, яка є підвалиною того, що нині інформаційні віруси найчастіше розпізнають лише самі вірусмейкери. Адже вони дивляться спершу на патерн поширення і лише потім аналізують суть і прогнозують вектори розвитку. Звісно, так чинять не всі. У цьому місці багато хто з моїх колишніх колег посміхнеться і скаже, що вони зчитують вірус із перших слів поста або статті. Для цього їм не потрібно бачити, як він поширюється, і забивати цим голову. Проте таких людей обмаль. Вони самі — частина індустрії. Вони перебувають у ній десятки років. Їхній профіль на 10 із 10 відрізняється від профілю звичайного об'єкта вірусмейкерів і суттєво різниться навіть із просунутим працівником сфери комунікацій. То чому ж усі так сконцентрувалися на смислах, оминаючи набагато простіший для розуміння, розпізнавання і навчання патерн — інструментарний?

Я не вірю в конспірологію, тому схильна вважати, що колись на світанку зародження моди на цю тему всі просто погналися за красивою і загадковою картинкою, оминувши увагою нудну, але робочу. Звісно, книжка, у якій описано креатив маніпуляцій, яка наводить гарні картинки і як на них реагує мозок, буде популярнішою за нудний розбір принципів роботи інструментів маніпуляції.

Утім далі я говоритиму саме про цю нудну тему. Вона покаже вам, як, розуміючи інструментарний бік інформаційних вірусів, можна легко і просто їх розпізнати. Це необхідно всім — від малого до старого. Специфічні знання для цього аж ніяк не потрібні. Варто лишень розуміти, куди дивитися і на що зважати.

Ясна річ, розпізнавати і смислові, й інструментарні патерни інформаційних вірусів буде ефективніше. Проте ця комбінація доступна одиницям, а проблема в нашій країні — масова. Одиниці не витягнуть людей із овочизму — необхідно провадити просвітницьку роботу, орієнтовану на широкий загал.

Саме інструментарні патерни впевнено беруть гору у співвідношенні «доступність для простої людини» й «ефективність у розпізнанні вірусів». Тому в правилах інформаційної гігієни я сфокусуюся саме на них. Безумовно, я апелюватиму й до смислових патернів, однак лише на тому рівні, який зрозумілий простим людям, і в разі, якщо знання про них принесуть вам користь, а не зіб'ють на манівці.

Саме інструментарні патерни впевнено беруть гору у співвідношенні «доступність для простої людини» й «ефективність у розпізнанні вірусів».

РЕМАРКА

Щоб ефективно застосовувати правила, потрібно розуміти, як працюють віруси, як їх формують і як вони впливають на нас. Для цього варто прочитати попередні частини книжки.

5.2. ПРАВИЛА ІНФОРМАЦІЙНОЇ ГІГІЄНИ

Ми живемо в новому цифровому світі, де немає правил, що можна і що не можна. Тому ніхто з нас не розуміє наслідків своїх дій чи бездіяльності й не може оцінити ризиків, під які підпадаємо ми, наші рідні та близькі.

Нині кожен, як уміє, виробляє правила для себе. Або не виробляє зовсім. Зрештою, інформаційний бардак множиться, а ризики зростають. Наразі на одну людину, яка розуміє реалії того, що відбувається, припадає тисяча тих, хто цього не розуміє. Саме вони і формують інформаційне поле і для своєї аудиторії, і одне для одного.

РЕМАРКА

У безсмертній книзі «Який чудовий новий світ» Гакслі дуже точно показав, що відбувається зі сторонньою людиною в нездоровому суспільстві. Для тих, хто не читав, коротко перекажу суть.

На Землі панує світ споживання. Щасливі люди ніколи не хворіють, не мають жодних проблем і живуть в достатку, піддаються всіляким нехитрим задоволенням у простому і зрозумілому світоустрої. У цьому світі на зміну книжкам прийшли короткі фільми про плотські втіхи, освіту підмінили кодуванням уві сні, а в основі охорони здоров'я тепер стоїть таблетка сома.

Для розуміння, як діють таблетки, наведу кілька цитат: «Соми грам — і жодних драм... До чого весь тарарам, прийми соми грам... Пам'ятай: "сому гам! — і жодних драм...". Ліпше півграма, ніж лайка і драма... Прийми сому, людино, — час припинить біганину... Солодко людина забуде і що було, і що буде...».

Тут усі гарні, молоді й здорові до 60 років. А потім просто вмирають — швидко і без жалю. Тут неприйнятна моногамія, речі, яким понад кілька тижнів, роздуми, слабкості, негативні емоції. Це все просто викорінили. Звісно, у цьому світі є чітка і вічна ієрархія. І лише верховний правитель визначає, що для його людей ліпше.

> І ось у цьому світі існує резервація, у якій зберігся шматок старого світу. Світу, у якому є книжки, думки, емоції, пристрасті й усе те, що в ньому було тисячі років.
> Мешканці нового світу їздять до резервації на екскурсії. Випадково одна жінка залишається там і народжує сина. Син зростає в реаліях старого світу, але на розповідях про світ новий. Він дуже хоче його побачити. І він у нього потрапляє. Спочатку його вражають блиск і краса нового світу. Та за кілька тижнів герой впадає в глибоку депресію, бо розуміє, що крім блиску в цьому світі немає нічого. Мислячому хлопчикові цей світ дуже швидко стає нестерпним і токсичним, і він утікає в його віддалений куточок. А для всіх мешканців хлопчик видається диваком, Дикуном. Вони його переслідують. Він убиває себе, не витримавши їхньої уваги й порядків нового світу.

Можна закритися, утекти з дивного, порожнього й токсичного світу, але рано чи пізно він наздожене і знищить.

Така доля чекає на кожного, хто матиме свідомість, а отже, мислитиме критично в нашому світі через 5–10 років. Цей процес триває в усіх країнах. Проте Україні «пощастило» найбільше — ми стали заручниками експерименту, і наразі цей експеримент успішний.

Суть експерименту в тім, що свідомо або за фатальним збігом обставин створено і розвивається живильне середовище, яке швидкими темпами перетворює людину на безвольний овоч. Овоч без свідомості, який радісно й потішно сприймає все, що йому говорять, і сліпо діє за цими інструкціями.

Суть експерименту в тім, що свідомо або за фатальним збігом обставин створено і розвивається живильне середовище, яке швидкими темпами перетворює людину на безвольний овоч.

Це навіть можна було б трактувати як благо, якби ляльководи мали добрі наміри. Та насправді серед них ті, хто перерозподіляє світ і заробляє мільярди. Люди для них — ніхто. А отже, те, що з ними відбувається в процесі заробітку мільярдів і поділу світу, нічого не важить і не вартує.

Звучить пафосно? Іще років сім тому цю книжку можна було б поставити в рубрику «конспірологія» і робити меми, де мені на фото приароблено шапочку з фольги. Проте 2020 року це вже не конспірологія. Я недарма так детально заглиблювалася в історичний контекст. Ми бачимо яскраві результати того, що зародилося 30 років тому і почало прогресувати за нашого свідомого й несвідомого потурання. Чи хочемо ми й далі рухатися такою самою кривою?

Нижче я формую базові правила інформаційної гігієни. Ті, що ви можете почати застосовувати негайно. Звісно, їх застосування не дасть вам достеменної відповіді на питання, чи перед вами вірус. Проте вони навчать вас замислюватися: *«Чи правда це?»*. Це функція базових правил інформаційної гігієни в динамічному цифровому суспільстві. І це лише перший крок, який потрібно зробити, щоб захиститися в нових реаліях. Та навіть цей один крок сприятиме вашому істотному зрушенню в протидії вірусмейкерам.

10 БАЗОВИХ ПРАВИЛ ІНФОРМАЦІЙНОЇ БЕЗПЕКИ

Як читати правила

Кожен рівень — це підвищення вашої захищеності в цифрову еру. Захищаючи себе, ви тим самим працюєте на благо всього суспільства. Тобто що більше рівнів ви подолаєте, то менше піддаватиметеся інфікуванню і незначнішим буде ваш внесок у підживлення ґрунту для вірусів.

1-й рівень — найпростіший, але навіть дотримуючись лише його, ви істотно захистите себе й інших. Відповідно, 10-й рівень — найскладніший і трудомісткий. Для його дотримання вам знадобиться багато часу і спеціальні знання.

РЕМАРКА

Ці правила не є догмою. З одного боку, це дієвий і безпечний інструмент для людей, з іншого — початок дискусії про їхню необхідність і місце в суспільстві.
Якщо цих правил почне дотримуватися лише одна сім'я, це вже врятує майбутнє їхніх дітей, — і цим буде виправдано написання цієї книжки.
Можливо, ніхто не візьметься впроваджувати ці правила, але в суспільстві зав'яжеться і розвинеться дискусія, результатом

якої стануть абсолютно інші правила, яких і почнуть дотримуватися. І це виправдає написання цієї книжки.
Поганим буде лише один варіант — нічого не зміниться. А це означатиме, що всі ми стали овочами.

Не допомагайте вірусмейкеру

РІВЕНЬ 1

Суть

Пам'ятайте: якщо ви бачите матеріал, то хтось подбав про те, щоб ви його побачили. Це не завжди ваші друзі або доброзичливці. Здебільшого це вірусмейкери. Упаковувати матеріал так, щоб ви хотіли його прочитати, і показувати вам його — це їхня робота. Її результат — ви ознайомилися з матеріалом і взаємодієте з ним. За перше вони платять, друге — це і є поширення матеріалу вашими руками, тобто для них воно безкоштовне.

Як це працює

За цифрової ери ми в усіх сенсах як «на долоні», у нас з'явилися сотні інструментів поширення наших думок. Про багато з них ми навіть не здогадуємося — і цим користуються вірусмейкери.

Як було в аналоговий час

Ви дивилися ТБ, слухали радіо, читали газети й нічого не могли сказати автору матеріалу або власнику медіа. Ви могли лише обговорити матеріал зі своїм оточенням. Зазвичай за межі кухні це не виходило, але траплялися й екстраординарні випадки, коли люди писали листи в редакції, авторам тощо. Уявити ситуацію, що якийсь матеріал вивів людей на вулиці або здійняв хвилю неконтрольованого обурення чи підтримки, було неможливо. Причина цього цілком проста і зрозуміла — у медіа нічого так просто не з'являлося, а якщо з'являлося, то зазвичай наслідки були передбачені та зрежисовані. Тобто обмін інформацією за аналогової ери був одностороннім.

Нині ситуація змінилася кардинально

1. Більшість ТВ- і радіопрограм заохочує нас не лише дзвонити в прямий ефір, а й писати запитання в месенджери. Здавалося б, усе для людей: нас цікавить ваша думка — телефо-

нуйте і розповідайте. Одначе це і хороший інструмент для вірусмейкерів. Потелефонує «проста людина» і висловить свою «потрібну» думку, поставить запитання. Тобто це простий і дешевий спосіб для вірусмейкера донести свої меседжі в ефір. Якщо вони працюють системно, то більшість коментарів від «людей» в ефірі матимуть потрібне забарвлення, так, щоб на всю аудиторію справити враження, що це і є думка більшості.

2. Аналогічно можуть працювати й голосувалки в прямому ефірі. Передусім варто пам'ятати: вони ніколи не відображають реальну думку населення. Навіть якщо там немає підтасування результатів, то точно немає достатньої (від 2000 осіб) і репрезентативної вибірки, за якою можна робити висновки. І, звісно, якщо люди проголосували якимось чином, ці результати голосування дуже просто відкоригувати на інші — ніхто не перевірить.

3. Facebook, Instagram, YouTube стимулюють нас до взаємодії з постами, усіляко спонукаючи лайкнути, прокоментувати, поширити. Щойно ми прочитали пост — побули на ньому триваліше за час гортання — і провзаємодіяли, то платформа трактуватиме це як ваш інтерес до матеріалу. А отже, цей матеріал частіше показуватимуть вашим друзям. Так само, як і ви бачите чужі матеріали, з якими взаємодіють ваші друзі.

4. Тобто якщо ви категорично не згодні з якимось матеріалом і написали негативний коментар під Facebook-постом, соціальна мережа покаже цей пост вашим друзям, які можуть прочитати лише пост і не дійти до вашої реакції на нього. До того ж, чимала залученість сигналізує платформі, що пост популярний, і вона збільшує охоплення.

5. Онлайн-ЗМІ просять залишати коментарі під матеріалами, писати в соціальні мережі автору або в саме медіа. Тут усе просто, звичайні люди не пишуть коментарі в ЗМІ — це була мода 2000-х. Нині все перемістилося в соцмережі. Написаний коментар — це виняток із правил і поодиноке явище.

Більшість коментарів під матеріалами ЗМІ та на їхніх сайтах — це справа рук вірусмейкерів.

6. Google виводить у топ видачі рекламні посилання, розуміючи, що людина ледача за своєю природою і клацне без особливого розбору саме на них, бо вони перші. За тією самою логікою в топ видачі Google вірусмейкери виводять потрібні посилання. Я детально писала про це вище. Тож пам'ятайте, що перші кілька сторінок видачі Google — це здебільшого концентрація вірусів. Уважно ставтеся до такої інформації і не клікайте на неї без розбору. Клікнувши на посилання, ви підвищуєте рейтинг його видачі, і воно довше лишатиметься в топі видачі. Знову ж таки — це безкоштовна допомога вірусмейкерам.

Що варто робити

1. Не телефонувати, не писати в прямі ефіри з емоційними радикальними заявами. Пам'ятайте, це може дезорієнтувати аудиторію. Якщо ви все одно це робите, аргументуйте позицію, а не емоціонуйте. І зважте, що професійний журналіст майже завжди легко зможе вас перевести з раціонального в емоційний стан. Виняток становлять професіональні учасники перемовин, психологи тощо.

2. Збагніть, що навіть найчесніші ЗМІ не відповідальні за думку аудиторії, і її не потрібно сприймати як думку ЗМІ.

3. Фільтруйте дані голосувалок у ЗМІ — це не думка більшості населення, це просто дані, які так само, як і решту, потрібно перевіряти.

4. Не взаємодійте в соціальних мережах і онлайн-ЗМІ з односторонніми матеріалами з неперевірених джерел. Пам'ятайте, що кожна ваша взаємодія збільшує аудиторію перегляду цього матеріалу.

5. Уважно ставтеся до перших посилань (перші кілька сторінок) видачі Google — у них концентруються віруси. Пильнуйте наявність зеленої галочки Google (це безпечні дже-

рела за версією Google) і зважайте на назви доменів — не читайте інформацію з помийок (про них — нижче).

6. І класика — не говоріть про неперевірену інформацію людям, а якщо говорите — акцентуйте увагу, що інформація сумнівна і її необхідно перевірити.

РІВЕНЬ 2

Не погіршуйте ситуацію

Суть

Ви — теж канал комунікації. Ви також відповідальні за наповнення інформаційного поля, бо і ваша інформація стає родючим ґрунтом для вірусів. Тому перш ніж щось сказати або написати, подумайте про наслідки.

Те саме відбувається і з вашими даними — усім, що ви робите в інтернеті: перегляди, кліки, реєстрації, пости, реакції. Інформація про це залишається в мережі у відповідних базах назавжди. За цифрової ери це нова валюта: хто має більший масив інформації, той і замовляє музику. Це підвалини нового життя. І не варто цього боятися, але необхідно пам'ятати, що це також живильні дані для вірусмейкерів. Усю інформацію, яка стосується вас, вони можуть використовувати.

Як це працює

1. Спрощення, «успішний успіх» та інша інформація, про яку я багато писала вище, — це те, що може бути останньою краплею в перетворенні когось на овоч. Ви не можете контролювати, хто й коли побачить інформацію. І те, що ви задумували як кумедний жартик для друзів, бодай дрібкою, та долучається до загального процесу перетворення людей на дурнів. Звісно, це не означає, що ви мусите стати серйозним ботаном і транслювати лише нудні істини. Одначе пам'ятати і дозувати інформацію треба і варто.

2. Засмічення інфополя інфосміттям (це безліч репостів упродовж дня). Навіть якщо ви вкладаєте в них сенс і робите це від нудьги в черзі або аеропорту, то пам'ятайте, що це збільшує інфошум. Чи варта ця інформація цього?

3. «Санкціонований збір даних» — це те, що роблять цифрові платформи. Вони описують це в правилах, з якими ми, не читаючи, погоджуємося, коли реєструємося на платформі. Даними ми оплачуємо можливість користуватися платформою. Альтернатива вузька — або зголошуйся і користуйся, або не зголошуйся і не користуйся. Тут кожен вирішує особисто. Єдине, що варто пам'ятати, — саме на підставі цих даних і твориться магія, яка потім нас дивує, — платформа підсовує нам той контент, до якого ми ж і схиляємо її своїми діями в інтернеті. Варто пам'ятати, що між платформами можливий санкціонований або прихований обмін інформацією. Ваші дії в Google стануть надбанням Facebook і навпаки.

4. «Несанкціонований збір даних». Цифрові платформи — НЕ монополісти зі збору інформації про вас. Їх усіляко намагаються обійти вірусмейкери. Вони, ґрунтуючись на знанні людських слабкостей, придумують витончені й не дуже способи отримати ваші дані, оминувши цифрові платформи. Скажімо, вам підсовують жартівливий тест. За його результатами ви отримаєте відповідь на питання «Яка ви квітка?». Заради втіхи ви проходите цей тест, не розуміючи, що з першої ж кнопки «пройти» дали доступ до дій і даних свого облікового запису. Так вірусмейкери отримують таку саму інформацію про вас, як і цифрові платформи, але про це вас ніхто не інформує. А інформацію використовують без обмежень. Найгучніший приклад — скандал із Cambridge Analytica, про який я вже згадувала.

Що варто робити

Правило універсальне і старе, як світ: слово — не горобець, вилетить — не впіймаєш. Його можна лише актуалізувати: слово і дія в онлайні — не горобець, вилетить — не впіймаєш, і воно почне жити своїм життям і впливати на життя інших.

Пам'ятайте про віруси, коли щось залишаєте в інтернеті — і не важливо, смисл це (пост, коментар, відео тощо) або дія (лайк, клік, перегляд тощо).

РІВЕНЬ 3

Сумнівайтеся

Суть

Як я писала вище, середньостатистична людина швидше розпізнає вірус через те, що побачить його інструментарний патерн. Тобто зрозуміє, що певне повідомлення надіслано їй не випадково. Це найпростіший і найдоступніший спосіб почати сумніватися в коректності цієї інформації. Фактчекінг — це справа складніших рівнів, про них я розповім згодом. Наразі сконцентруємося на основному, але дієвому.

Як це працює

Завжди йде аналіз повідомлення, яке ми бачимо. Базовий аналіз стосується лише каналу, з якого ми його отримали, а саме:

1. Традиційні ЗМІ (офлайн- і онлайн- ТБ, радіо, друковані видання тощо) — аналізувати ці ЗМІ найскладніше. Основну роль у розпізнаванні вірусів тут виконує персона власника і головного редактора. Як я багато писала вище, у більшості традиційних ЗМІ є темники від власника або замовника. Джинсу приховують за редакційними матеріалами.

2. Соціальні мережі — це найпростіший і відкритий інструмент для аналізу. Саме через них можна і потрібно аналізувати традиційні ЗМІ. Якщо матеріал замовний, то зі 100%-ю ймовірністю його розганятимуть у соціальних мережах. Це зумовлено і невеликим охопленням одного конкретного матеріалу в традиційних ЗМІ, і тим, що саме соцмережі формують резонанс і є важливим інструментом у формуванні питання до порядку денного.

Справедливим буде твердження, що якщо матеріал транслюють виключно в традиційних ЗМІ і це не провокує дискусії/обговорення, найімовірніше, це просто підживлення сприятливого середовища для вірусів — свідоме або несвідоме. Якщо ця інформація перекочувала в площину обговорення і шириться соцмережами — це вірус. Розпізнати його патерн із великою ймовірністю можна через аналіз цього поширення.

Що варто робити

У традиційних ЗМІ на цьому рівні немає доступних інструментів. А от у соціальних мережах можна й необхідно перевіряти:

1) джерело — реальне або віртуальне. Види віртуальних акаунтів я описувала вище. Тут наведу основні ознаки:
   - немає фото профілю або на ньому зображено не людину;
   - немає особистих фото або вони шаблонні (їх зроблено на одному тлі, в один період, за однієї обставини тощо);
   - обкладинка не відповідає сезону або типу людини;
   - немає особистих постів, суцільні мотиватори, репости тощо;
   - немає залученості під постами при наявності аудиторії понад 200 осіб;
   - немає стрічки зовсім або вона закрита;
   - адекватність структури залучення під постом: у середньому кількість репостів і коментарів не перевищує 30% від кількості лайків;

Під ***постом*** розуміємо середньостатистичний пост, що не містить надзвичайної інформації (приміром, прохання про допомогу).

2) адекватність масштабів залученості до поста:
   - залученість під іншими постами у стрічці цього акаунта — якщо середня залученість на цьому акаунті — 50, а під цим постом — 500, то це причина проаналізувати пост детально;
   - дату виходу поста — дуже часто, коли йде штучна накрутка, усі лайки приходять за перші хвилини після виходу поста, хоча в інший час на цьому акаунті такі показники збиралися тижнями від появи поста;
   - часу доби виходу поста — якщо пост публікують за нічної пори або дуже рано-вранці, коли люди здебільшого сплять, а під ним залученість, аналогічна денному періоду, це теж достеменна ознака штучності просування цього акаунта;

Залученість — кількість взаємодій аудиторії із постом (лайки, коментарі, поширення).

3) хто поширює інформацію — на цьому рівні просто перевіряйте, віртуальний це акаунт чи людина. Принцип такий само, як у пункті 1;

4) неприродність реакцій: задвоєні репости, довгі на кілька рядків, або однотипні коментарі й інші ознаки роботи автоматичних сервісів.

РІВЕНЬ 4 Фільтруйте оточення

Суть

Тут теж спрацьовує класична істина: ми є тим, хто є в нашому оточенні. Якщо в ньому більшість — боти, ми живемо в чудовому світі вірусів. Більшість — інфобізнесмени, отже, ми їхні нинішні або майбутні клієнти. І так далі. Причина проста — ми постійно чутимемо і бачитимемо їхній контент.

Як це працює

Це правило стосується каналів комунікації, у яких є принцип двостороннього зв'язку. Тобто соціальних мереж, де ми самі додаємо друзів, підписуємося на когось, взаємодіємо з чиїмось контентом. Саме наша проактивна дія і формує нам стрічку.

Варто пам'ятати, що соцмережі не можуть вивалювати на нас увесь контент наших друзів, тож фільтрують його за своїм прогнозом, що нас може зацікавити. Тому в нашій стрічці трапляється контент від:

— тих, із ким взаємодіємо найчастіше;
— тих, кого додали нещодавно;
— тих, чиїми профілями цікавимося.

Іще ми бачимо матеріали, якими цікавляться наші друзі. І, звісно, на теми, якими цікавимося самі.

Основу стрічки ми вибираємо самостійно. Якщо в її формуванні ми керуватимемося тими самими принципами, що й у звичайному житті (спілкуватися лише з дійсно цікавими й корисними людьми), то істотно обмежимо вплив вірусів.

Що варто робити

1) не додавати в друзі всіх підряд:
   — перевіряти, віртуальний акаунт чи ні;

— дивитися, про що пише ця людина, і думати, чи хочете ви бачити такий контент у себе в стрічці (пам'ятаємо про живильне середовище для вірусів);
— перевіряти, чи є в їхній стрічці пости з вірусами і їх розгонкою;

2) якщо в стрічці понад двічі трапляється «шкідливий» матеріал від одного й того самого акаунта, варто відписуватися від нього;

3) знаходити час і здійснювати аудит своїх підписок, френдлистів — там завжди знайдеться чимало тих, хто цікавий і кого соцмережі не показують, і навпаки, тих, від кого ліпше відписатися.

Формуйте short list джерел

РІВЕНЬ 5

Існує безліч способів вибору джерел комунікації і людей із цікавою і максимально об'єктивною інформацією. Проте ці способи мають ґрунтуватися на таких принципах:

— вам зручно отримувати інформацію, це вписується у ваш стиль життя;
— у них зручний формат — текст, аудіо, відео;
— вам підходить їхній стиль викладу.

В ідеалі варто обрати 3+ джерела. Оптимальна конфігурація:

1) ТВ-канал, хоча наразі я не можу рекомендувати будь-який з них, бо всі вони істотно підпорядковані інформаційній стратегії їхнього власника, до того ж ТВ-ринок України зараз перерозподіляють;

2) інформаційне радіо — скажімо, радіо НВ;

3) друковані ЗМІ — іще нещодавно таким джерелом була газета «Дзеркало тижня», але в паперовому вигляді її вже не видають;

4) суспільно-політичні журнали — «Новое время»;

5) онлайн-ЗМІ — ТОП-5 позицій:

У кожного з джерел є сторінка у Facebook, канал у Telegram, більшість освоїла YouTube — тобто формат різноманітний.

Рейтинг онлайн-медіа з дотримання журналістських стандартів (17 жовтня 2019)

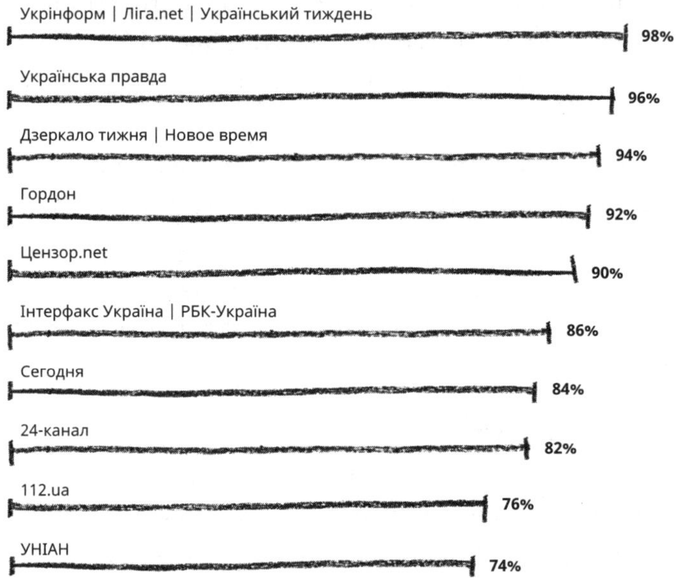

(За матеріалами Інституту масової інформації)

Щодо лідерів громадської думки, то кожного варто розглядати критично, позаяк вони часто змінюють Замовника і періоди абсолютної об'єктивності чергуються з періодами роботи на когось, тобто з виробництвом вірусів.

Оптимально будь-які публікації в соцмережах — зокрема і в обраних ЗМІ — варто перевіряти за стандартними правилами рівнів 1–3.

Проте важливо не лише правильно сформувати short list, а й виробити правила поведінки, за якими ви споживатимете інформацію.

Джерело: Інститут Масової Інформації

1) Читайте новини щонайменше раз на два дні, щоб лишатися в курсі подій, основні (зазвичай виділені жирним шрифтом або кольором) — повністю, інші — хоча б за заголовками;

2) Читайте аналітику в основних новинах — принаймні одну статтю;

3) Діліться інформацією з оточенням.

Формуйте stop list джерел

РІВЕНЬ 6

Як обрати ті джерела комунікації, яким довіряти не можна частково або повністю? Якщо коротко, то це всі, крім тих, кого виділено на попередньому рівні. Проте серед них необхідно навчитися розпізнавати особливо небезпечні.

1) Джерело в соціальних мережах, яке на регулярній основі підтримується ботрумом. Алгоритм простий: якщо вам трапляється інформація з нового джерела, зайдіть на сторінку, проаналізуйте її, як зазначено вище, і, якщо в процесі аналізу ви побачите на трьох постах поспіль штучну розгонку, — відписуйтеся.

2) Традиційні ЗМІ-помийки. Я про них писала вище, наразі зупинюся на особливостях:
   — у них немає фізичної редакції: у розділі «Контакти» такої інформації не зазначено, за запитом у Google її теж неможливо відшукати;
   — у них немає головного редактора: тобто немає особи, яка офіційно представляє це видання і бере відповідальність за його контент; іншими словами, немає того, на кого можна подати до суду за наклеп;
   — заголовки матеріалів кричущі, скандальні, суб'єктивні;
   — дуже часто публікують розслідування і викриття, у яких все подають в односторонньому форматі;
   — зазвичай трапляється багато блочної реклами з такими само кричущими заголовками на кшталт «мазь, яка лікує рак»;
   — ви ніколи не бачили посилання на них як на джерело у виданнях свого short list.

Наголошу: максимально уникайте будь-якої взаємодії з такими джерелами.

Фільтруйте контент

РІВЕНЬ 7

Віруси переважно сконцентровані в інформаційному контенті: новини, статті, огляди, розслідування — у всьому різноманітті їхніх форматів.

Як свідчить практика, коли людина стикається з суспільно-політичною інформацією, то інтуїтивно схильна аналізувати її на предмет вірусів частіше за іншу інформацію. Однак не менша загроза криється і в інших форматах. З актуальних прикладів — серіал «Слуга народу» став сценарієм цілком реальних подій.

Як я багато писала на початку книжки, істотної шкоди нашому інформаційному імунітету завдає саме нешкідлива на перший погляд інформація. Приміром, розважальна — гумористичні й соціальні шоу, мильні опери. І навіть розвивальна й мотивуюча — матеріали з популярної медицини й аналоги «успішного успіху» й інші. Звісно, кожен має право вирішувати, що дивитися й читати.

Та принаймні варто хоча би спробувати уникати одностороннього контенту політичних шоу, які маніпулюють свідомо. І моїх улюблених «чарівних таблеток».

А якщо вже ви вирішили витратити понад годину на щось, то замисліться:

1) Чи поліпшує це моє реальне життя? Чи робить це мене розумнішим?

2) Чи вирішує це якісь мої проблеми?

3) Чи дає поштовх до розвитку / мотивацію?

Іншими словами, чи найближчу годину не оброблятиме вас вірус? Пам'ятайте про те, що в будь-якому жанрі можна знайти контент-замінник, у якому більше користі, ніж шкоди. Нехай це ліпше буде серіал, який спонукатиме замислитися, визнані зразки гумору або розвивальні наукові програми.

Із контентом як із їжею: щойно починаєш споживати щось просте, важко перейти до складнішого. Потрібна сила волі, щоб вирвати себе зі світу гамбургерів і розважальних шоу. Що більше ми їх споживаємо, то складніше перейти до здорового харчування, а відповідно й інформації, яка розвиває мозок.

РЕМАРКА

Дуже часто в розмовах на тему овочизму і щодо місця в ньому соціальних мереж я чую радикальний заклик: піти з соціальних мереж. Звісно, цей спосіб здається логічним рішенням щодо більшості бід. Утім так лише здається.
Соціальні мережі — це лише одна з форм нової моделі життя. Це прояв технічного прогресу, у якому ми живемо і житимемо. Щоб уникнути впливу його негативних проявів, потрібно відключитися від цивілізації загалом. А це нереально, якщо ви маєте намір вести повноцінне життя.
Піти з соціальних мереж — це замилювання очей самому собі. Нехай навіть ви заблокуєте Instagram і Facebook. Проте залишаться Google, YouTube, смартфон. І люди навколо.
Уникати — це дитяча позиція. Я за те, щоб навчитися розуміти і застосовувати правильно.

Подбайте про близьких

РІВЕНЬ 8

Запорука успіху вірусмейкерів — нерозуміння людьми рівня загрози й того, як це працює. Якщо дочитали до цього місця, то ви або усвідомили всю згубність нашого поточного стану, або з чимось із написаного не згодні. У будь-якому разі це непогана тема для корисної розмови. Що довше ми обговорюємо цю тему, то більше людей нею цікавиться і довідається про те, як протистояти вірусам. А отже, ми віддаляємося від червоної лінії і стану овочів.

Особливо це важливо для двох найпіддатливіших вірусам і наразі найнезахищеніших від них категорій — людей у літах і дітей. Для ваших батьків і дітей авторитетом є ви. Перекажіть їм суть цієї книжки зрозумілою їм мовою і навчіть базовим рівням правил інформаційної гігієни.

РЕМАРКА

Я чудово розумію, що хоч як детально я описуватиму правила для рівнів 9–10, це не приведе до того, що, прочитавши текст, ви застосовуватимете їх ефективно й результат буде співвідносний з вашими очікуваннями і витраченим часом.
Щоб робити це ефективно, потрібно додатково вчитися. Тому нижче наведено лише основні моменти цих рівнів. У майбутньому я планую розробити навчальні програми за цими рівнями і зробити їх публічними.

РІВЕНЬ 9 Навчайтеся й удосконалюйтеся

Вірусмейкери не стоять на місці. Щодень технології удосконалюють, а знання про людську психологію поглиблюють. Тому, щоб бути захищеними, необхідно постійно прокачувати ці знання. Незабаром я запущу програми навчання, а також регулярно викладатиму розбори вірусів, щоб на конкретних і актуальних прикладах показувати, як це працює.

Суспільство буде максимально захищено лише тоді, коли правила життя за цифрової ери імплементують у систему освіти й вони стануть постійною темою в спільному порядку денному. Це те, до чого ми рухатимемося. А книга й ці правила — це перший, хоча й маленький, але дуже вагомий крок.

РЕМАРКА

Кожен із нас може не лише фільтрувати своє інформаційне поле й мінімізувати потрапляння туди вірусів, а й заміщати його альтернативним контентом.

Зараз той унікальний момент, коли кожен мешканець планети є медіа-магнатом. І цей статус обмежень не має. Ба більше, це право він може тиражувати, не докладаючи надмірних зусиль. Єдине, що йому для цього потрібно, — мати доступ до інтернету. Тобто понад 80% населення України — це потенційні Руперти Мердоки й Ігорі Коломойські.

Пересічних українців від відомих медіа-магнатів відрізняє те, що магнати вже зрозуміли, чим володіють, тож докладають максимум зусиль, щоб капіталізувати цю можливість. Пересічні українці ж не лише не зрозуміли, що їм дісталося за правом народження, а й роблять усе можливе, щоб у них це право забрали, завдавши істотної і не дуже шкоди.

Проникнення і доступність інтернету, популяризація і розвиток соціальних мереж, перехід ЗМІ в онлайн і відкриття ними блогів, доступність смартфонів — усе це дало кожному з нас своє ЗМІ. Проте, як і кожне ЗМІ, ми опинилися перед вибором:

- стати незалежним джерелом інформації — формувати свою аудиторію через унікальний контент і відсутність цензури;
- стати інструментом у чужих руках — отримувати фінансові вливання і працювати за чіткими темниками і з обмеженнями;
- бути ніким — не створювати сторінки або створювати, але нічого не писати тощо.

З огляду на наш вибір ми або маніпулюємо іншими, або ж інші маніпулюють нами, або те й те разом, проте за обов'язкового домінування когось одного. Згубність цієї ситуації в тому, що мало хто з нас це розуміє і відповідно знає правила гри. Ми перебуваємо на тому етапі, коли знання про роботу в онлайні й досі здаються якимись сакральними. Такими їх робить думка більшості, яка не може й не хоче розібратися в простих правилах і принципах формування нового інформаційного поля. А це спричинює колосальне розшарування суспільства на Вірусмейкерів і Об'єктів їхньої маніпуляцій. Причому останні через своє незнання підсилюють ефект маніпуляції, активно допомагаючи маніпуляторам, — роблять це, не розуміючи, а отже, цілком безкоштовно.

Задіюйте своє ЗМІ

РІВЕНЬ 10

Що таке ваші особисті ЗМІ? Це ваші сторінки в соціальних мережах, блоги, сайти. Проте лише їх наявності недостатньо. ЗМІ — це майданчик із регулярним контентом для певної аудиторії. Якщо ви пишете пост раз на рік, то сторінка — ваша психологічна віддушина, а не ЗМІ. Ваші рідні — це теж аудиторія. Її кількість особливого значення не має. Важливо, *що* ви пишете саме для неї, її мовою — і аудиторія в це включається. Як наслідок, ви досягаєте запланованого результату.

Щоб набути права власності своїм ЗМІ, потрібно освоїти ази роботи соцмереж і продукування контенту. Це теж додаткове навчання — і воно матиме результат.

Для кого ці правила

Ці правила для всіх. Проте я усвідомлюю, що застосовувати їх зможуть лише ті, хто зрозуміє масштаб загрози і ще зберіг інформаційний імунітет. Тобто вони для Людей-розумних і Людей-борців. Саме на них лежить складна місія в боротьбі з інформаційними вірусами — не стати їхньою жертвою і витягнути тих, хто вже став Людьми-овочами.

Людина-овоч сама проблеми не усвідомлює. Вона не прочитає ні цю книжку, ні інші матеріали з цієї теми. Їй може розповісти про це лише людина, якій вона довіряє, — її вона почує.

Ці правила базові. Звісно, їх потрібно розширювати і поглиблювати. Проте це той мінімум, який, з одного боку, принесе значущі результати, а з іншого, він доволі простий для розуміння і дотримання більшістю.

Ці правила універсальні, тож їх на благо собі й рідним може дотримуватися будь-хто. Їх окреслено з урахуванням специфіки всіх основних каналів комунікації, які нині формують інформаційне поле. Звісно, зі зміною структури комунікаційних інструментів правила необхідно буде модернізувати.

5.3. ЧОМУ «ТВОЯ ХАТА НЕ СКРАЮ»

Щогодини на кожного з нас сиплються десятки інформаційних повідомлень: пости, новини, меми, відеосюжети, повідомлення в месенджер, дзвінки тощо. Їхня інтенсивність і обсяг уже давно мало залежать від нашої персональної волі. Ні, скажете ви, пошту я читаю лише годину на день, соціальні мережі переглядаю виключно ввечері, інформацію ЗМІ відстежую у вихідні, а телевізора взагалі не маю. Я мінімізував свій інформаційний шум. Вірусам мене не дістати.

І тут в мене теж кепські новини. Так вам лише здається. Інформаційні віруси приходять до нас не тільки через канали комунікації, а й через людей, які з ними взаємодіють. Тобто якщо ви навіть вичистили своє інформаційне поле, але постійно контактуєте з людьми, які цього не зробили, то інформаційний вірус передають вам вони.

Нас постійно атакують два типи інформаційних вірусів:

- **Первинні** — це власне інформація, яку ми самі споживаємо (новини, пости тощо). Якщо в ній зашиті інформаційні віруси, то через неї вони можуть нас інфікувати, почати змінювати наше мислення і поведінку.
- **Вторинні** — інформація, яку ми формуємо самі після зараження прямим вірусом і транслюємо далі.

Первинний вірус мутує через призму нашого персонального сприйняття, обростає емоцією, тобто індивідуальними подробицями, і стає сильнішим.

Вторинний вірус виникає лише в тих випадках, коли людина вже слабо контролює себе. Вона керована вірусами, які її трансформували, і/або життєвою ситуацією, яка одномоментно вибила людину із світу Розумних у світ Овочів. Такою подією може стати смерть близької людини, хвороба і будь-яке інше сильне емоційне потрясіння, яке вимикає свідомість і, на жаль, часто трапляється в реальному житті.

ПРИКЛАД

Ви думаєте, що ізолювали себе від інформаційних вірусів: телевізора немає, соціальні мережі за розкладом, новини лише від перевірених ЗМІ. Гаразд. Уранці ви їдете на роботу в своїй чистій і теплій іномарці, слухаєте улюблену музику або розумну аудіокнигу. Тут вас нахабно підрізає машина. У ній — переносник інформаційного вірусу.

Саме він дивився вчора новини по ТБ, програму про екстрасенсів, політичне ток-шоу й інші програми, які кишать інформаційними вірусами. Заряджений ненавистю до всіх, він уранці посварився з дружиною, яка так само, як і він, регулярно дивиться ТБ. Він везе до школи сина, який всю дорогу втикається в смартфон, ігноруючи настанови батька. Він злий і поспішає. Його геть не обходить, що на дорозі є сотні інших машин й існують правила дорожнього руху.

І ось ви, такий собі спокійний і налаштований на позитив, ледве встигли ухилитися від цього водія. А таких за годину їзди до роботи вам трапиться ще троє-четверо — один заряджений вірусами водій побачив, що інший це робить, вирішив, що це норма, і тепер теж підрізає. Тобто всього за годину ваш настрій зіпсовано і світ навколо видається не таким, як уранці. Ви починаєте помічати навколо все погане: реклами занадто багато, пішоходи украй повільні, усі дороги в ямах, світлофори не працюють. Роздратування зростає.

Увечері, після кількох нудних нарад, перенесених дедлайнів, перепалки з підрядником і колегами, ви повертаєтеся додому. Так хочеться якоїсь віддушини! Заїжджаєте в McDonald's. Після смачного, жирного «Біґ Тесті» і «кращої в світі картоплі фрі» ви добрі, ніби гіршого з днів і не бувало.

Проте разом із заспокоєнням приходить і лінь. Ось ви вже бездумно скролите стрічку, клацаєте пультом телевізора або зависаєте в бродилках/стрілялках. Вам просто складно, ліниво сприймати щось серйозне — хочеться переключитися. Просто видихнути. Хочеться, щоб хтось замість вас упакував, спростив складні події та дилеми, «розжував і в рота поклав». Усі медіа знають про складні будні народу. Вони дбайливо все упаковують у новини, серіали, шоу — у них усе просто і барвисто, — щоб не напружуватись і переключитися після складного дня. Так, як потрібно власнику медіа.

Занурившись якось у просту і теплу ванну віддушин, ви запам'ятаєте цю стежку назавжди. Щоразу, коли настане «кепський день», ви повертатиметеся до тієї віддушини. І так раз у раз змінюватимуться ваші звички, слабшатиме ваш надійно вибудуваний інформаційний захист. Відповідно, інформаційних вірусів до вас пробиватиметься дедалі більше.

Віруси робитимуть свою чорну справу — мінятимуть ваші погляди, модель поведінки і саме життя. Звісно, усе відбудеться не за день і не за місяць. Трансформація в овоча в когось триватиме рік, у когось — десять. Найстрашніше, що цей процес непомітний для вас. Особливо якщо всі навколо підпали під його вплив. На жаль, нині всі ми, без винятку, перебуваємо в цьому процесі, проте кожен на своєму етапі.

Коли я наводжу цей приклад друзям, зазвичай у цьому місці вони емоційно запитують: «То що ж, мені ні з ким не спілкуватися?». Ні, навіть це не допоможе. Звісно, хіба що ви мешканець прекрасного світу Айн Ренд в її «Атлант розправив плечі». Проте всі ми реальні люди, мешкаємо в реальному світі за реальної цифрової ери. Уникати реальності безглуздо. Бо якщо ви навіть замкнетеся в будинку в кімнаті без людей, ґаджетів та інших каналів інформації, то й тут вас можуть наздогнати наслідки інформаційних вірусів. Приміром, сусіди, які голосно лаються або свердлять стіну серед ночі. Або сигналізація від запаркованого у дворі авто, яка волає вже другу годину.

Щоб вірус почав поширюватися, достатньо однієї інфікованої і «зміненої» ним людини. Ця людина існуватиме у своєму світі, за своїми правилами. А вони вже точно різнитимуться від правил і світу Людини-розумної. А отже, запуститься ланцюжок, який описано вище: контакт — нерозуміння — злість — лють — самоЖаління — віддушина — полегшення. Патерн запам'ятовується та з кожним колом дедалі міцнішає. І в цьому процесі, будьте впевнені, віруси знайдуть момент та інфікують вас.

ПРИКЛАД

За кумедним збігом обставин цей підрозділ я писала за сніданком в кафе. О 13:00 я мала зустріч в іншому місці. Як часто трапляється, я втратила відчуття часу і вискочила з кафе, добряче запізнюючись.

Хоча машину я припаркувала у відведеному для цього місці на Ярославовому Валу, вона виявилася заблокована вантажівкою: щойно привезла замовлення в магазин навпроти. Водій і вантажник сортували товар і прикидали, що вивантажувати й віддавати в магазин.

Я ввічливо попросила від'їхати на два метри вперед, щоб я могла виїхати й устигнути на зустріч. На мій подив, водій спокійно і безапеляційно сказав: «Ні». Я здивувалася, почала приводити раціональні аргументи. Мовляв, сісти за кермо й від'їхати займе менше двох хвилин, а мені це сильно допоможе.

«Ні».

Тут я вже почала апелювати до того, що вони порушили всі мислимі й немислимі правила дорожнього руху. Втім і людські теж. У відповідь — тиша. Вони просто й далі розбиралися з товаром.

Іще кілька хвилин я намагалася апелювати до здорового глузду, совісті, жалю. На що отримала спокійно-байдужу відповідь: «Дівчино, ви сама відбираєте у себе час. Не відволікайте. Розвантажуся — від'їдемо».

Я остаточно розгубилась і намагалася гарячково придумати вихід і знайти спосіб не запізнитися на важливу зустріч. Мабуть, усе це й було помітно з виразу мого обличчя, позаяк водій додав: «І взагалі, ліпше пред'являйте претензії автомобілям, які припаркувалися попереду й позаду вас, вони теж вам загородили виїзд». І це була його раціональна пропозиція, а не іронія, як ви могли б подумати.

Ці автомобілі були такими самими, як і мій, — припаркованими на відведеному для цього місці, і проїзд нікому не загороджували. Водії давно пішли у справах.

І саме в цей момент крізь мої емоції пробився сигнал: водій — типова Людина-овоч. Апелювати до нього загальноприйнятими правилами марно. А ось заразитися від нього цілком можливо.

Я сіла в машину, відкрила комп'ютер, подумки подякувала йому за хороший приклад для книжки і просто продовжила роботу, яку розпочала в кафе.

Через п'ятнадцять хвилин товар розвантажили. Водій сів за кермо і від'їхав на два метри вперед, випустивши мене з пастки. Увесь процес забрав 1 хвилину 12 секунд.

Важливо пам'ятати: нас оточує не одна модифікована вірусами людина, їх безліч. Вони не просто поводяться інакше, вони передають свої патерни поведінки іншим залежним/інфікованим людям. І через доволі короткий період часу патерн однієї людини-овоча стає загальноприйнятим. При цьому патерни меншості (Людей-розумних або Людей-борців) передаються більшості (Людям-овочам) набагато важче. Для цього необхідні простота, регулярні повторення, сильний посил і ще безліч різних за ступенем впливу умов, над якими б'ються соціальні психологи.

У моєму випадку за п'ятнадцять хвилин я не змогла б нічого зробити. Поліція не встигла б приїхати та й не стала б. Пику бити я не вмію, на мистецтві переконувати матом теж не знаюся. А поки я чекала вирішення цієї дурної ситуації, трохи далі вулицею повторилася аналогічна. Вантажівка з водієм заблокувала машину, у яку вже сідав водій. Звісно, він не від'їхав, і між ними теж зав'язалася суперечка.

РЕМАРКА

Секс, солодощі, підпорядкування правилам активують одну й ту саму ділянку мозку. Людині стає приємно.

Коли ж ми чинимо наперекір іншим, порушуємо правила, активується інша ділянка мозку, посилаючи нам неприємні відчуття. Це наш внутрішній погонич, який і змушує нас чинити так, як чинить більшість.

Описано безліч експериментів, коли людина просто повторювала за більшістю абсурдні дії, не розуміючи ні їхньої суті, ні того, чому має їх робити. Вона просто повторювала. Ось один із моїх улюблених експериментів.

Коли в кімнату ввійшла нова людина, там уже сиділа група людей. Вона сіла на єдиний вільний стілець і стала чекати разом з усіма. Через кілька хвилин очікування пролунав сигнал, і всі «старічки» стали по черзі підводитися й сідати. Новачок здивувався, але не підвівся. Так повторилося ще двічі. Утретє він став підводитися з іншими.

Люди по черзі виходили з кімнати, а всі решта в ній як і перше підводилися після кожного звукового сигналу. Коли новачок залишився в кімнаті один, він як і перше підводився після кожного сигналу.

Ба більше, усі нові люди, які приходили в кімнату, також повністю повторювали його патерн — з другого-третього разу починали підводитися. При цьому ніхто з них не розумів, навіщо це потрібно. Кожен керувався принципом «усі підводяться — і я підводжуся».

У різних варіантах цей експеримент здійснювали безліч разів. Результати завжди були однакові. Соціальні психологи називають це конформізмом. У народі — звичайним стадним інстинктом.

(*Приклад написано за мотивами серії документальних фільмів Brain Games виробництва National Geographic*)

Як ви вже зрозуміли, якщо соціум заражений вірусами (а в нас наразі ціла пандемія), то рано чи пізно вони нас інфікують. Не врятує навіть сильний інформаційний імунітет. Зрештою ми так само блокуватимемо машини, вискакуючи на хвилиночку у справах, ігноруватимемо адекватні прохання тощо. Це як із глобальним потеплінням: якщо ви дотримуєтеся суперекоспособу життя, але всі навколо цього не роблять, то льодовик, що розтанув, затопить і їх, і вас. Тут ми всіляко залежимо від оточення.

ЗАМІСТЬ ПІСЛЯМОВИ

У процесі обдумування цієї книжки я перечитала безліч матеріалів і книжок. З усього цього хочу виокремити два діалоги, які дуже круто і комплексно висвітлюють те, як працюють вірусмейкери.

Це два різні, але однаково безсмертні діалоги.

Айн Ренд* «Джерело», діалог Пітера Кітінґа та Еллсворта Тухі (Частина 4, розділ 14 стор. 670–681).

Олдос Гакслі** «Який чудовий світ новий», діалог Джона Дикуна і Головного управителя Мустафи Монда (весь розділ 17, стор. 212–221).

Прочитайте цих класиків. Адже порятунок потопаючих у морі вірусів — справа рук самих потопаючих.

*Ренд А. Джерело / пер. з англ. О. Замойської. — Київ: Наш формат, 2016. — 752 с.

**Гакслі О. Який чудесний світ новий! / пер. з англ. В. Морозова. — Львів: ВСЛ, 2016. — 368 с.

Айн Ренд «Джерело», діалог Пітера Кітінґа та Еллсворта Тухі

Олдос Гакслі «Який чудовий світ новий», діалог Джона Дикуна і Головного управителя Мустафи Монда

Науково-популярне видання

Оксана Мороз

НАЦІЯ ОВОЧІВ?

Як інформація змінює мислення і поведінку українців

Літературне редагування *Євгена Плясецького*
Дизайн обкладинки і макета *Ксенії Попової*
Верстка *Олени Білохвост*
Коректура *Олени Семенко*
Відповідає за випуск *Світлана Андрющенко*

Підписано до друку 15.02.2021 р.
Формат 70×90/16. Друк офсетний. Гарнітура Noto Serif
Наклад 2000 прим. Зам. № 3К-000685

Видавець ТОВ: «Якабу Паблішинг».
Свідоцтво суб'єкта видавничої справи ДК №5243 від 08.11.2016.
04073, м. Київ, вул. Кирилівська, буд. 160, літ. Ю
Адреса для листування: 04070, м. Київ, а/с 88
www.yakaboo.ua.
тел. +38 (044) 225-05-05

Віддруковано АТ «Харківська книжкова фабрика "Глобус"»
61052, Україна, м. Харків, вул. Різдвяна, 11
Свідоцтво про внесення до державного реєстру видавців ДК 3985 від 22.02.2011
www.globus-book.com

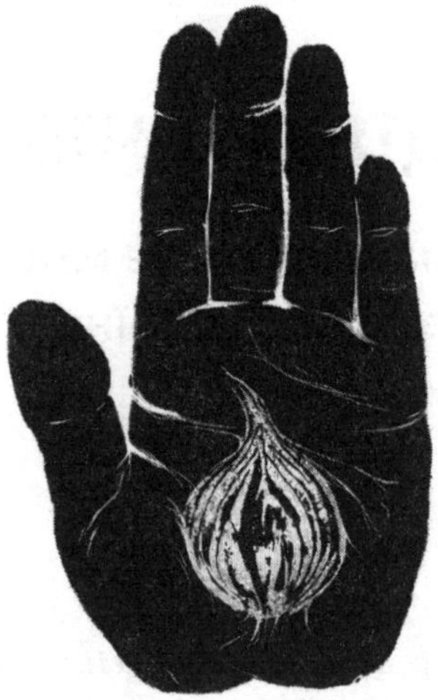

«НАЦІЯ ОВОЧІВ?» ОКСАНА МОРОЗ

#ЯКНЕСТАТИОВОЧЕМ